First edition, 2021

Глоссарий Медицинской Терминологии
Glossary of the Medical Terminology

(Русско-английский и англо-русский)

(Russian-English and English-Russian)

Tatyana Martin

Contents

Section 1:	Системы Тела Человека	1
	Human Body System	1
Section 2:	Наружный покров (кожа)	14
	Integumentary system	14
Section 3:	Костная Система	24
	Skeletal System	24
Section 4:	Мышечная система	44
	Muscular system	44
Section 5:	Нервная система	47
	Nervous system	47
Section 6:	Кровеносная и Лимфатическая Системы	67
	Blood and Lymphatic Systems	67
Section 7:	Сердечно-сосудистая система	84
	Cardiovascular system	84
Section 8:	Дыхательная система	99
	Respiratory system	99
Section 9:	Пищеварительная система	113
	Digestive System	113
Section 10:	Эндокринная система	151
	Endocrine system	151
Section 11:	Органы чувств	170
	Sensory organs	170
Section 12:	Репродуктивная система	195
	Reproductive system	195
Section 13:	Психическое здоровье	246
	Mental health	246
Section 14:	Геронтология	258
	Gerontology	258
Section 15:	Онкология (рак)	265
	Oncology (Cancer medicine)	265

Section 16:	Радиология	274
	Radiology	274
Section 17:	Фармакология	282
	Pharmacology	282

Глоссарий Медицинской Терминологии
Glossary of the Medical Terminology

	Термин на русском языке	Определение	English term	Designation
Section 1:		Системы Тела Человека Human Body System		
	Системы тела человека	В теле человека различают системы: костную, мышечную, пищеварительную, дыхательную, мочеполовую, сердечно-сосудистую, нервную, органы чувств, систему желез внутренней секреции и кожную.	Human body systems	These different body systems include the skeletal, nervous, muscular, respiratory, endocrine, immune, cardiovascular/circulatory, urinary, integumentary, reproductive, and digestive systems.
1	Наружный покров (кожа)	Покровная система — это система органов, состоящая из кожи, волос, ногтей и экзокринных желез.	Integumentary system	The integumentary system is an organ system consisting of the skin, hair, nails, and exocrine glands.
2	Костная система (скелет) система человека	Скелет взрослого человека состоит из 206 костей, соединенных между собой хрящами, сухожилиями и связками. Скелет обеспечивает жесткую основу для человеческого тела, защищает внутренние органы и позволяет передвигаться.	Skeletal system	206 bones. Supporting framework of the body. It consists of bones and connective tissue, including cartilage, tendons, and ligaments. Protect internal organs from injury. Movement. Reservoir for storing minerals. Blood cell formation (hematopoiesis). It's also called the musculoskeletal system.
3	Мышечная система человека	Мышечную систему составляет примерно 600 мышц, обеспечивающих передвижение тела в пространстве, поддержание позы, процессы дыхания,	Muscles and Joints system	The muscular system is composed of specialized cells called muscle fibers. Their predominant function is contractibility. Muscles, attached to bones or internal organs and blood vessels, are

		жевания, глотания, речи, участвующих в работе внутренних органов и т.п.		responsible for movement. Nearly all movement in the body is the result of muscle contraction.
4	Пищеварительная система человека	Пищеварительная система осуществляет переваривание пищи (путём её физической и химической обработки), всасывание продуктов расщепления через слизистую оболочку в кровь и лимфу, выведение непереваренных остатков. Пищеварительная система человека состоит из органов желудочно-кишечного тракта и вспомогательных органов (слюнные железы, печень, поджелудочная железа, желчный пузырь и др.).	Digestive system	The human digestive system consists of the gastrointestinal tract plus the accessory organs of digestion. Digestion involves the breakdown of food into smaller and smaller components, until they can be absorbed and assimilated into the body.
5	Дыхательная система человека	Дыхательная система человека состоит из носа, глотки, гортани, трахеи и лёгких с бронхами. Газообмен осуществляется в альвеолах лёгких, и в норме направлен на захват из вдыхаемого воздуха кислорода и выделение во внешнюю среду образованного в организме углекислого газа.	Respiratory system	The respiratory system consists of specific organs and structures used for gas exchange (move oxygen throughout the body and clean out waste gases like carbon dioxide). It includes airways, lungs, and blood vessels. The muscles that power the lungs are also part of the respiratory system.
6	Выделительная система человека	Выделительная, или экскреторная система — совокупность органов, выводящих из организма избыток воды, продукты обмена веществ, соли, а также ядовитые вещества, попавшие в организм или образовавшиеся в нём. Выделительная система состоит из пары почек, двух	Urinary system	The urinary system, also known as the renal system or urinary tract, consists of the kidneys, ureters, bladder, and the urethra. The purpose of the urinary system is to eliminate waste from the body, regulate blood volume and blood pressure, control levels of electrolytes and

		мочеточников, мочевого пузыря и мочеиспускательного канала.		metabolites, and regulate blood ph.
7	Нервная система человека	Нервная система — совокупность различных взаимосвязанных нервных структур, которая совместно с эндокринной системой обеспечивает взаимосвязанную регуляцию деятельности всех систем организма человека и реакцию на изменение условий внутренней и внешней среды. Нервная система состоит из нейронов, или нервных клеток и нейроглии, или нейроглиальных (или глиальных) клеток.	Nervous system	The nervous system is a highly complex system that coordinates actions and sensory information by transmitting signals to and from the body. The nervous system comprises nerves and specialized cells known as neurons that transmit signals between different parts of the body. It is essentially the body's electrical wiring. Structurally, the nervous system has two components: the central nervous system and the peripheral nervous system.
8	Лимфатическая и кровеносная система	Кровеносная и лимфатическая системы относятся к транспортным системам организма. Они связаны и дополняют одна другую. Система органов кровообращения состоит из сердца и кровеносных сосудов: артерий, вен и капилляров. Сердце, как насос, перекачивает кровь по сосудам. Лимфатическая система представлена лимфатическими капиллярами, лимфатическими сосудами и лимфатическими узлами. Лимфатические узлы входят и в иммунную систему.	The blood and Lymphatic systems	Together, the blood, heart, and blood vessels form the circulatory system. The lymphatic system (lymph, lymph nodes, and lymph vessels) supports the circulatory system by draining excess fluids and proteins from tissues back into the bloodstream, thereby preventing tissue swelling. Also, the lymphatic system is a part of the immune system.

9	Сердечно-сосудистая система человека	Сердечно-сосудистая система обеспечивает циркуляцию крови в организме человека. Кровь с кислородом, гормонами и питательными веществами по сосудам разносится по всему организму.	Cardiovascular system	The cardiovascular system is sometimes called the blood-vascular, or simply the circulatory, system. It consists of the heart, which is a muscular pumping device, and a closed system of vessels called arteries, veins, and capillaries.
10	Эндокринная и гормональная система человека	Эндокринная система – совокупность структур: органов, частей органов, отдельных клеток, секретирующих в кровь, лимфу и межклеточную жидкость высокоактивные регуляторные факторы – гормоны. Гормоны – это высокоактивные вещества органической природы, которые вырабатываются в специализированных клетках желёз внутренней секреции. Координирующим центром этой системы является гипоталамус.	Endocrine system	The endocrine system is the collection of glands that produce hormones that regulate metabolism, growth and development, tissue function, sexual function, reproduction, sleep, and mood, among other things. Hormones are chemical substances and serve as messengers, controlling and coordinating activities throughout the body; the hypothalamus is the neural control center for all endocrine systems.
11	Репродуктивная система человека	Репродуктивная система человека — это комплекс органов и систем, которые обеспечивают процесс оплодотворения, способствуют воспроизводству человека.	Reproductive system	The reproductive system is a collection of internal and external organs — in both males and females — to procreate. Due to its vital role in the species' survival, many scientists argue that the reproductive system is among the most important systems in the entire body.

Типы тканей организма Types of body tissues			
	Типы тканей организма	Тканью называют систему клеток и межклеточного вещества, которые имеют общее или подобное строение, выполняют в организме одну и ту же функцию.	Tissue
			Tissue, in physiology, a level of organization in multicellular organisms; it consists of a group of structurally and functionally similar cells and their intercellular material.
1	Эпителиальная	Выстилающая или покрывающая органы тела	Epithelial
			Epithelial tissue relating to or denoting the thin tissue forming the outer layer of a body's surface and lining the alimentary canal and other hollow structures.
2	Мышечная	Сокращение, способность движения. Сердце - мышечная ткань	Muscle tissue
			The 3 types of muscle tissue are cardiac, smooth, and skeletal. Skeletal muscle, attached to bones, is responsible for skeletal movements. Smooth muscle, found in the walls of the hollow internal organs such as blood vessels, the gastrointestinal tract, bladder, and uterus, is under control of the autonomic nervous system. Cardiac muscle cells are located in the heart walls, appear striated, and are under involuntary control.
3	Соединитель-ная	Кости, сухожилия, ткань неплотная (проницаемая) или плотная (непроницаемая)	Connective tissue
			Connective tissue is made up of fibers forming a framework and support structure for body tissues and organs. Connective tissue surrounds many organs. Connective tissue is classified into two subtypes: soft and specialized connective tissue. Cartilage and bone are specialized forms of connective tissue.

4	Нервная	Клетки и их отростки, связь и регуляция. Нервная ткань — ткань эктодермального происхождения, представляющая собой систему специализированных структур, образующих основу нервной системы и создающих условия для реализации её функций.	Nervous	Nervous tissue is found in the brain, spinal cord, and nerves. It is responsible for coordinating and controlling many body activities. The cells in nervous tissue that generate and conduct impulses are called neurons or nerve cells. These cells have three principal parts: the dendrites, the cell body, and one axon.

Оболочки (мембраны) в организме
Body membranes

	Оболочки (мембраны) в организме	Оболочки (мембраны) — это тонкие слои ткани, которые покрывают поверхности тела, выстилают полости в полых органах и образуют защитные слои для внутренних органов. Они делятся на две основные категории. Это эпителиальные мембраны (эпидермис кожи, слизистая оболочка и сероза) и соединительнотканные синовиальные мембраны.	Body membranes	Body membranes are thin sheets of tissue covering the body, line body cavities, and cover organs within the cavities in hollow organs. They fall into two main categories. These are epithelial membranes (skin epidermis, mucosa, and serosa) and connective tissue synovial membranes.
1	Эпидермис кожи	Эпидермис — наружный слой кожи. Является многослойным производным эпителия. В толстой коже (не покрытой волосами) он включает в себя пять слоёв, располагающихся над дермой и осуществляющих преимущественно барьерную функцию.	Cutaneous membrane	A cutaneous membrane is a multi-layered membrane composed of epithelial and connective tissues. The apical surface of this membrane exposed to the external environment and protect the body from desiccation and pathogens. The skin is an example of a cutaneous membrane.

2	Слизистые	Слизистая оболочка человека это — внутренняя оболочка полых органов, сообщающихся со внешней средой. Слизистая оболочка покрывает полости рта, поверхности органов дыхания, мочевой, половой и пищеварительной систем, внутренние поверхности глазных век и слуховых проходов.	Mucous membrane	The human mucosa is the inner shell of hollow organs that communicate with the external environment. The mucous membrane covers the oral cavity, the surfaces of the respiratory organs, the urinary, sexual and digestive systems, the inner surfaces of the eye lids and the auditory passages.
3	Серозные	Серозная оболочка состоит из волокнистой соединительной ткани и способствует уменьшению трения между органами. Стенки грудной, брюшной и тазовой полостей, выстланы особыми серозными оболочками — плевра, перикард, брюшина.	Serosa	A serous membrane (or serosa) is a smooth tissue membrane lining the contents and inside wall of body cavities, which secrete serous fluid to allow lubricated sliding movements between opposing surfaces. The serous membrane that covers internal organs is called a visceral membrane, while the one that covers the cavity wall is called the parietal membrane.
4	Синовиальные	Синовиальная оболочка выстилает всю поверхность суставной полости и связки, расположенные в суставе, за исключением хрящевых участков. Синовиальная оболочка целиком образована соединительной тканью и обеспечивает синтез синовиальной жидкости.	Synovial membranes	The synovial membrane (or synovium) is the connective tissue which lines the inner surface of the capsule of a synovial joint and secretes synovial fluid which serves a lubricating function, allowing joint surfaces to smoothly move across each other.

	Клетки	Клетка — структурно-функциональная элементарная единица строения и жизнедеятельности всех организмов. Обладает собственным обменом веществ, способна к самовоспроизведению.	Cell	Smallest unit of living matter. Cells are the basic building blocks of all living things. They provide structure for the body, take in nutrients from food, convert those nutrients into energy, and carry out specialized functions.
1	Типы клеток	В теле человека найдено свыше 200 различных типов клеток. И хотя у всех у них наследственное вещество одинаковое, в разных типах клеток активными являются различные участки наследственных молекул.	Type of cells	There are over 200 different cell types in the human body. Each type of cell is specialized to carry out a particular function, either solely but usually by forming a particular tissue. Different tissues then combine and form specific organs, where the organ is like a factory where every type of cell has its own job.
1.1	Мышечные	Длинные, тонкие, сжимаются и расслабляются. Они обеспечивают перемещения в пространстве организма в целом, движение органов внутри организма. Свойством изменения формы обладают клетки многих тканей, но в мышечных тканях эта способность является главной функцией.	Muscles	Muscle cells contain protein filaments of actin and myosin that slide past one another, producing a contraction that changes both the length and the shape of the cell. Muscles function to produce force and motion.
1.2	Нервные	Нейрон — электрически возбудимая клетка, которая предназначена для приёма извне, обработки, хранения, передачи и вывода вовне информации с помощью электрических и химических сигналов. Типичный нейрон состоит из тела клетки, дендритов и	Nervous	At the cellular level, the nervous system is defined by the presence of a special type of cells called neurons. Neurons have special structures that allow them to send signals to other cells in the form of electrochemical waves, and chemicals called neurotransmitters. A typical

		одного аксона. Нейроны могут соединяться один с другим, формируя нервные сети.		neuron consists of a cell body, dendrites, and a single axon. Neurons can connect to each other to form neural networks.
1.3	Шестиугольные клетки печени	Эти клетки участвуют в синтезе и хранении белков, трансформации углеводов, синтезе холестерина, желчных солей и фосфолипидов, детоксикации, модификации и выводе из организма эндогенных субстанций. Также гепатоциты инициируют процесс желчеобразования.	Hexagonal liver cells	These cells are involved in the synthesis and storage of proteins, the transformation of carbohydrates, the synthesis of cholesterol, bile salts and phospholipids, detoxification, modification and removal of endogenous substances from the body. Hepatocytes also initiate the process of bile formation.
1.4	Красные кровяные в форме пончика	Красные кровяные тельца, эритроциты — это наиболее многочисленный клеточный компонент крови. Они транспортируют кислород к тканям организма (из легких) и углекислый газ из тканей в легкие для его удаления из организма. Красные кровяные тельца имеют форму пончиков. Это двояковогнутые диски, форма которых позволяет им проходить через небольшие капилляры.	Red blood cells in the form of a doughnut	Red blood cells, erythrocytes, are a type of blood cell primarily involved in the transportation of oxygen to body tissues (from the lungs) and carbon dioxide from the tissues to the lungs to be removed from the body. Red blood cells are shaped, kind of like donuts. They're biconcave discs, a shape that allows them to squeeze through small capillaries.
1.5	Клетки поджелудочной железы	Клетки поджелудочной железы участвует в регуляции пищеварения и регуляции липидного обмена. Также, в поджелудочной железе есть клетки, выполняющие эндокринную функцию, клетки сферической формы участвующие в производстве инсулина.	Pancreatic cells	The pancreatic cells produce digestive enzymes and secretions. The endocrine function of the pancreas helps maintain blood glucose levels. Types of pancreatic cells: alpha cells, which produce glucagon; beta cells, which produce insulin; delta cells, which produce somatostatin.

№				
2	Клеточная стенка (оболочка)	Клеточная стенка — оболочка клетки, расположенная снаружи от цитоплазматической мембраны, и выполняет структурные, защитные и транспортные функции.	Cell wall	A cell wall is a structural layer surrounding some types of cells, just outside the cell membrane. It can be tough, flexible, and sometimes rigid. It provides the cell with both structural support and protection, and also acts as a filtering mechanism.
3	Цитоплазма	Цитоплазма — полужидкое содержимое клетки, её внутренняя среда, кроме ядра и вакуоли, ограниченная плазматической мембраной, 70-80% воды. Цитоплазма содержит запас питательных веществ (капли жира, зёрна полисахаридов), а также нерастворимые отходы жизнедеятельности клетки.	Cytoplasm	Cytoplasm, the semifluid substance of a cell external to the nuclear membrane and internal to the cellular membrane. It is made up of mostly water and salt. The cytoplasm is responsible for holding the components of the cell and protects them from damage. It stores the molecules required for cellular processes and is also responsible for giving the cell its shape.
4	Хромосомы	Ядро клетки, дезоксирибонуклеиновая кислота (ДНК), каждая клетка содержит 46 хромосом (23 пары), тысячи ген.	Chromosome	A chromosome is a long DNA molecule with part or all of the genetic material of an organism found inside the nucleus of a cell. A chromosome is made up of proteins and DNA organized into genes. Each cell normally contains 23 pairs of chromosomes.
5	Органеллы	Органеллы располагаются во внутренней части клетки — цитоплазме, специализированы и выполняют конкретные функции, необходимые для нормальной работы клеток. Они имеют широкий круг обязанностей: от генерирования энергии до контроля роста и размножения клеток.	Organelle	An organelle is a subcellular structure that has one or more specific jobs to perform in the cell, much like an organ does in the body. Among the more important cell organelles are the nuclei, which store genetic information; mitochondria, which produce chemical energy; and ribosomes, which assemble proteins.

6	Митохондрии	Митохондрия – это двумембранный органоид эукариотической клетки (клетка, которая содержит ядро), основная функция которого синтез АТФ – источника энергии для жизнедеятельности клетки. Митохондрии обычно бобовидной формы. Также встречаются митохондрии сферической, нитевидной, спиралевидной формы.	Mitochondria	Mitochondria are membrane-bound cell organelles (mitochondrion, singular) that generate most of the chemical energy needed to power the cell's biochemical reactions. Chemical energy produced by the mitochondria is stored in a small molecule called adenosine triphosphate (ATP).
7	Белки	Белки высокомолекулярные органические соединения. Характеризуются чрезвычайно высоким структурным и функциональным разнообразием.	Proteins	Proteins are large, complex molecules that play many critical roles in the body. They do most of the work in cells and are required for the structure, function, and regulation of the body's tissues and organs.
	Аппарат Гольджи	Аппарат Гольджи, или комплекс Гольджи, — одномембранный органоид, обычно расположен около клеточного ядра. Являясь частью эндомембранной системы в цитоплазме, он упаковывает белки в мембраносвязанные везикулы внутри клетки, прежде чем везикулы будут отправлены по назначению.	Golgi apparatus	The Golgi apparatus, also known as the Golgi complex, Golgi body, or simply the Golgi, is an organelle found in most eukaryotic cells. Part of the endomembrane system in the cytoplasm packages proteins into membrane-bound vesicles inside the cell before the vesicles are sent to their destination.

| 9 | Рибосомы | Рибосома — важнейшая не мембранная органелла всех живых клеток, служащая для биосинтеза белка из аминокислот по заданной матрице на основе генетической информации, предоставляемой матричной РНК (мРНК). Этот процесс называется трансляцией. | Ribosome | The ribosome, a particle that is present in all living cells and serves as the site of protein synthesis. The ribosome functions as follows: (1) translates encoded information from the cell nucleus provided by the ribonucleic acid messenger (mRNA), (2) Binds together amino acids selected and collected from the cytoplasm by ribonucleic acid (tRNA) transfer. |
| 10 | Митоз, мейоз | Митоз — вид клеточного деления, который происходит в процессе роста и развития организма. На нём основывается деление всех существующих неполовых (соматических) клеток, а именно мышечных, нервных, эпителиальных и прочих. Деление половых клеток называется мейозом, оно сопровождается уменьшением числа хромосом в дочерних клетках вдвое. | Mitosis and meiosis | Mitosis is a type of cell division that occurs during the growth and development of the body. It is the basis for the division of all existing non-sexual (somatic) cells, namely muscle, nerve, epithelial, and others. The division of germ cells is called meiosis, it is accompanied by a decrease in the number of chromosomes in the daughter cells by half. |

Основные плоскости тела и разрезы
Body plans

| 1 | Анатомическая позиция | Лицом вперед, руки по швам и пальцы рук ладонями вперед | Anatomical position | Body with face forward, arms at the side, palms facing forwards |
| 2 | Сагитальный и срединный план | Тело делится на левую и правую часть. Срединная часть — это то, что находится в срединной плоскости. | Sagittal and Median plane | Body divides into right and left. Median plane is midline |

3	Поперечная плоскость	Делит тело на две части: верхнюю и нижнюю, плоскостью перпендикулярной высоте тела	Transverse plane	Divides body into cranial and caudal (head and tail) portions. Axial - horizontal
4	Фронтальная или коронарная плоскость	Делит тело вертикально на заднюю и переднюю части	Frontal or coronal plane	Divide body into dorsal and ventral (back and front, or posterior and anterior) portions
5	Задняя (тыльная) часть	Задняя часть тела при вертикальном делении параллельно передней части лица	Posterior (Dorsal)	Posterior (or dorsal) Describes the back or direction toward the back of the body. The popliteus is posterior to the patella. Superior (or cranial) describes a position above or higher than another part of the body proper.
6	Передняя (вентральная) часть	Передняя часть тела	Anterior (ventral)	Anterior (or ventral) Describes the front or direction toward the front of the body. The toes are anterior to the foot.
7	Верхняя (краниальная)	Верхняя часть тела при делении горизонтальной плоскостью параллельно земли до пояса	Superior (Cephalic)	Part from head. Transverse plane
8	Нижний (каудальный, хвостовой)	Нижняя часть тела от пояса при делении горизонтальной плоскостью параллельно земли	Inferior (Caudal)	Part to feet. Transverse plane
9	Проксима-льный	Расстояние между двумя ближайшими частями тела. Например: плечо и локоть	Proximal (distance)	Nearer of two (or more) items. Example: shoulder is proximal to elbow
10	Дистальный (перефирический)	Большее расстояние от срединной линии тела. Например, локоть дальше, чем плечо.	Distal (distance)	Far end
11	Удаленный от средней линии, ближайший к средней линии	Дальнее расстояние органа от вертикальной линии. Ближайшее расстояние органа до вертикальной линии	Lateral, Medial	Farther from middle vertical line. Medial - closer to middle line

Section 2:		Наружный покров (кожа) Integumentary system		
1	Наружный покров (кожа)	Кожа, волосы, ногти, потовые и сальные железы	Integumentary system (Intugement or cutaneous membrane)	Skin, hair, nails, sweat and oil glands
2	Дерматология	Дерматология – раздел медицины, изучающий строение и функционирование кожи и её придатков — волос, ногтей, а также слизистых оболочек, заболевания кожи, её придатков и слизистых, методы их профилактики и лечения.	Dermatology	Dermatology is the branch of medicine dealing with the skin. It is a specialty with both medical and surgical aspects.
3	Дерматолог	Врач-дерматолог занимается диагностикой, лечением и профилактикой заболеваний и патологий кожи, ногтей и волос.	Dermatologist	A dermatologist is a specialist doctor who manages diseases related to skin, hair, nails, and some cosmetic problems.
4	Кожа	Кожа — самый крупный человеческий орган, она служит защитным барьером против внешней среды, сохраняя внутренний гомеостаз.	Skin	Pigment Melanin, protect from injury, microorganisms, regulate body temperature
5	Потовые и сальные железы	Потовые и сальные железы предназначены для охлаждения и смазки тела, контролируются нервной системой и половыми гормонами.	Sweat (sudoriferous) and sebaceous (oil) glands	Sweat gland regulate body temperature. Odor by bacteria presented on the surface of the skin. Oil gland lubricating hair, keep skin soft and waterproof. Control by nervous system and sex hormones.
6	Сенсорные рецепторы	Сенсорная система — совокупность периферических и центральных структур нервной системы, ответственных за восприятие сигналов	Sensory receptors	Sensory receptors are specialized epidermal cells that respond to environmental stimuli and consist of structural and support cells that produce the outward form of the

		различных модальностей из окружающей или внутренней среды. Наиболее известными сенсорными системами являются зрение, слух, осязание, вкус и обоняние.		receptor, and the internal neural dendrites that respond to specific stimuli. Touch, pressure, pain, temperature. By nerve endings, related to the brain
7	Поры	Поры представляют собой микроскопические отверстия, выполняющие несколько важнейших функций. Они позволяют коже дышать, через них на поверхность кожи попадает охлаждающий организм пот, а также естественный жир, отвечающий за защиту и увлажнение кожи.	Pores	Pores are small openings in the skin that release oils and sweat. They're also connected to the hair follicles. Eliminations of body wastes
8	Структура кожи	Кожа состоит из двух основных слоев: эпидермиса и дермы, а также гиподермы (подкожной жировой клетчаткой)	Structure of skin	Epidermis, dermis, subcutaneous layers
8.1	Эпидермис	Эпидермис — наружный слой кожи.	Epidermis	Outer layer, no blood and nerve supply. Stratified epithelium cells.
8.1.1	Базальный слой	Слой клеток в основании эпидермиса, прилегающий к дерме.	Stratum Basale	New cells reproducing. Deepest layer
8.1.1.1	Меланин, меланоцит	Обуславливает цвет кожи, защита кожи от солнечных лучей	Melanocytes	Melanocytes are melanin-producing cells located in the bottom layer (the stratum basale). Melanin is a dark pigment primarily responsible for skin color. Research has found that melanin help protect the skin from UV rays.
8.1.2	Роговой слой эпидермиса	Роговой слой – самый внешний слой эпидермиса.	Stratum corneum	Outermost layer

8.1.2.1	Кератин	Семейство белков наружного слоя кожи, волос, ногтей, и т. п., совместно с коллагеном и эластином обеспечивают коже упругость и прочность, а также создают внешний водоупорный слой кожи.	Keratin	Protein. First line defense. Waterproofing and microorganism barrier.
8.2	Дерма	Второй слой ниже эпидермиса. Дерма представляет собой сложную сеть, содержащую клеточные и бесклеточные компоненты. Она содержит кровеносные сосуды, нервы, корни волос и потовые железы.	Dermis (corium). Connective tissue and elastic fibers.	Inner layer. Protect against mechanical injury. Storage water and electrolytes. Contains capillaries, lymphatic channels, nerve endings, hair follicles, sweat and sebaceous (oil) glands
8.2.1	Растяжки (стрии)	Линейные дефекты кожи. Эти дефекты кожи являются косметическим недостатком, никакого физического дискомфорта они не причиняют.	Stretch marks (striae)	Linear tears in dermis
8.2.2	Кожные сосочки	Соединительно тканные образования конической формы, вдающиеся из сосочкового слоя дермы в эпидермис.	Dermal papillae	Rigs on fingerprints
8.3	Подкожный слой (поверхностная или подкожная фасция)	Под кожей располагается жировая соединительная ткань, которую обычно называют подкожной жировой клетчаткой. Подкожный жир участвует в гомеостазе, защищая организм от потери тепла.	Subcutaneous layer (superficial or subcutaneous fascia)	Beneath dermis. Connective and adipose (fatty) tissue. Connect skin to muscles. Insulation for body and protect deeper tissue.
8.4	Апокринные железы	Апокриновые потовые железы выделяют небольшие количества маслянисто-вязкой жидкости, которая играет определенную роль в химических процессах кожной коммуникации.	Apocrine gland	An apocrine gland is a large sweat gland that produces both a fluid and an apocrine secretion; in human beings located in hairy regions of the body.

9	Волосы	Волосы — нитевидный белок волосяных фолликулов в коже. Фаза покоя роста каждые 5-6 месяцев.	Hair	Long slender filament of keratin
9.1	Стержень	Видимая часть	Hair shaft	Visible part of hair
9.2	Волосяные фоликулы	Трубкообразная впадина, где укрепляется стержень. Формируют волосяной покров	Hair follicle	A hair follicle is a tunnel-shaped structure in the epidermis (outer layer) of the skin. Hair starts growing at the bottom of a hair follicle.
9.3	Корень	Часть волоса, находящаяся под кожей, называется волосяным корнем (или волосяной луковицей). Луковица окружена волосяным мешочком — фолликулом. От формы фолликула зависит тип волос	Hair root	Embedded in the hair follicle. The hair's root is made up of protein cells and is nourished by blood from nearby blood vessels.
10	Ногти	Ногти — это особые формы каротина.	Nails (Fingers nails and toenails)	Hard keratinized
10.1	Тело ногтя	Тело ногтя — это видимая часть	Nail Body	Visible part
10.2	Корень ногтя	Корень ногтя — это нижняя часть	Root of nail	Beneath cuticle
10.3	Кутикулы	Кутикула (над ногтевая пластинка) — эпителиальная плёнка на краю ногтевого валика, который окружает ногтевую пластинку в нижней части ногтя, в районе ногтевой луночки. Она выполняет защитную роль, не давая инородным телам и бактериям проникнуть к ростковой зоне.	Cuticle	Fold skin at the base of the nail body. It performs a protective role, preventing foreign bodies and bacteria from entering the germinal zone.

10.4	Ногтевая луночка	Ногтевая луночка – часть, которая выглядит как полумесяц и отличается немного по цвету от самой ногтевой пластины своей бледностью.	Lunula	Crescent-shaped white area
10.5	Свободный край ногтя	Кончик или свободный край ногтя – это часть ногтевой пластины, которая выступает над основанием пальца.	Free edge	Nail extends. Grown 0.5 mm per week
Патологическое состояние наружного покрова (кожи). Pathological condition of Integumentary System				
1	Юношеские угри	Акне (угри, угревая болезнь) – хроническое заболевание, начинающееся с закупорки сальных протоков (фолликулярного гиперкератоза) на фоне жирной себорее в подростковом возрасте.	Acne Vulgaris	Inflammatory disorder. On face, chest, back and neck. Papules, pustules
2	Альбинизм	Альбинизм — это врождённое отсутствие пигментации кожного покрова и радужины глаз, блокируется выработка пигмента меланина.	Albinism	Absence of pigment in the skin, hair and eyes
3	Ожог	Ожог — повреждение тканей организма, вызванное действием высокой или низкой температуры, действием некоторых химических веществ (щелочей, кислот, солей тяжёлых металлов и других). Различают 4 степени ожога: покраснение кожи, образование пузырей, омертвение всей толщи кожи, обугливание тканей.	Burns	1.First degree (superficial)- epidermis. 2.Second degree (partial-thickness) - epidermis and upper layers dermis. 3.Third degree (full thickness)-epidermis, entire dermis and subcutaneous tissue or muscle

4	Мозоль	Мозоль – местное утолщение и огрубение кожи, имеющее белый, желтоватый или сероватый оттенок. Мозоли возникают в роговом слое кожи (самом верхнем), но, если не предпринимать никаких мер, могут возникнуть осложнения, распространяющиеся и на другие слои.	Callus	Painless thickening of the epidermis. On feet and palmar surface of the hands
5	Базальноклеточная карцинома	Базальноклеточная карцинома, наиболее распространенный рак кожи, представляет собой злокачественное новообразование, которое возникает в определенных клетках наружного слоя кожи (эпидермисе).	Carcinoma, basal cell	Malignant epithelial cell tumor. Elevated nodule
6	Плоскоклеточная карцинома	Плоскоклеточная карцинома — это злокачественное новообразование, которое возникает из плоских клеток кожи.	Carcinoma, squamous cell	Malignant epithelial cell tumor. Faster growing cancer
7	Дерматит	Дерматит — воспалительное поражение кожи, возникающее в результате воздействия на неё повреждающих факторов химической, физической или биологической природы.	Dermatitis	Inflammation of the skin. Several forms. Contact dermatitis, allergic contact dermatitis. Irritant contact dermatitis. Seborrheic dermatitis.
8	Экзема	Это генетически обусловленное кожное заболевание, сопровождающееся зудом, покраснением и высыпаниями в виде маленьких пузырьков с жидкостью, не передается от человека к человеку.	Eczema	Inflammatory skin condition. Erythema, papules, pustules, vesicles, scales, crusts or scabs. Itching

#				
9	Гангрена	Гангрена — это патология, при которой происходит омертвение органов и некоторых участков тела. Основной признак заболевания – это черный, синий или коричневый цвет кожи на конечностях.	Gangrene	Tissue death. Loss blood supply. Invasion bacteria. Dry and moist gangrene
10	Опоясывающий лишай	Опоясывающий герпес (опоясывающий лишай) — заболевание вирусной природы, характеризующееся высыпаниями на коже с сильным болевым синдромом. Возбудитель — вирус ветряной оспы (Varicella zoster) семейства герпесвирусов.	Herpes zoster (shingles)	Acute viral infection. Painful vesicular eruption on skin
11	Импетиго (кожная сыпь)	Импетиго – это бактериальная инфекция поверхностных слоев кожи, вызываемая стафилококками, стрептококками или их сочетанием.	Impetigo	Contagious superficial skin infection. Staphylococcus or streptococcus bacteria.
12	Саркома Копоши	Саркома Копоши представляет собой множественные злокачественные новообразования дермы (кожи) и занимает первое место среди злокачественных новообразований, поражающих больных ВИЧ-инфекцией.	Kaposi's sarcoma	Vascular malignant lesions. Infected men the most.
13	Лейкоплакия	Заболевание, которое поражает слизистые оболочки в организме человека и приводит к ороговению эпителия.	Leukoplakia	White, hard thickened patches in area mouth, vulva or penis

14	Меланома	Меланома – это злокачественная опухоль, возникающая из меланоцитов – клеток, содержащих темный пигмент меланин. В 90% случаев меланома локализуется на кожных покровах.	Malignant melanoma	Darkly pigmented cancerous tumor
15	Родинка	Родинка, невус или родимое пятно́ — врождённые или приобретённые пигментированные образования на коже. Они могут располагаться на уровне кожи или возвышаться над ней. В определённый момент клетки кожи переполняются пигментом и превращаются в меланоциты, скопление которых и называется родинкой.	Nevus (m0le)	Visual accumulation of melanocytes
16	Онихомикоз	Онихомикоз — грибковое поражение ногтя. Вызывается, как правило, грибками-дерматофитами.	Onychomycosis	Fungal infection of the nails
17	Вши (педикулез)	Головная вошь - маленькое серовато-белое насекомое длиной от 1/16 до 1/8 дюйма, живущее в волосах и на коже головы.	Pediculosis	Highly contagious parasitic infestation caused by blood-sucking lice.
18	Псориаз	Псориаз — это хронический дерматоз (поражения кожи). Болезнь, проявляется в виде характерных образований на теле: видимых глазу папул или бляшек розово-красного цвета, поверхность которых шелушится и покрыта чешуйками.	Psoriasis	Noninfectious, chronic disorder of the skin, round, silvery-white scales, itching (pruritus)

19	Чесотка	Чесотка (лат. scabies) — заразное кожное заболевание (акродерматит), вызываемое чесоточным клещом Sarcoptic scabies. Передаётся от человека к человеку в результате продолжительного прямого контакта.	Scabies	Contagious. Caused by "human itch mite". Rush, pruritus. Genital area, armpits, hands, breasts.
20	Борадавка	Бородавка — доброкачественное новообразование кожи вирусной этиологии, имеющее вид узелка или сосочка. Вызывается разными вирусами папилломы человека (ВПЧ).	Wart (verruca, verrucae). Plantar, Condyloma, Seborrheic warts.	Benign Lesion, caused human papilloma virus

Диагностика и лечение
Diagnostic and Treatments

1	Тест на аллергию	Тест на аллергию — одно из наиболее информативных исследований, позволяющее подтвердить аллергическую реакцию и определить аллерген.	Allergy testing	Intradermal, patch, and scratch common tests. Allergy blood test.
2	Криохирургия	Криохирургия – глубокое воздействие низкими температурами на патологически изменённую ткань. Данное лечение представляет собой дозируемое замораживание жидким азотом с температурой кипения −195, 8°C при помощи специального аппарата – криоустановки.	Cryosurgery	Noninvasive, freeze and destroy tissue
3	Кюретаж и Электродиссекция	Электродиссекция и кюретаж — это метод удаления первичных опухолей. Используется петлеобразное лезвие (кюретка).	Curettage and electrodesiccation	Scraping abnormal tissue combing with electrodesiccation tumor base with low-voltage electrode

4	Дермабразия	Это механическая шлифовка с помощью специальных аппаратов для удаления верхних слоев кожи. Это стимулирует процессы регенерации тканей.	Dermabrasion	Remove epidermis and portion of dermis with sandpaper or brushes scars or tattoos
5	Дермато-пластика	Дерматопластика — это операция, которая проводится для восстановления кожного покрова.	Dermatoplasty	Skin transplantation
6	Электро-хирургия	Электрохирургия — медицинская процедура, состоящая в разрушении биологических тканей с помощью переменного электрического тока с частотой от 200 кГц до 5,5 МГц. Основной принцип электрохирургии состоит в преобразовании высокочастотного тока в тепловую энергию.	Electrosurgery	Electrodesiccation (fulguration), electrocoagulation, electro-section
7	Иссечение ожогового струпа	Некротомия (иссечение струпа, в том числе и ампутация). Показана для очищения раны при наличии некротических тканей или устранения некротизированого участка конечности.	Escharotomy	Incision necrotic tissue.
8	Липосакция	Липосакция — косметическая операция по удалению жировых отложений хирургическим путём.	Liposuction	Aspiration fat
9	Биопсия кожи	Биопсия кожи — процедура, при которой проводится забор небольшого кусочка кожи для последующего гистологического исследования.	Skin biopsy	Excisional biopsy - removal complete tumor for analysis. Incisional - removal portion tissue. Punch - small specimen. Shave - shave lesions elevated above skin

#				
10	Кожный трансплантат	Кожный трансплантат - операция по пересадке кожи из одной части тела на другую. Наиболее часто для пересадки кожи используются трансплантаты с внутренней поверхности бедер, ягодиц, областей ниже ключицы, спереди и сзади уха и кожа плеча.	Skin graft	Placing tissue on recipient site. Autografting (same person). Homografting or allografting (Harvested from cadaver). Heterograft or xenograft (from animal)
11	Лампа Вуда	Лампа Вуда – это диагностический прибор, который служит для распознавания грибковых и иных кожных заболеваний.	Wood's lamp	Ultraviolet light observing fungal spores

Section 3: Костная Система / Skeletal System

#				
	Костная система	Костная система - совокупность всех костей человека. Совместно с хрящами, мышцами и др. выполняет опорную и двигательную функции; в биологическом отношении она является активным участником процессов обмена веществ и кроветворения.	Skeletal System	The human skeleton is the internal framework of the human body.
1	Череп	Череп человека (лат. cranium) — костный каркас головы, совокупность костей. Череп человека сформирован 23 костями.	Skull	The skull is a bone structure that forms the head. It supports the structures of the face and provides a protective cavity for the brain. The skull is composed of two parts: the cranium and the mandible.
1.1	Черепная коробка	Черепная коробка (анат.) — костное вместилище головного мозга, череп.	Cranium	Envelops the brain
1.2	Родничок	Неокостеневший участок свода черепа у новорожденных	Fontanel	Space between bones of an infant's cranium

1.3	Нижняя челюсть	Нижняя челюсть (лат. mandibula) — непарная костная структура, образующая нижний отдел лицевого черепа. Является единственной подвижной костью в черепе взрослого человека.	Mandible, lower bone jaw	Mandible forms the lower jaw and holds the lower teeth in place. The mandible sits beneath the maxilla. It is the only movable bone of the skull.
1.4	Носовая кость	Носовая кость — парная, четырёхугольная, немного удлиненная и — несколько выпуклая спереди кость лицевой части черепа. Образует переднюю стенку скелета носа, формируя переносицу и верхнюю часть спинки носа.	Nasal bone	The nasal bones are two small oblong bones, varying in size and form in different individuals; they are placed side by side at the middle and upper part of the face and by their junction, form the bridge of the upper one third of the nose.
1.5	Слезная кость	Слёзная кость (лат. os lacrimale) — небольшая парная кость лицевого отдела черепа. Располагается в переднем отделе медиальной стенки глазницы. Имеет форму четырёхугольной пластинки. Участвует в образовании внутренней стенки глазницы и наружной стенки носовой полости.	Lacrimal bone	The lacrimal bone is a small and fragile bone of the facial skeleton. It is situated at the front part of the medial wall of the orbit. Located at the inner corner eye
1.7	Скуловая кость	Скуловая кость — парная кость лицевого черепа. Соединяется с лобной, височной костями (посредством лобного и височного отростков), большим крылом клиновидной кости и верхней челюстью.	Zygomatic bone	Each side of the face, high part of the cheek and outer part of the eye orbit.
1.8	Подъязычная кость	Это непарная кость, которая имеет форму подковы и залегает под языком, ниже нижней челюсти.	Hyoid bone	Points of attachment for muscles of the tongue and throat

2	Ттрубчатые кости	Конечности	Tubulous bone	Extremities
2.1	Строение длинной кости	Во внешнем строении длинной трубчатой кости можно выделить тело кости (диафиз) и две концевые суставные головки (эпифизы). Эпифизы трубчатой кости покрыты хрящом. Между телом и головками расположен эпифизарный хрящ, обеспечивающий рост кости в длину. Внутри кости находится полость (канал) с жёлтым костным мозгом (жировой тканью), что и дало название таким костям — трубчатые. В надкостнице расположены кровеносные сосуды и нервные окончания.	Structure of long bone	Diaphysis (main portion long bone). Epiphysis (end of long bone). Epiphyseal line (growth zone). Periosteum membrane (covers surface of the bone). Articular cartilage (covers end of bone and joints). Medullary (marrow) cavity. Spongy bone (marrow). Red and Yellow marrow.
3	Хрящи	Хрящ (лат. cartilago) — один из видов соединительной ткани, отличается плотным, упругим межклеточным веществом. Важнейшее отличие хрящевой ткани от костной (и большинства других типов тканей) — отсутствие внутри хряща нервов и кровеносных сосудов.	Cartilage	Cartilage is a resilient and smooth elastic tissue, rubber-like padding that covers and protects the ends of long bones at the joints and nerves, and is a structural component of the rib cage, the ear, the nose, the bronchial tubes, the intervertebral discs, and many other body components.
3.1	Гиалиновые хрящи	Гиалиновый хрящ (лат. cartilago hyalines) — разновидность хрящевой ткани; плотный, упругий, стекловидный. Гиалиновый хрящ составляет суставные и рёберные хрящи, а также хрящи носа, гортани, эпифиза длинных трубчатых костей, хрящи трахеи и бронхи.	Hyaline cartilage	Hyaline cartilage is the glass-like (hyaline) but translucent cartilage found on many joint surfaces. It is also most commonly found in the ribs, nose, larynx, and trachea. Hyaline cartilage is pearl-grey in color, with a firm consistency and has a considerable amount of collagen.

3.2	Волокнистые хрящи	Волокнистый хрящ (волокнистая хрящевая ткань, лат. textus cartilaginous fibrosa) — разновидность хрящевой ткани; находится в межпозвоночных дисках, полуподвижных сочленениях, в местах перехода волокнистой соединительной ткани в гиалиновый хрящ.	Fibrous cartilage	Fibrocartilage is the tough, very strong tissue found predominantly in the intervertebral disks and at the insertions of ligaments and tendons; it is similar to other fibrous tissues but contains cartilage ground substance and chondrocytes.
4	Позвоночник	Это основная часть осевого скелета человека. Состоит из 33-34 позвонков, последовательно соединённых друг с другом в вертикальном положении. Позвонки разделяют на отдельные типы: шейные, грудные, поясничные, крестцовые (срастаются в крестец) и копчиковые.	Spinel column	24 vertebrae, sacrum and coccyx. Protection the spinal cord, connect with skull, ribs and the pelvis
4.1	Позвонок	Позвонок — элемент позвоночного столба. Состоит из тела позвонка, межпозвоночного диска (амортизатор), позвоночного отверстия (отверстие для спинного мозга), а также дуги позвонка (точки крепления мышц и связок).	Vertebra	Vertebral body, interverteble disk (shock absorber), vertebral foramen (opening for spinal cord), vertebral arch (points of attachment for muscles and ligaments)
4.1.1	Шейные позвонки	C1 - C7. Шейные позвонки́ (лат. vertebrae cervicales) — семь позвонков, составляющих шейный отдел позвоночника человека.	Neck bones	C1 - C7 Cervical vertebrae. Connects spine with the occipital bone of the head

4.1.2	Грудные позвонки	T1-T12. Грудной отдел позвоночника состоит из 12 позвонков. К телам этих позвонков полуподвижно прикреплены рёбра. Грудные позвонки и рёбра, впереди соединённые грудиной, образуют грудную клетку. Только 10 пар рёбер прикрепляются к грудине, остальные свободны.	Thoracic vertebrae	T1-T12 Thoracic. Connect with 12 pairs of the ribs.
4.1.3	Поясничные	L1- L5. Поясничные позвонки́ (лат. vertebrae lumbales) — пять нижних позвонков у человека с 20-го по 24-й, считая сверху.	Lumbar vertebrae	L1- L5 Lumbar. Support back and lower trunk of the body
4.1.4	Крестец	Крестцовая кость. Пять сросшихся позвонков	Sacrum	Single triangular-shaped bone. Attached to the pelvic girdle
4.1.5	Копчик	Копчик — это самая нижняя, похожая на хвостик часть позвоночника, состоящая из 3–4 сросшихся позвонков. Копчик играет роль в распределении физической нагрузки на анатомические структуры таза.	Coccyx (tail bone)	The coccyx is a triangular arrangement of bone that makes up the very bottom portion of the spine below the sacrum.
5	Грудная клетка	Грудная клетка — одна из частей туловища. Образуется грудиной, 12 парами рёбер, грудным отделом позвоночника, а также мышцами.	Thoracic cage	The thoracic cage (rib cage) is the skeleton of the thoracic wall. It is formed by the 12 thoracic vertebrae, 12 pairs of ribs and associated costal cartilages and the sternum.
5.1	Рёбра	Грудинные ребра (семь пар, прикрепленных к грудине и позвонкам), ложные ребра (следующие три пары, соединяющиеся	Ribs	True ribs (seven pairs, attached to sternum and vertebrae), false ribs (next three pairs, connect to the back and by cartilage to

		со спиной и хрящом с седьмым ребром спереди) и плавающие ребра (прикрепленные только за спиной).		seventh rib on front), and floating ribs (attached only for back).
5.2	Грудина	Грудина или грудная кость — плоская, длинная кость, образующая среднюю часть передней стенки грудной клетки; состоит из трех частей, соединенных между собою пластинками хряща.	Sternum (breastbone)	Midline of the front thorax. Upper end called manubrium, connected to clavicle
6	Ключица	Ключица (лат. clavicula) — небольшая трубчатая кость S-образной формы из пояса верхней конечности, соединяющая лопатку с грудиной и укрепляющая плечевой пояс.	Clavicle (collarbone)	Helps support the shoulder by connecting to scapula and sternum
7	Лопатка	Лопатка (лат. scapula) — кость пояса верхних конечностей, обеспечивающая сочленение плечевой кости с ключицей. Прилегает к задней поверхности грудной клетки от II до VII ребер.	Scapula (shoulder blade)	The scapula, or shoulder blade, is a large triangular-shaped bone that lies in the upper back. The bone is surrounded and supported by a complex system of muscles that work together to help move the arm.
8	Кости руки	Рука — верхняя конечность человека, орган опорно-двигательного аппарата. В руке выделяют следующие анатомические области: плечо (плечевая кость), предплечье (локтевая кость, лучевая кость), кисть. Руки крепятся к плечу посредством лопатки и ключицы.	Upper extremities	The upper extremity or arm is a functional unit of the upper body. It consists of three sections, the upper arm (humerus), forearm (ulna, radius), and the hand. It extends from the shoulder joint to the fingers and contains 30 bones.

8.1	Плечевая кость плеча	Плечевая кость (лат. humerus) — типичная длинная трубчатая кость, скелетная основа плеча. Относится к скелету свободной верхней конечности.	Humerus	The humerus — also known as the upper arm bone — is a long bone that runs from the shoulder and scapula (shoulder blade) to the elbow.
8.2	Лучевая и локтевая кость предплечья	Лучевая - внешняя, локтевая - внутреняя	Radius and Ulna	Lower arm bones. Radius - lateral or thumb side of the arm. Ulna - medial or little finger side of the arm.
8.3	Локоть, синовиальная оболочка, кольцевидная связка	Соединяет плечо и предплечье. Сустав	Capitulum (elbow)	The elbow is a hinged joint made up of three bones, the humerus, ulna, and radius. The ends of the bones are covered with cartilage. The bones are held together with ligaments that form the joint capsule.
9	Кисть руки	Кисть руки состоит из запястья, пясти и пяти пальцев.	Hand	The hand consists of a wrist (carpal), a metacarpus, and five fingers.
9.1	Фаланга пальца	Фаланги— короткие трубчатые кости, образующие скелет пальцев	Phalanges	Bones of the fingers
9.2	Пястная кость	Пястные кости— пять коротких трубчатых костей кисти, отходящих в виде лучей от запястья.	Metacarpal bone	Join with carpals and phalanges
9.3	Запястье	Запястье — отдел верхней конечности между костями предплечья и пястными костями (пястью), образованный восемью костями.	Carpals	Bones of the wrist

10	Кости ног и таза	Основу таза образуют две тазовые кости, крестец и копчик, соединённые суставами пояса нижних конечностей в костное кольцо, внутри которого образуется полость, заключающая внутренние органы.	Leg and pelvic bones	It is comprised of two bones: the thigh bone or femur and the pelvis which is made up of three bones called ilium, ischium, and pubis.
10.1	Тазобедренная кость	Каждая из тазовых костей образована тремя составляющими: подвздошной костью, седалищной костью и лобковой костью, которые соединяются посредством хряща в области вертлужной впадины, служащей местом соединения тазовой кости с бедренной.	Hip (pelvis)	The two hip bones join each other at the pubic symphysis. Together with the sacrum and coccyx, the hip bones form the pelvis. Each of the pelvic bones is formed by three components: the ilium, the sciatic bone, and the pubic bone, which are connected by cartilage in the area of the acetabulum, which serves as the junction of the pelvic bone with the femur.
10.2	Подвздошная	Подвздошная кость (лат. os ilii) составляет ближайшую к позвоночнику часть пояса задних конечностей или таза, сочленяющуюся с крестцовыми позвонками.	Ilium	Upper flared portion of the hip bones
10.3	Седалищная кость	Седалищная кость (лат. os ischii) соединяется сверху с подвздошной костью, а спереди с лобковой и вместе с этими костями образует тазовую кость.	Ischium	The lowest portion of the hip bones
10.4	Лобковая (лонная)	Лобковая кость (лат. os pubis) состоит из тела и двух ветвей. Ветви и тело лобковой кости образуют запирательное отверстие. Две лобковые кости, срастаясь, образуют переднюю стенку таза.	Pubis (pubic)	The anterior (front) part of the hip bones

10.5	Вертлужная впадина	Вертлужная впадина – это выемка в форме полусферы, которая образована седалищной, подвздошной и лобковой костями. В вертлужную впадину помещается головка бедра, образуя тазобедренный сустав.	Acetabular cavity	The socket as connecting point for the femur (thigh bone)
11	Кости ног	Нога анатомически состоит из трёх основных частей: бедра, голени и стопы. Бедро образовано бедренной костью (самой массивной и прочной из человеческих костей) и надколенником, защищающим коленный сустав. Надколенник обеспечивает блок при разгибании голени. Голень образуют большая и малая берцовые кости.	Lower extremities	The major bones of the leg are the femur (thigh bone), tibia (shin bone), and adjacent fibula, and these are all long bones. The patella (kneecap) is the sesamoid bone in front of the knee.
11.1	Бедренная	Бедренная кость (лат. femur, os femoris) — самая большая трубчатая кость в теле человека. Тело её имеет цилиндрическую форму и несколько изогнуто спереди; по его задней поверхности тянется шероховатая линия (linea aspera), которая служит для прикрепления мышц.	Femur (Thigh-bone)	The upper or proximal extremity (close to the torso) contains the head, neck, the two trochanters, and adjacent structures. The femur is the longest and, by some measures, the strongest bone in the human body.
11.2	Мыщелок	Мыщелок - парный фрагмент бедренной кости, который находится в её нижней части и формирует коленный сустав.	Condyle	A condyle is a round prominence at the end of a bone, most often part of a joint - an articulation with another bone. It is one of the markings or features of bones, and can refer to: On the femur, in the knee joint: Medial condyle.

11.3	Надколенная чашечка	Надколенник (коленная чашечка) — сесамовидная кость. Располагается она в толще сухожилия четырёхглавой мышцы бедра, хорошо прощупывается через кожу, при разогнутом колене легко смещается в стороны, а также вверх и вниз.	The patella	The patella, also known as the kneecap, is a flat, rounded triangular bone which articulates with the femur (thigh bone) and covers and protects the anterior articular surface of the knee joint.
11.4	Коленная чашка, колено	Коленная чашечка представляет собой небольшую треугольную кость. Коленная чашечка обеспечивает рычаг для мышц, когда они сгибают и выпрямляют ногу.	Kneecap, knee	The kneecap (patella) is a small triangular bone. The kneecap provides leverage for muscles as they bend and straighten the leg.
11.5	Малоберцовая	Малоберцовая кость (лат. os fibula) — длинная тонкая трубчатая кость голени. Состоит из тела и двух концов — верхнего и нижнего. Тело малоберцовой кости имеет трёхгранную призматическую форму, скручено вокруг продольной оси и изогнуто сзади.	Fibula	One of two bones of the lower legs. Slenderer than tibia and located lateral of the tibia
11.6	Большеберцо-вая	Большеберцовая кость (лат. os tibia) — крупная, расположенная медиально, кость голени, вторая по размерам кость в теле человека (после бедренной), наиболее толстая часть голени. Её верхний эпифиз сочленяется с бедренной костью, образуя коленный сустав, нижний — с таранной костью предплюсны.	Tibia (shin bone)	Located on the great toe side of the lower leg.

11.7	Внутреняя и наружная лодыжки	Лодыжка, щиколотка (лат. malleolus "молоточек") — костное образование дистального отдела голени. Различают латеральную (наружную) и медиальную (внутреннюю) лодыжки.	Inner and outer ankle	The medial malleolus is the prominence on the ankle's inner side, formed by the lower end of the tibia. The lateral malleolus is the prominence on the ankle's outer side, formed by the lower end of the fibula.
11.8	Предплюсна	Предплюсна состоит из семи костей. В задней части предплюсны располагаются таранная кость, и пяточная кость. В передней части располагаются небольшие ладьевидная, кубовидная и три клиновидные кости (медиальная, промежуточная и латеральная).	Tarsals	The bones of ankle
11.9	Таранная кость	Таранная кость - одна из костей предплюсны, формирующая нижнюю часть голеностопного сустава посредством соединения с больше- и малоберцовой костями.	Talus bone	Joints to tibia and fibula to form the ankle joint.
11.10	Пяточная кость	Пяточная кость является самой крупной костью предплюсны. Она имеет удлиненную форму и сжата с боков. Состоит из тела и выступающего сзади бугра пяточной кости.	Calcaneus	Heel bone
11.11	Ступни	Стопа человека является самым нижним отделом нижней конечности. Часть стопы, называется ступнёй или подошвой, противоположную ей верхнюю сторону называют тыльной стороной стопы. По костной структуре стопа делится на предплюсну, плюсну и фаланги.	Feet	The feet are divided into three sections. The forefoot contains the five toes (phalanges) and the five longer bones (metatarsals).

12	Суставы	Соединяют кости скелета между собой.	Joint (articulation)	Point where two individual bones connected.
12.1	Синовиальные (мобильные)	Синовиальная оболочка — внутренний слой суставной сумки или костно-фиброзного канала. Синовиальная оболочка выстилает всю поверхность суставной полости и связки, расположенные в суставе, за исключением хрящевых участков.	Synovial joint	The bones have space in between - joint cavity. Synovial membrane with synovial fluid. The bones held together by ligaments. A synovial joint allows free movements.
12.1.1	Шарнирный	Локоть и колено. Пальцы рук	Hinge	Elbow and knee. Fingers. Movement in one direction.
12.1.2	Плоский (тугоподвижный)	В позвонках, запястье, предплюсневых костях стопы.	Flat (rigid)	In the vertebrae, wrist, and tarsal bones of the foot.
12.1.3	Цилиндрические	В шеи у основания черепа и в локте.	Cylindrical	In the neck at the base of the skull and at the elbow.
12.1.4	Шаровидные	Тазобедренный и плечевой	Ball and socket joint	Hip and shoulder. Many directions around central point.
12.2	Волокнистые (фиброзные) суставы	Прочная волокнистая ткань. Суставы спины, крестца, черепа и некоторые лодыжки и таза.	Fibrous and cartilaginous joint	Fibrous - Bones fit closely together (Scull bones). Immovable joint. Cartilaginous - Bones connected by cartilage.
13	Связки	Соединительная ткань. Соединяют две кости и закрепляют их в определенном положении. Фиксируют внутренние органы.	Ligaments	Connect bone to bone and hold organs in place.
14	Виды движения сустава	В суставах конечностей различают следующие виды движений: разгибание и сгибание, абдукцию и аддукцию, пронацию и супинацию.	Movements of joints	Extension, flexion, adduction (toward to midline)-abduction (away from midline), rotation, supination (palm up or forward)-pronation (palm down or backward), plantar flexion (increases angle between leg and foot)-dorsiflexion (foot narrows angle between leg and foot), circumduction (circular motion).

15	Особенности строения костей	Классификация костей по форме: трубчатые кости, губчатые кости, сесамовидные кости, плоские кости, смешанные кости, и воздухоносные кости.	Bone markings	Specific features individual bone
16	Процессы в кости	Из соединительной ткани развиваются кости свода и боковых отделов черепа, нижняя челюсть. Большинство костей скелета развивается из хрящевой основы, имеющей такую же форму, как будущая кость.	Bone processes	A process is a projection or outgrowth of tissue from a larger body. For instance, in a vertebra, a process may serve for muscle attachment and leverage (as in the case of the transverse and spinous processes), or to fit (forming a synovial joint), with another vertebra (as in the case of the articular processes).
17	Головка кости	Головка кости — округлая оконечность кости, входящая в сустав.	Bone head	Rounded, knoblike end of a long bone.
18	Шейка кости	Головка соединяется с телом кости посредством шейки.	Neck	Narrow section connects with the head.
19	Бугристость	Большой и малый бугорки кости являются точками прикрепления мышц.	Tuberosity	Rounded for attachment muscles or tendons
20	Вертел	Большой вертел (trochanter major) – располагается вверху и с латеральной стороны, имеет на внутренней поверхности вертельную ямку (fossa trochanterica). Малый вертел (trochanter minor), располагается медиально и позади.	Trochanter	Below neck for attachment muscles.
21	Мыщелок	Шарообразная оконечность кости, которая по форме соответствует углублению в другой прилегающей кости так, что образуется подвижный сустав.	Condyle	Knucklelike projection of the end, fits into fossa another bone to form a joint.

22	Гребень (подвздошный гребень)	Верхний край крыла подвздошной кости S-образно изогнут и образует по всему краю утолщённый подвздошный гребень (лат. crista iliaca).	Crest (iliac crest)	Upper part of the hip bone.
23	Депрессия костей	Нарушения фосфорно-кальциевого обмена. Кальций вымывается из костей. Снижается масса костной ткани и нарушается ее структура.	Bone depression	A depression is a dip or trench within the bone surface that allows for nerves and blood vessels to pass through.
24	Борозда (трещина)	Борозда (латинский fissura, множественное fissurae) представляет собой паз, естественное разделение, глубокая складка, вытянутые расщелины, или разрыв в различных частях тела.	Sulcus (fissure)	Groove in bone
25	Синус	Придаточные пазухи носа, имеющие сообщение с полостью носа. Другое название этого образования — гайморова пазуха, или гайморов синус.	Sinus	Opening space. Paranasal or frontal sinus
26	Вертлужная (ацетабулярная) впадина	Вертлужная (ацетабулярная) впадина — это вогнутая полусфера, которая играет важную роль при соединении костей. Например в вертлужную впадину помещается головка бедренной кости.	Fossa	Concave depression
27	Отверстие (канал)	Полости для прохождения кровеносных сосудов или нервов.	Foramen	Hollow for blood vessels or nerves
28	Синтез витамина D (первый шаг)	Витамин D функционирует как гормон. Наши тела сами производят это вещество после воздействию солнечного света на кожу. Главное назначение витамина D в организме	Synthesis of vitamin D (first step)	Vitamin D is essential for maintenance of bone mineralization through the regulation of calcium and phosphorus homeostasis. Vitamin D also exhibits many non-skeletal

		человека — обеспечение всасывания кальция и фосфора.		effects, particularly on the immune, endocrine, and cardiovascular systems.
Патологические состояния скелетной **Pathological conditions of the skeletal system**				
1	Остеопороз	Остеопороз – прогрессирующее метаболическое заболевание кости, при котором происходит уменьшение ее плотности (массы костной ткани в единице ее объема), сопровождающееся нарушением ее структуры.	Osteoporosis	Porous bones. Loss of bone density. Hormonal in women, steroid treatment. Fractures. Kyphosis (dowager's hump). Drug therapy, calcium, weight bearing exercises
2	Остеомаляция	Остеомаляция характеризуется недостаточной минерализацией костей в результате дефицита витамина D. Люди с остеомаляцией имеют более низкое соотношение кальций/белок в костях.	Osteomalacia	Disease. Bons abnormally soft. Deficiency calcium and phosphorus in the blood. In children - rickets. Lack vit. D
3	Остеомиелит	Остеомиелит — это гнойная инфекция, поражающая костную ткань (остит), окружающую кость надкостницу (периостит) и костный мозг (миелит).	Osteomyelitis	Infection bone or bone marrow. Staphylococcal infection.
4	Остеосаркома	Остеогенная саркома — саркома, злокачественные клетки которой происходят из костной ткани и продуцируют эту ткань.	Osteosarcoma	Malignant bone tumor
5	Остеохондрома	Остеохондрома — доброкачественная опухоль кости, образующаяся из хрящевых клеток.	Osteochon-droma	Benign bone tumor

#				
6	Стеноз позвоночника	Стеноз позвоночного канала — сужение центрального позвоночного канала костными, хрящевыми и мягкоткаными структурами, с вторжением их в пространства, занимаемые нервными корешками и спинным мозгом.	Spinal stenosis	Narrowing vertebral, nerve root, or spinal canals.
7	Грыжа межпозвоночного диска	Межпозвонковая грыжа (грыжа межпозвоночного диска) — это выпячивание (экструзия) ядра межпозвоночного диска в позвоночный канал в результате нарушения целостности фиброзного кольца.	Herniated disk	A herniated disk occurs when a portion of the nucleus pushes through a crack in the annulus. Symptoms may occur if the herniation compresses a nerve.
8	Косолапость (talipes equinovarus)	Косолапость — это врожденный порок развития конечности, сопровождающийся изменениями на уровне голеностопного сустава и суставов стопы.	Clubfoot (talipes equinovarus)	A birth defect in which the foot is twisted out of shape or position.
9	Аномальное искривление позвоночника	Различают 3 вида искривления позвоночника: сколиоз, лордоз и кифоз. Сколиоз представляет собой деформацию позвоночного столба в боковой проекции. Кифоз - изгиб позвоночника, выпуклостью назад (горб на спине). Лордоз – изгиб позвоночника выпуклостью вперед.	Abnormal curvature of the spine	(A) Kyphosis - outward curvature (humpback or hunchback) (B) lordosis - inward curvature (swayback) (C) Scoliosis -lateral (sideward) curvature

| 10 | Перелом кости | Перелом кости — полное или частичное нарушение целостности кости при нагрузке, превышающей прочность травмируемого участка скелета. | Fracture | Broken bone: open, closed, greenstick, hairline or stress fracture, compression fracture, impacted, comminuted, occult. |

Диагностика и лечение
Diagnostic and Treatment

1	Сканирование костей	Сканирование костей — это исследование, которое измеряет плотность костной ткани. На основании ее результатов можно определить наличие, тяжесть или риск остеопороза.	Bone scan	A bone scan is a nuclear imaging test that aids in the diagnosis and tracking of several bone diseases. This exam is used to measure bone mineral density (BMD).
2	Аспирация костного мозга	Аспирацию и биопсию костного мозга проводят путем прокола иглой верхней части бедра или грудины, затем с помощью шприца проводится аспирация (высасывание) клеток костного мозга. Аспирация костного мозга и биопсия используются для выяснения причин онкологических и гематологических заболеваний.	Bone marrow aspiration	Small sample of bone marrow examining under microscope
3	Оценка плотности костной ткани	Двухэнергетическая рентгеновская абсорбциометрия (DEXA) — это средство измерения минеральной плотности костной ткани (BMD) с использованием спектральной визуализации.	Bone density evaluation	Dual energy X-ray absorptiometry (DEXA)

		Патологические состояния, Суставы Pathological Condition, Joint		
1	Адгезивный капсулит	Патология, при которой возникает существенное уменьшение суставной сумки (капсулы), которая как бы обволакивает плечевой сустав.	Adhesive capsulitis	Stiffens of the shoulder. Trauma, osteoarthritis, or systemic diseases
2	Артрит	Артрит - собирательное обозначение болезней (поражений) суставов воспалительной этиологии. Протекает в острой и хронической форме с поражением одного или нескольких суставов. Среди причин различают инфекцию, обменные нарушения, травмы и др.	Arthritis	Inflammations of joint. Four types: ankylosing, spondylitis, gout, osteoarthritis, and rheumatoid arthritis.
3	Анкилозиру-ющий спондилит	Анкилозирующий спондилит (АС) относится к системным воспалительным заболеваниям, при котором преимущественно поражается позвоночник.	Ankylosing, spondylitis	Deformation of the spine (vertebral column)
4	Подагра	Подагра — метаболическое заболевание, которое характеризуется отложением в различных тканях организма кристаллов уратов в форме моноурата натрия или мочевой кислоты.	Gout	Acute arthritis (great toe - podagra). Maybe found in the hands and spine. Does not metabolize uric acid properly. Accumulate in blood and synovial fluid of the joints.
5	Остеоартрит	Остеоартрит (ОА) – заболевание суставов, нарушение процессов восстановления и разрушения различных тканей сустава. Проявляется болью, отечностью и скованностью в том или ином суставе.	Osteoarthritis	Degenerative joint disease. Wear and tear joints (hips and knees. Joint space narrowing. In severe condition - replacement surgery

6	Ревматоидный артрит	Ревматоидный артрит (РА) – хроническое заболевание соединительных тканей у взрослых и детей, которое приводит к разрушению симметричных суставов.	Rheumatoid arthritis	Chronic inflammatory disease multiple joints (small peripheral on hands and feet)
7	Бурсит большого пальца стопы (hallux valgus)	Бурсит большого пальца стопы, также известный как вальгусной деформации, является деформация сустава, соединяющего большой палец со стопой.	Bunion (hallux valgus)	Abnormal enlargement of the joint at the base of the great toe.
8	Ганглий	Сухожильный ганглий (гигрома) представляет собой доброкачественное, опухолевое, кистообразное новообразование, возникает в области сухожильных влагалищ или суставов.	Ganglion	Cystic tumor
9	Грыжа межпозвоночного диска	Межпозвонковая грыжа (грыжа межпозвоночного диска) — это выпячивание (экструзия) ядра межпозвоночного диска в позвоночный канал в результате нарушения целостности фиброзного кольца.	Herniated disk (herniated nucleus pulposus)	Rupture of the central portion of the disk wall and into spinal canal. Between L$ and L5 vertebrae.
10	Растяжение	Растяжение связок — распространённый вид травмы. Растяжение обычно возникает при резких движениях в суставе, превышающих его нормальную амплитуду. Чаще всего растяжению подвергаются связки голеностопного и коленного суставов.	Sprain	Injury ligaments by wrenching or twisting motion.

		Диагностика и лечение Diagnostic and treatment		
1	Артроцентез	Пункция сустава (внутрисуставная пункция, артроцентез)– это манипуляция, которая выполняется с диагностической или лечебной целью.	Arthrocentesis	Surgical puncture of joint by needle. Fluid for analysis
2	Артрограмма	Артрограмма — это изображения сустава, которые могут быть получены с помощью рентгеновских лучей, компьютерной томографии (КТ) или магнитно-резонансной томографии (МРТ) после введения контрастного вещества.	Arthrogram	X-ray of a joint after injection of a contrast medium
3	Артрография	Артрография — диагностический метод исследования суставов, предусматривающий введение в их полость контрастного вещества и применение рентгеновских лучей.	Arthrography	X-ray of a joint after injection of a contrast medium, that makes joint visible.
4	Артропластика	Артропластика— это метод оперативного лечения патологии суставов, целью которого является восстановление их функции.	Arthroplasty	Surgical reconstruction of a joint
5	Артроскопия	Артроскопия (артроскопическая хирургия) — малоинвазивная методика, позволяющая проводить диагностику и лечение внутрисуставных повреждений и заболеваний. Это разновидность эндоскопии.	Arthroscopy	Visualization interior of joint by endoscopy.

#				
6	Ревматоидный фактор	Ревматоидный фактор (РФ) – это аутоантитела, которые ошибочно атакуют собственные ткани организма, принимая их за чужеродные. Анализ крови на ревматоидный фактор используется в качестве маркера воспалительной и аутоиммунной активности.	Rheumatoid factor	Blood test measures present unusual antibodies that develops rheumatoid arthritis.
7	Скорость оседания эритроцитов	Скорость оседания эритроцитов (СОЭ) — это показатель при анализе крови служит косвенным признаком текущего воспалительного или иного патологического процесса.	Erythrocyte sed rate	Blood test. Elevated set rates associated with inflammatory condition.
Section 4:			Мышечная система Muscular system	
1	Мышцы	Мышцы, или мускулы — органы, состоящие из мышечной ткани; способны сокращаться под влиянием нервных импульсов. Часть опорно-двигательного аппарата.	Muscles	Muscle tissue consists of fibers of muscle cells connected together in sheets and fibers. A nerve impulse traveling from the brain or another outside signal tells the muscle to contract.
1.1	Первый тип		First type	
	Скелетные (произвольно сокращающиеся)	Большинство скелетных мышц прикрепляются к костям (через сухожилия). Их сокращения контролируются сознанием, а также автоматически через рефлексы.	Skeletal muscles (voluntary and striated muscles)	Attached to the bones of skeleton. Some not attach to skeleton (face, eyes, tongue and pharynx). Operate under conscious control
1.2	Второй тип		Second type	
	Гладкие мышцы	Гладкие мышцы состоят из одиночных веретеновидных клеток и выполняют	Smooth muscles (visceral and involuntary muscles)	Smooth muscles are in the walls of hollow organs and tubes. Stomach, intestines, respiratory passageways and

		непроизвольные сокращения. Они являются важной составной частью стенок мышечных полых органов.		blood vessels. Regulated by hormones and the autonomic nervous system.
1.3	Третий тип		Third type	
	Сердечная мышца	Сердечная мышца (миокард) — это непроизвольно поперечнополосатая мышца, которая составляет основную ткань стенок сердца. Сокращается импульсами. 72 раза в минуту.	Cardiac muscles (involuntary and striated muscles)	Forms the wall of the heart. Regulated by the autonomic nervous system.
2	Сухожилие	Сухожилие — это особые продолжения мышц, соединяет мышцу с костью. Часть волокон входит в структуру кости.	Tendon	Strong fibrous band of tissue attaches muscles to the bone. Some becomes continuous with periosteum of the bone.
2.1	Сухожильное влагалище	Муфта с двойными стенками. В области лодыжки и запястья сухожилья заключены в оболочки (влагалища).	Tendon sheath	Sleeve with double walls. In the area of the ankle and wrist, the tendons are enclosed in sheaths.
3	Ацетилхолин	Ацетилхолин содержится в пузырьках на конце двигательного нерва, лопается под воздействием электрического импульса и возбуждает мышцу.	Acetylcholine	Acetylcholine is the chief neurotransmitter of the parasympathetic nervous system, the part of the autonomic nervous system that contracts smooth muscles, dilates blood vessels, increases bodily secretions, and slows heart rate.

4	АТФ (аденозинтри-фосфатоза)	АТФ (аденозинтрифосфатоза) — это энергия, образующаяся при сгорании кислорода и пищи в метохондриях. Энергия необходимая для мышечного сокращения	ATP (adenosine triphosphatase)	Adenosine triphosphate (ATP), energy-carrying molecule found in the cells of all living things. ATP captures chemical energy obtained from the breakdown of food molecules and releases it to fuel other cellular processes.
	Патологические состояния. Мышечная система **Pathological conditions. Muscular System**			
1	Мышечная дистрофия	Мышечная дистрофия – это патологическое заболевание, прогрессирующая мышечная слабость и дегенерация мышц.	Muscular dystrophy	Genetically transmitter disorders. Muscle weakness. Muscle fibers degenerate. Progress diseases with all muscles and late stages controlling respiration.
2	Полимиозит	Полимиозит – системное аутоиммунное заболевание мышечной ткани (в основном мышц поперечнополосатой мускулатуры).	Polymyositis	Chronic progressive disease skeletal muscles (hips and arms)
3	Повреждение мышц или сухожилий.	Повреждения мышц и сухожилий могут быть следствием внешнего воздействия, микротравма, вследствие незначительного напряжения пораженных структур и тканей, либо в результате многократных субмаксимальных перегрузок (скрытая травма).	Strains	Injury of the muscles or tendons. Resulting from overstretching, overextension "muscle pull"
	Диагностика и лечение **Diagnostic and treatment**			
4	Биопсия мышц	Биопсия мышц — инвазивное исследование, предусматривающее отсечение небольшого образца ткани для гистологического изучения.	Muscle biopsy	Extraction of the specimen of muscle tissue by needle or incisional

5	Электромиография	Электромиография (ЭМГ) – это метод исследования биоэлектрической активности мышц и нервно-мышечной передачи.	Electromyography	Recording the strength of the contraction of a muscle under stimulating by an electrical current.
Section 5:		**Нервная система** **Nervous system**		
	Нервная система	Сенсорное восприятие органов чувств и регулирование всех функций в организме.	Nervous System	Functions to regulate and coordinate all body activities, including mental, learning and memory
1	Центральная и периферическая нервная системы	Головной, спинной мозг и 12 пар - черепно-мозговые и 31 пара - спинномозговые нервы	Central nervous system (CNC) and Peripheral nervous system (PNS)	Brain and spinal cord.
2	Нейроны	Действующие элементы нервной систтемы	Neuron and neuroglia	Functional unit, nerve cell.
2.1	Сенсорные	Передают информацию от органов чувств в центральную нервную систему	Afferent (sensory)	Afferent neurons are sensory neurons that carry nerve impulses from sensory stimuli towards the central nervous system and brain.
2.2	Интернейроны	Они соединяют спинномозговые моторные и сенсорные нейроны. Помимо передачи сигналов между сенсорными и моторными нейронами, интернейроны могут также взаимодействовать друг с другом, образуя цепи различной сложности.	Interneurons	They connect the spinal motor and sensory neurons. As well as transferring signals between sensory and motor neurons, interneurons can also communicate with each other, forming circuits of various complexity.
2.3	Двигательные	Возбуждают произвольные и непроизвольные движения	Efferent (motor)	Efferent neurons are motor neurons that carry neural impulses away from the central nervous system and towards muscles to cause movement.

2.4	Дендриты	Проводят импульсы к клеткам организма. Нервные волокна.	Dendrite	Conduct impulses toward the cell body.
2.5	Аксон	Проводят импульсы от клеток организма. Нервные волокна.	Axon	Conduct impulses away from the cell body.
2.6	Синапс	Расстояние между аксоном и дендритом другого нейрона	Synapse	Space between the axon of the one neuron and the dendrite of another neuron.
2.7	Медиатор	Химическое вещество для передачи сигнала от одного нейрона к другому.	Neurotransmitters	Chemical substances to activate or inhibit the transmission of nerve impulses across the synapses.
2.8	Нейроглия	Нейроглия, клетки нервной ткани, выполняющие важнейшие функции по поддержанию процессов жизнедеятельности нейронов и принимающие участие специфических нервных процессах.	Neuroglia	Support system for neurons. Engulfing and digesting any unwanted substances (phagocytosis). Do not conduct impulses.
2.8.1	Астроциты	Астроцит — тип нейроглиальной клетки звёздчатой формы с многочисленными отростками, являются опорными клетками нейронов, обеспечивающими их питание и физическую поддержку, а также участвуют в процессе передачи и обработке информации в нервной ткани.	Astrocytes	Star-shaped cells, the largest. Form blood-brain barrier to prevent harmful substances from brain tissue.
2.8.2	Микроглия	Микроглии — самые мелкие из глиальных клеток. Основная функция микроглий – защита от различных инфекций и повреждений нервных клеток мозга, а также удаление продуктов разрушения нервной ткани, в том числе токсичных	Microglia	This cells phagocytic cellular debris, waste products and pathogens within nerve tissue

		белков, связанных с возрастной потерей памяти и другими синдромами ухудшения интеллектуальных способностей.		
2.8.3	Олигодендроциты	Олигодендроциты представляют собой тип нейроглии, основные функции которой заключаются в обеспечении поддержки и изоляции аксонов. Они формируют миелиновые оболочки на аксонах нейронов мозга, что усиливает проведение электрического сигнала.	Oligodendrocytes	Form protective myelin sheath for protected axons. Electrical insulator and helps speed of nerve impulse.
3	Периферичес-кая нервная система	Эта часть нервной системы представляет собой совокупность черепно-мозговых и спинномозговых нервов, отходящих от головного и спинного мозга и связывающих центральную нервную систему со всеми рецепторами и исполнительными органами.	Peripheral nervous system (PNS)	The main function of the PNS is to carry information from the sensory organs and internal organs to the CNS, and to convey information between the CNS and all other parts of the body outside the brain and spinal cord.
3.1	Нервы	12 пар - черепно-мозговые и 31 пара - спинномозговые.	Nerves	12 pairs of cranial nerves and 31 pairs of spinal nerves
3.2	Соматическая система	Под постоянным контролем человека. Собирает информацию от органов чувств, передает сигналы к скелетным мышцам.	Somatic Nervous System (SNS)	Somatic Nervous System is the one that allows conscious (voluntary) control of skeletal muscles.
3.3	Вегетативная система	Бессознательный контроль за органами и системами. Контролируется Гипоталамусом	Autonomic Nervous System (ANS)	Autonomic N. S. has the unconscious (involuntary) control of the body; is regulated through the brainstem to the spinal cord and organs. Autonomic functions include control of respiration, cardiac

				regulation, vasomotor activity, and certain reflex actions such as coughing, sneezing, swallowing and vomiting. The hypothalamus, just above the brain stem, acts as an integrator for autonomic functions.
3.3.1	Симпатическая	Симпатическая нервная система отвечает за реагирование на надвигающуюся опасность или стресс и вместе с другими физиологическими изменениями отвечает за увеличение частоты пульса и кровяного давления, а также при появлении чувства волнения способствует повышению уровня адреналина.	Sympathetic nerves	The sympathetic nervous system connects the internal organs to the brain by spinal nerves. When stimulated, these nerves prepare the organism for stress by increasing the heart rate, increasing blood flow to the muscles, and decreasing blood flow to the skin.
3.3.2	Парасимпатическая	Парасимпатическая нервная система, напротив, становится заметной, когда человек отдыхает и чувствует себя расслабленно, она отвечает за такие вещи, как сужение зрачков, замедление сердцебиения, расширение кровеносных сосудов и стимуляцию работы пищеварительной и мочеполовой систем.	Parasympathetic nerves	The parasympathetic nervous system is responsible for the body's rest and digestion response when the body is relaxed, resting, or feeding. The parasympathetic nervous system decreases respiration and heart rate and increases digestion.
3.4	Гипоталамус	Осуществляет связь между центральной нервной системой и периферической. Также соединен с гипофизом	Hypothalamus	A portion of the brain with a variety of functions. One of the most important functions of the hypothalamus is to link the nervous system to the endocrine system via the pituitary gland.
4	Центральная нервная система	Центральный процессор нервной системы	Central nervous system (CNC)	The brain plays a central role in the control of most bodily functions, including awareness, movements,

				sensations, thoughts, speech, and memory. Some reflex movements can occur via spinal cord pathways without the participation of brain structures.
4.1	Мозг	Головной мозг человека (лат. encephalon) является органом центральной нервной системы, состоящей из множества взаимосвязанных между собой нервных клеток и их отростков.	Brain	The human brain is the central organ of the human nervous system, and with the spinal cord makes up the central nervous system. The brain consists of the cerebrum, the brainstem and the cerebellum.
4.1.1	Передний отдел	Передний отдел мозга, представленный большими полушариями. Процесс мышления, память, сознание и высшая умственная деятельность.	Cerebrum	The process of control memory, sensations, emotions, voluntary movements, consciousness, and higher mental activity.
4.1.1.1	Кора головного мозга	Кора больших полушарий головного мозга или кора головного мозга (лат. cortex cerebri) — структура головного мозга, слой серого вещества толщиной 1,3—4,5 мм, расположенный по периферии полушарий большого мозга и покрывающий их.	Cerebral cortex	Surface of the cerebrum. The outermost layer of the brain, made up primarily of grey matter. There are four lobes in the cortex, the frontal lobe, parietal lobe, temporal lobe, occipital lobe
4.1.1.2	Продольная щель большого мозга	Между полушариями проходит продольная щель большого мозга, ограниченная краями полушарий и мозолистым телом.	Longitudinal fissure	Divide cerebrum on two hemispheres: right and left

4.1.1.3	Извилина	Извилина (лат. gyrus, множ. gyri) — выступы (складки), лежащие между бороздами (углублениями) на поверхности полушарий конечного мозга. Борозды и извилины создают характерную «морщинистую» поверхность полушарий головного мозга человека.	Gyri (gyrus)	Ridge on the surface of the brain; surrounded by fissures known as sulci. Gyri have an evolutionary function; they increase the surface area of the brain.
4.1.1.4	Борозда	Борозда (лат. sulcus, множ. sulci) — углубления (желобки) на поверхности полушарий конечного мозга. Небольшие борозды окружают извилины (складки), более крупные и глубокие борозды разделяют доли и полушария.	Sulci (sulcus)	Groove in the cerebral cortex, surrounds a gyrus. The larger sulci are usually called fissures.
4.1.2	Промежуточный мозг	Промежуточный мозг располагается между средним и передним мозгом. Основными образованиями промежуточного мозга являются таламус (зрительный бугор) и гипоталамус. Последний соединен с гипофизом — главной железой внутренней секреции.	Diencephalon	Locates between cerebrum and midbrain. Consists of several structures: thalamus, hypothalamus, and pineal gland
4.1.3	Средний отдел мозга	Средний мозг – располагается между подкоркой и задним участком мозга, находится в самом центре органа. Представляет собой связующий сегмент между верхними и нижними структурами, так как через него проходят нервные мозговые тракты.	Midbrain	Topmost part of the brainstem, the connection central between the brain and the spinal cord.

4.1.4	Задний отдел	В состав заднего мозга входят продолговатый мозг, мозжечок и варолиев мост.	Posterior	Includes the bridge and cerebellum
4.2	Мозжечок	Мозжечок учувствует в поддержании мышечного тонуса, координации движения и равновесия.	Cerebellum	Maintaining muscle tone, coordinating normal movement and balance.
4.3	Ствол мозга	Соединяет головной мозг со спинным. Проходит через все три отдела мозга	Brain stem	Region between diencephalon and the spinal cord. Consists of the midbrain, pons, and medulla obligate.
4.3.1	Продолговатый мозг	Продолговатый мозг (medulla oblongata) является продолжением спинного мозга. В продолговатом мозге находятся нервные центры многих рефлексов: дыхания, сердечно-сосудистый, потоотделения, пищеварения, сосания, моргания, мышечного тонуса.	Medulla oblongata	Continuation of the spinal cord within the skull, forming the lowest part of the brainstem and containing control centers for the heart and lungs.
4.3.2	Мост заднего мозга	Мост является частью ствола мозга. Через мост проходят все восходящие и нисходящие пути, связывающие передний мозг со спинным мозгом, с мозжечком и другими структурами ствола.	Bridge (pons)	The pons contains nuclei that relay signals from the forebrain to the cerebellum, along with nuclei that deal primarily with sleep, respiration, swallowing, bladder control, hearing, equilibrium, taste, and others.
4.4	Ретикулярная система	Пункт контроля обратной связи. Получает и передает электрические импульсы от всех нервных клеток.	Reticular formation	Set of interconnected nuclei that are located throughout the brainstem; includes neurons located in different parts of the brain. The reticular formation includes ascending pathways to the cortex in the ascending

				reticular activating system (ARAS) and descending pathways to the spinal cord via the reticulospinal tracts.
4.5	Мозолистое тело	Толстый пучок нервных волокон. Полушарии головного мозга взаимодействуют друг с другом через мозолистое тело.	Corpus callosum	Wide, thick nerve tract, consisting of a flat bundle of commissural fibers, beneath the cerebral cortex in the brain. It spans part of the longitudinal fissure, connecting the left and right cerebral hemispheres, enabling communication between them. It is the largest white matter structure in the human brain.
4.6	Базальное ядро	Серое вещество в центре полушарий. Контрольная система, координирующая мышечную бессознательную деятельность.	Basal ganglia	Group of subcortical nuclei, situated at the base of the forebrain and top of the midbrain. Basal ganglia are strongly interconnected with the cerebral cortex, thalamus, and brainstem, as well as several other brain areas. The basal ganglia are associated with a variety of functions, including control of voluntary motor movements, procedural learning, habit learning, eye movements, cognition, and e motion.

4.7	Таламус	Коммутатор между спинным мозгом и полушариями головного мозга.	Thalamus	The thalamus is a small structure within the brain located just above the brain stem between the cerebral cortex and the midbrain and has extensive nerve connections to both. The main function of the thalamus is to relay motor and sensory signals to the cerebral cortex.
4.8	Эпифиз	Эпифиз – это эндокринная железа неврогенной группы, представлена небольшим шишковидным телом серовато-красноватого цвета, располагающимся в области четверохолмия среднего мозга.	Pineal body	Also called conarium, epiphysis cerebri, pineal gland, or pineal body, the source of melatonin, a hormone derived from tryptophan that plays a central role in the regulation of circadian rhythm (the roughly 24-hour cycle of biological activities associated with natural periods of light and darkness).
4.8	Доли головного мозга	В коре головного мозга можно выделить четыре доли: затылочную, теменную, височную и лобную.	Lobes of brain	Each side of your brain contains four lobes.
4.8.1	Височные доли	Височные доли участвует в образовании долговременной памяти, также обрабатывает визуальную и слуховую информацию, способствует пониманию языка.	Temporal lobe	It is involved in the formation of long-term memory, also processes visual and auditory information, and contributes to the understanding of language.
4.8.2	Теменные доли	Теменные доли отвечают за интеграцию сенсорной информации, в том числе обеспечивает взаимосвязь между тактильными ощущениями и болью.	Parietal lobe	Sensory information, mainly relating to touch, taste, and temperature.
4.8.3	Затылочные	Отвечает главным образом за зрение.	Occipital lobe	The occipital lobe is primarily responsible for vision.

4.8.4	Лобные	Движение, речь, сложное мышление человека	Frontal lobe	The frontal lobe is important for cognitive functions and control of voluntary movement or activity.
5	Спинной мозг	Столб нервной ткани, 40 см, внутри позвоночника. Двусторонняя проводящая система между головным мозгом и периферической нервной системой	Spinal cord	The spinal cord is a long, fragile tubelike structure that begins at the end of the brain stem and continues down almost to the bottom of the spine. The spinal cord consists of nerves that carry incoming and outgoing messages between the brain and the rest of the body.

Патологические состояния нервной системы
Pathological Condition of the nervous system

1	Болезнь Альцгеймера	Болезнь Альцгеймера (также сенильная деменция альцгеймеровского типа) — наиболее распространённая форма деменции, нейродегенеративное заболевание. Заболевание вызывает медленное повреждение нейронов и отмирание тканей мозга.	Alzheimer's disease	Alzheimer's disease is an irreversible, progressive brain disorder that slowly destroys memory, thinking skills and physical functioning. In most people with the disease symptoms first appear in their mid-60s.
2	Боковой амиотрофический склероз (ALS)	Боковой амиотрофический склероз — нейродегенеративное заболевание, поражающее двигательные нейроны в головном и спинном мозге.	Amyotrophic lateral sclerosis (ALS)	Progressive nervous system disease that affects nerve cells in the brain and spinal cord, causing loss of muscle control.
3	Абсцесс головного мозга	Абсцесс головного мозга — очаговое скопление гноя в веществе головного мозга. Заболевание вызывают стафилококки, стрептококки, грибы, кишечные палочки, анаэробные бактерии.	Brain abscesses	A brain abscess is a collection of pus enclosed in the brain tissue, caused by a bacterial or fungal infection. A brain abscess can develop as a complication of an infection, trauma or surgery.

4	Сотрясение головного мозга	Сотрясение мозга — лёгкая форма черепно-мозговой травмы с кратковременной потерей сознания (острое кратковременное нарушение функций головного мозга).	Cerebral concussion	A concussion is a traumatic brain injury that affects your brain function. Effects are usually temporary but can include headaches and problems with concentration, memory, balance and coordination. Concussions are usually caused by a blow to the head.
5	Ушиб головного мозга	Ушиб головного мозга (лат. contusio cerebri) — черепно-мозговая травма, при которой происходит поражение непосредственно тканей головного мозга, всегда сопровождается наличием очага некроза нервной ткани. Наиболее часто очаги повреждения располагаются в области лобных, височных и затылочных долей.	Cerebral contusion	Form of traumatic brain injury, is a bruise of the brain tissue. Can be associated with multiple microhemorrhages, small blood vessel leaks into brain tissue. Contusion occurs in 20–30% of severe head injuries.
6	Детский церебральный паралич	Хроническое не прогрессирующее нарушение работы двигательных мышц в результате поражения или аномалиям головного мозга. Затруднения в мышлении и умственной деятельности. ДЦП не является наследственным заболеванием.	Cerebral palsy	Group of permanent movement disorders that appear in early childhood. Signs and symptoms vary among people and over time. Often, symptoms include poor coordination, stiff muscles, weak muscles, and tremors. There may be problems with sensation, vision, hearing, swallowing, and speaking.
7	Нарушения мозгового кровообращения (ЦВС)	Инсульт - острое нарушение кровоснабжения головного мозга, когда приток крови к части мозга прекращается либо из-за закупорки, либо из-за разрыва кровеносного сосуда.	Cerebrovascular accident (CVA)	Cerebrovascular accident (CVA) is the medical term for a stroke. A stroke is when blood flow to a part of your brain is stopped either by a blockage or the rupture of a blood vessel.

8	Энцефалит	Энцефалитом называют воспаление тканей головного мозга. Его вызывает вирусная инфекция или аутоиммунное состояние.	Encephalitis	Inflammation of the brain caused by a virus when the person experiences measles or mumps or through the bite of a mosquito or tick. Symptoms similar to meningitis.
9	Эпилепсия	Эпилепсия -хроническое неинфекционное заболевание головного мозга, характерны повторяющиеся припадки. Эти припадки проявляются в виде кратковременных непроизвольных судорог и иногда сопровождаются потерей сознания.	Epilepsy	Syndrome of recurring episodes of the excessive irregular electrical activity of the brain resulting in involuntary muscle movements called seizures.
10	Головная боль (цефалгия)	Головная боль – это субъективный признак различных заболеваний и состояний. Источником цефалгии служит не сам головной мозг, так как он нечувствителен к боли из-за отсутствия болевых рецепторов, а различные структуры в области головы и шеи.	Headache (cephalgia)	Cephalalgia is a symptom that refers to any type of pain located in the head. It may be chronic or acute. There are several hundred types of headaches, but there are four very common types: sinus, tension, migraine, and cluster.
11	Мигрень (головная боль)	Мигрень - неврологическое заболевание, которое сопровождается хроническими приступами головной боли. Интенсивность и частота приступов варьируется. Мигрень отличается характером боли и отсутствием каких-либо органических причин, ее вызывающих.	Migraine headache	A migraine headache pain is often described as throbbing or pulsing and usually begins on one side of the head. Migraine headaches are worsened by physical activity, light, sound or physical movement.
12	Кластерная головная боль	Кластерная (пучковая) головная боль — это мучительная, интенсивная, односторонняя головная боль в глазной и/или	Cluster headache	A cluster headache commonly awakens you in the middle of the night with intense pain in or around one eye on one

		височной областях. Сопровождается заложенностью носа, насморком, слезотечением, жжением в области лица и другими вегетативными проявлениями.		side of your head. It seems to be related to the sudden release of histamine or serotonin in the body.
13	Головная боль напряжения	Головная боль напряжения (tension-type headache) — самая распространённая разновидность первичных головных болей. При ней боль может носить давящий, сжимающий характер, быть диффузной по типу "обруча" или локализоваться преимущественно в лобно-височных отделах.	Tension headache	A tension headache is the most common type of headache. It is pain or discomfort in the head, scalp, or neck, and is often associated with muscle tightness in these areas.
14	Гематома эпидуральная	Эпидуральная гематома - травматическое кровоизлияние, располагающееся между внутренней поверхностью костей черепа и твердой мозговой оболочкой и вызывающее местную и общую компрессию головного мозга.	Hematoma epidural	Bleeding occurs between the tough outer membrane covering the brain (dura mater) and the skull. Often there is loss of consciousness following a head injury, a brief regaining of consciousness, and then loss of consciousness again.
15	Субдуральная гематома	Субдуральная гематома (СДГ) или субдуральное кровоизлияние — тип гематомы, обычно ассоциированный с черепно-мозговой травмой. При СДГ повышается внутричерепное давление с компрессией и возможным повреждением вещества головного мозга.	Hematoma subdural	Bleeding occurs between the inner layer of the dura mater and the arachnoid mater of the meninges surrounding the brain. It usually results from tears in bridging veins that cross the subdural space.

16	Гидроцефалия	Гидроцефалия (водянка головного мозга) - заболевание, при котором происходит избыточное накопление цереброспинальной жидкости (ЦСЖ) в желудочках и подоболочечных пространствах головного мозга, сопровождающееся их расширением.	Hydrocephalus	Condition in which an accumulation of cerebrospinal fluid (CSF) occurs within the brain. This typically causes increased pressure inside the skull.
17	Внутричерепные опухоли	Внутричерепные опухоли могут поражать головной мозг и другие структуры (например, черепные нервы, мозговые оболочки).	Intracranial tumors	Occurs when abnormal cells form within the brain.
18	Менингит (острый бактериаль-ный)	Острый бактериальный менингит — это стремительно развивающееся вызванное бактериями воспаление слоев ткани, которые покрывают головной и спинной мозг.	Meningitis (acute bacterial)	Inflammation (swelling) of the protective membranes covering the brain and spinal cord. Several strains of bacteria can cause acute bacterial meningitis, most commonly: Streptococcus pneumoniae (pneumococcus).
19	Рассеянный склероз (РС)	Рассеянный склероз относится к группе аутоиммунных заболеваний. Этим термином называют процесс замены паренхимы органов на более плотную соединительную ткань. Рассеянный склероз характеризуется многоочаговостью поражения головного и спинного мозга.	Multiple sclerosis (MS)	Degenerative inflammatory disease of the brain and spinal cord (central nervous system). In MS, the immune system attacks the protective sheath (myelin) that covers nerve fibers and causes communication problems between your brain and the rest of your body.

20	Нарколепсия	Нарколепсия — это неврологическое расстройство, характеризующееся нарушением сна в виде неконтролируемых приступов дневной сонливости.	Narcolepsy	Chronic sleep disorder characterized by overwhelming daytime drowsiness and sudden attacks of sleep. Narcolepsy can cause serious disruptions in your daily routine.
21	Нейробластома	Нейробластома – высоко злокачественная опухоль так называемой симпатической нервной системы – это одна из частей автономной (вегетативной) нервной системы, регулирующей работу внутренних органов.	Neuroblastoma	Cancer that develops from immature nerve cells (called neuroblasts) of the sympathetic nervous system and found in several areas of the body. Most neuroblastomas begin in sympathetic nerve ganglia in the abdomen, about half of these start in the adrenal gland.
22	Болезнь Паркинсона	Болезнь Паркинсона – название медленно развивающейся патологии центральной нервной системы. Основные симптомы заболевания включают двигательные нарушения, мышечную ригидность (повышенный тонус), тремор в состоянии покоя.	Parkinson's disease	Degenerative, slowly progressive brain disorder that leads to shaking, stiffness, and difficulty with walking, balance, and coordination. Parkinson's symptoms usually begin gradually and get worse over time. As the disease progresses, people may have difficulty walking and talking.
23	Полиомиелит	Полиомиелит является высоко инфекционным заболеванием, вызываемым вирусом. Он поражает нервную систему и за считанные часы может привести к общему параличу.	Poliomyelitis	An infectious viral disease that affects the central nervous system and can cause temporary or permanent paralysis.
24	Повреждения спинного мозга	Повреждение спинного мозга – это поражение в результате травмы или болезни любой части спинного мозга или нервов позвоночного канала.	Spinal cord injures	May result from damage to the vertebrae, ligaments or disks of the spinal column or to the spinal cord itself

25	Параплегия	Параплегия - паралич обеих верхних или обеих нижних конечностей. Параплегия наблюдается при травме позвоночника или в связи с болезнью.	Paraplegia	Paralysis of the legs and lower body, typically caused by spinal injury or disease.
26	Квадраплегия (Тетраплегия)	Тетраплегия (квадраплегия) — это полный или частичный паралич верхних и нижних конечностей, чаще всего вызванный травмой спинного мозга с 1 по 8 уровень шейных позвонков.	Quadriplegia (Tetraplegia)	Quadriplegia (Tetraplegia) is paralysis caused by illness or injury that results in the partial or total loss of use of all four limbs and torso; the loss is usually sensory and motor, which means that both sensation and control are lost.
27	Болезнь Тая-Сакса	Болезнь Тая — Сакса — редкое наследственное заболевание с аутосомно-рецессивным типом наследования, поражающее центральную нервную систему (спинной и головной мозг, а также менингеальные оболочки). Относится к группе лизосомных болезней накопления.	Tay-Sachs disease	Genetic disorder that results in the destruction of nerve cells in the brain and spinal cord. The most common form is infantile Tay–Sachs disease which becomes apparent around three to six months of age, with the baby losing the ability to turn over, sit, or crawl.
28	Невралгия тройничного нерва	Невралгия тройничного нерва (тригеминальная невралгия) — хроническое заболевание, проявляющееся приступами интенсивной, стреляющей, жгучей боли в зонах иннервации тройничного нерва.	Trigeminal neuralgia	Chronic pain condition that affects the trigeminal nerve, which carries sensation from your face to your brain.
29	Слабоумие	Слабоумие — это утрата таких функций головного мозга, как память, мышление, рассуждение, затрудняющая повседневную деятельность человека, не является заболеванием.	Dementia	Dementia is a general term for loss of memory, language, problem-solving and other thinking abilities that are severe enough to interfere with daily life.

		Диагностика и лечение Diagnostic and treatment		
1	Сканирование мозга	Существует три основных типа сканирования мозга. Это компьютерная томография (КТ), Магнитно-резонансная томография (МРТ) и положительная эмиссионная томография (ПЭТ).	Brain scan	There are three major types of brain scans. They are computed tomography (CT), magnetic resonance imaging (MRI), and positive emission tomography (PET).
2	Церебральная ангиография	Ангиография артерий головного мозга (церебральная ангиография) — это исследование, при котором специальное содержащее йод вещество (контраст) через тонкую, гибкую и длинную трубочку (катетер) вводится в просвет артерий головного мозга, и при помощи рентгеновских лучей получается изображение сосудов головного мозга.	Cerebral angiography	Diagnostic test that uses an X-ray. It produces an image to help find blockages in the blood vessels head and neck.
3	Анализ спинномозго-вой жидкости	Анализ спинномозговой жидкости используется для диагностики и контроля лечения инфекционно-воспалительных, онкологических, аутоиммунных и других заболеваний ЦНС.	Cerebrospinal fluid (CSF)analysis	It's a series of laboratory tests performed on a sample of CSF. CSF obtained from a lumbar puncture. Analyzed for bacteria, malignant cells, protein, and glucose.
4	Компьютерная томография головного мозга (КТ)	Компьютерная томография (КТ) головного мозга – это информативное рентгенологическое обследование с получением пошаговых снимков и созданием цельных изображений всех видов тканей и образований головного мозга.	CT scan of the brain (CAT)	Detailed information about brain tissue and brain structures. Providing more data related to injuries and/or diseases of the brain.

#				
5	Хордотомия (Cordotomy)	Хордотомия (Cordotomy) это хирургическое вмешательство, позволяющее уменьшить боль в области таза или нижних конечностей. При хордотомии производится рассечение этих путей в шейном отделе спинного мозга.	Chordotomy (Cordotomy)	Surgical procedure in the spinal cord, in order to achieve loss of pain and temperature perception. This procedure is commonly performed on patients experiencing severe pain due to cancer or other incurable diseases.
6	Цистернальная пункция	Цистернальная пункция является диагностической процедурой для биохимических, микробиологических и цитологических анализов, или редко, чтобы уменьшить повышенное внутричерепное давление.	Cisternal puncture	Diagnostic procedure that can be performed in order to collect a sample of cerebrospinal fluid (CSF) for biochemical, microbiological, and cytological analysis, or rarely to relieve increased intracranial pressure.
7	Краниотомия	Краниотомия — трепанация свода черепа для оперативных вмешательств.	Craniotomy	Surgical opening into the skull.
8	Эхоэнцефалография	Эхоэнцефалография (ЭхоЭГ) – это метод обследования головного мозга с помощью ультразвука.	Echoencephalography	Use of ultrasound waves to investigate structures within the skull.
9	Электроэнцефалография (ЭЭГ)	Энцефалограмма головы — это исследование, определяющее биоэлектрическую активность головного мозга с целью выявления уровня и распространения воспалительных процессов; и патологических изменений в сосудах головного мозга.	Electroencephalography (EEG)	Measurement of electrical activity in different parts of the brain and the recording of such activity as a visual trace (on paper or on an oscilloscope screen).
10	Электромиография (ЭМГ)	Электромиография (ЭМГ) – это метод исследования биоэлектрической активности мышц и нервно-мышечной передачи.	Electromyography (EMG)	Recording of the electrical activity of muscle tissue, or its representation as a visual display or audible signal, using electrodes attached to the skin or inserted into the muscle.

#				
11	Ламинэктомия	Ламинэктомия — это оперативное вмешательство, заключающееся в удалении небольшого участка костной ткани позвонка над нервным корешком, а также некоторой части межпозвоночного диска из-под него.	Laminectomy	Type of surgery in which a surgeon removes part or all of the vertebral bone (lamina).
12	Люмбальная пункция	Люмбальная пункция (поясничный прокол, спинномозговая пункция, поясничная пункция) — введение иглы в субарахноидальное пространство спинного мозга на поясничном уровне. Проводится с целью диагностики состава спинномозговой жидкости, а также с лечебной или анестезиологической целью.	Lumbar puncture	Performed in lower back, in the lumbar region. A needle is inserted between two lumbar bones (vertebrae) to remove a sample of cerebrospinal fluid.
13	Магнитно-резонансная томография (МРТ)	Магнитно-резонансная томография использует магнитные поля и радиочастотные волны для получения высоко детализированных изображений. для диагностики дефектов или повреждении внутренних органов и других мягких тканей.	Magnetic Resonance Imaging (MRI)	Medical imaging technique that uses a magnetic field and computer-generated radio waves to create detailed images of the organs and tissues in a body.
14	Миелография	Миелография — это рентген контрастное исследование ликво- проводящих путей спинного мозга.	Myelography	Type of radiographic examination that uses a contrast medium to detect pathology of the spinal cord, including the location of a spinal cord injury, cysts, and tumors.

15	Нейрэктомия	Нейрэктомия — это хирургическая операция: иссечение участка нерва.	Neurectomy	Neurosurgical procedure to relieve pain in a localized or small area by incision of cranial or peripheral nerves.
16	Полисомнограмма	Полисомнограмма — это исследование сна пациента с использованием специализированных компьютерных комплексов.	Polysomnogram	Sleep study, is a comprehensive test used to diagnose sleep disorders.
17	Позитронно-эмиссионная томография (ПЭТ)	ПЭТ (позитронно-эмиссионная томография) — это исследование, которое используется для изучения функционирования органов и тканей в организме. Такие исследования помогают диагностировать и лечить рак, оценить такие характеристики, как кровоток, скорость роста опухоли и действие препаратов химиотерапии.	Positron emission tomography (PET)	Scan produces computerized radiographic images of various body structures when radioactive substances are inhaled or injected
18	Симпатэктомия	Симпатэктомия — это операция резекции симпатического нервного ствола для лечения гипергидроза (чрезмерного потоотделения) на руках и подмышках.	Sympathectomy	A sympathectomy is a procedure to cut or block a nerve in the middle of your body. It's done to treat problems such as severe sweating (hyperhidrosis) and severe facial blushing. During the procedure, the sympathetic nerve along your spine is cut, burned, or clipped.
19	Трахеотомия	Трахеотомия (от трахея и греч. tome — разрез, рассечение), горлосечение, неотложная операция при нарушениях дыхания; метод реанимации.	Tracheotomy	A tracheotomy or a tracheostomy is an opening surgically created through the neck into the trachea (windpipe) to allow direct access to the breathing tube.

20	Чрескожная электрическая стимуляция нервов (TENS)	Чрескожная электрическая стимуляция нервов (TENS) — это применение небольшого электрического импульса на кожу, чтобы уменьшить восприятие боли. TENS используется для пациентов при хирургической и хронической боли.	Transcutaneous electrical nerve stimulation (TENS)	Therapy that uses low voltage electrical current to provide pain relief.
Section 6:		Кровеносная и Лимфатическая Системы / Blood and Lymphatic Systems		
1	Кровь	Кровь — жидкая и подвижная соединительная ткань внутренней среды организма, обеспечивающая питание и обмен веществ всех клеток тела. Состоит из жидкой среды — плазмы — и взвешенных в ней форменных элементов: эритроцитов, лейкоцитов и тромбоцитов.	Composition of blood	Blood is a body fluid that delivers necessary substances such as nutrients and oxygen to the cells and transports metabolic waste products away, it is composed of blood cells suspended in blood plasma.
2	Плазма	Плазма — это бесцветная жидкость. Состоит из воды и растворенных в ней минеральных в-в, глюкозы, основных жиров, железа, белков и свертывающих веществ.	Plasma	Clear, straw-colored liquid portion of blood that remains after red blood cells, white blood cells, platelets and other cellular components are removed; contains water, salts, enzymes, antibodies and other proteins.
2.1	Белки плазмы	Основными белками плазмы крови являются альбумины, различные фракции глобулинов, фибриноген, липопротеины, гликопротеины и металлопротеины.	Plasma proteins	Albumins (60%), globulin (36%), fibrinogen (4%). Manufactured mainly by the liver.

2.1.1	Альбумин (белок)	Основная роль альбумина - участие в поддержании коллоидно-осмотического (онкотического) давления плазмы и объема циркулирующей крови, а также транспорт и депонирование различных веществ. Вырабатывается печенью.	Albumins	One of the most important proteins in the body because of its role in the maintenance of intravascular colloid osmotic pressure (COP), substrate transport, buffering capacity, free radical scavenging, coagulation, and wound healing.
2.1.2	Глобулин	Глобулин определяет иммунные свойства организма; определяет свертываемость крови; участвуют в переносе железа и в других процессах. Фракции глобулинов: альфа1, альфа2, бета и гамма.	Globulin	Globulins play an important role in liver function, blood clotting, and fighting infection. There are four main types of globulins. They are called alpha 1, alpha 2, beta, and gamma.
2.1.3	Фибриноген	Фибриноген – это белок свертывания крови. Он необходим для образования тромбов и остановки кровотечения, помогает в заживлении поврежденных тканей и восстановлении их кровоснабжения.	Fibrinogen	One of 13 coagulation factors responsible for normal blood clotting, and stop the bleeding.
3	Кроветворение	Гемопоэз, кроветворение — это процесс образования, развития и созревания клеток крови — лейкоцитов, эритроцитов, тромбоцитов у позвоночных.	Hemopoiesis	The production of blood cells and platelets, which occurs in the bone marrow.
4	Гемоцито-бласты	Гемопоэтические стволовые клетки — это самые ранние предшественники клеток крови, которые дают начало всем остальным клеткам крови. Они обнаруживаются в костном мозге.	Hemocytoblasts	Generalized stem cell, from which, according to the monophyletic theory of blood cell formation, all blood cells form, including both erythrocytes and leukocytes.

5	Эритроциты	Красные кровяные тельца, вырабатываются костным мозгом позвоночника, ребер и грудной кости. Для выработки необходимо железо, гемоглобин, витамин B12, фолиевая кислота и протеины	Erythrocytes (RBCs)	Red blood cell that is typically a biconcave disc without a nucleus. Erythrocytes contain the pigment hemoglobin (heme-iron and globin-protein), which imparts the red color to blood, and transport oxygen and carbon dioxide to and from the tissues.
6	Гемоглобин	Гемоглобин – это физиологическое белковое соединение, присутствующее в эритроцитах. Гемоглобин транспортирует кислород к тканям организма и выводит углекислый газ из организма.	Hemoglobin	Hemoglobin is a protein in red blood cells that carries oxygen to body's organs and tissues and transports carbon dioxide from organs and tissues back to lungs.
7	Энзимы	Энзимы — это белковые соединения, которые имеются в любой клетке человека. Они участвуют во всех химических реакциях и процессах организма, запуская и завершая их.	Enzymes	Enzymes are proteins that act as biological catalysts. Catalysts accelerate chemical reactions.
8	Лейкоциты	Лейкоциты — это клетки иммунной системы человека, отвечающие за защиту организма от вирусов, бактерий, токсинов, инородных тел, отработанных шлаков.	Leukocytes (WBCs)	Colorless cell involved in counteracting foreign substances and disease; a white (blood) cell. There are several types: lymphocytes, granulocytes, monocytes, and macrophages.
8.1	Гранулоциты	Гранулоциты — клетки иммунной системы, представляющие собой разновидность лейкоцитов (белых кровяных клеток). Они подразделяются на несколько видов: нейтрофилы, эозинофилы и базофилы.	Granulocytes	The specific types of granulocytes are neutrophils, eosinophils, and basophils. Granulocytes, specifically neutrophils, help the body fight bacterial infections.

8.2	Агранулоциты	Агранулоциты — лейкоциты, в цитоплазме которых, в отличие от гранулоцитов, не содержится азурофильных гранул. Их главная роль – формирование гуморального иммунитета.	Agranulocytes	Lymphocytes and monocytes. Involved in adaptive immunity (acquired immunity) and thus use immunological memory to act against invading pathogens microbes (bacteria and viruses) Destroying cancerous cells.
9	Макрофаги	Макрофаги — клетки, способные к активному захвату и перевариванию бактерий, остатков погибших клеток и других чужеродных или токсичных для организма частиц.	Macrophages	Socialized cells involved in the detection, phagocytosis and destruction of bacteria and other harmful organisms.
10	Тромбоциты	Тромбоциты выполняют функцию создания сгустков крови для остановки кровотечения. Учавствуют в процессе свертываемости крови.	Thrombocyte (platelet)	Component of blood whose function (along with the coagulation factors) is to react to bleeding from blood vessel injury by clumping, thereby initiating a blood clot.
11	Группа крови	Классификация крови основана на наличии и отсутствии антител и наследственных антигенных веществ на поверхности эритроцитов. Различают: первую, или нулевую группы крови (отсутствие на эритроцитах антител и антигенов). Если есть только антиген А, то и группа крови — A (II), если только антиген B — группа B (III), а если оба — группа AB (IV).	Blood types	Classification of blood, based on the presence and absence of antibodies and inherited antigenic substances on the surface of red blood cells. There are four major categories within the ABO group: A, B, O, and AB.

12	Антигены	Антиген представляет собой некоторую структуру на поверхности клетки. Если она является чужеродной для организма, то на нее будет реагировать защитная система человека.	Antigens	Toxin or other foreign substance which induces an immune response in the body, especially the production of antibodies.
13	Антитела	Антитела: молекулы, вырабатываемые иммунной системой, с помощью которых наш организм борется с любым «чужеродным вторжением».	Antibodies	Blood protein (gamma globulins) produced in response to and counteracting a specific antigen. Antibodies combine chemically with substances which the body recognizes as alien, such as bacteria, viruses, and foreign substances in the blood.
14	Резус-фактор	Резус-фактор — это другая метка на мембране эритроцита, антиген D., который присутствует примерно у 75—78% населения планеты. Где-то у 25% людей нет резус-фактора.	Rh factor. Around 82% of people Rh-positive blood.	Rhesus (Rh) factor is an inherited protein found on the surface of red blood cells. If your blood has the protein, you're Rh positive. If your blood lacks the protein, you're Rh negative. Rh positive is the most common blood type. Compatibility in blood group is only a concern for couples if a pregnancy is involved.
15	Коагуляция	Коагуляция (свёртывание крови - сложный биологический процесс образования в крови нитей белка фибрина, который полимеризуется и образует тромбы, в результате чего кровь теряет текучесть, приобретая творожистую консистенцию.	Coagulation	Coagulation, also known as clotting, is the process by which blood changes from a liquid to a gel, forming a blood clot.

16	Тромбопластин	Тромбопластин - вещество, образующееся на ранних стадиях процесса свертывания крови. Оно действует как фермент, стимулируя превращение неактивного вещества протромбина в активный фермент тромбин.	Thromboplastin	An enzyme released from damaged cells, especially platelets, which converts prothrombin to thrombin during the early stages of blood coagulation.
17	Тромб	Тромб — это патологический прижизненный сгусток крови, образующийся в просвете артерии или вены, и даже в полости сердца.	Thrombus	Blood clot formed in situ within the vascular system of the body and impeding blood flow.
18	Эмбол	Эмбол - внутрисосудистый субстрат (твёрдый, жидкий или газообразный), циркулирующий по кровеносному руслу, способный вызвать закупорку артериального сосуда.	Embolus	Blood clot, air bubble, piece of fatty deposit, or another object which has been carried in the bloodstream to lodge in a vessel and cause an embolism.
19	Артерии	Артерии — кровеносные сосуды, несущие кровь от сердца к органам	Arteries	Arteries carry oxygenated blood away from the heart to the tissues, except for pulmonary arteries, which carry blood to the lungs for oxygenation.
19.1	Аорта	Аорта – самая крупная артерия организма, берущая свое начало из левого желудочка сердца. По аорте и ее ветвям течет обогащенная кислородом артериальная кровь, снабжающая органы и ткани кислородом и питательными веществами.	Aorta	The aorta is the main and largest artery in the human body, originating from the left ventricle of the heart and extending down to the abdomen, where it splits into two smaller arteries (the common iliac arteries).
19.2	Левая и правая сонные артерии	Левая и правая сонные артерии кровоснабжают мозг, орган зрения и большую часть головы.	Left and right carotid arteries.	The right and left common carotid arteries provide the principal blood supply to the head and neck.

19.3	В брюшной полости, левая и правая подвздошные артерии	В брюшной полости, левая и правая подвздошные артерии несут кровь и питательные вещества к кишечнику, печени, почкам, а также в область таза и ног.	In the abdominal cavity, left and right iliac arteries	The right and left external iliac arteries extend from the mid-pelvis to the inguinal ligament as the distal continuation of the common iliac arteries. The common iliac arteries arise from the aortic bifurcation and bifurcate into the external and internal iliac arteries anterior to the sacroiliac joint.
19.4	Артериолы	Артериолы — мелкие артерии, по току крови, непосредственно предшествующие капиллярам. Участвуют в регуляции общего периферического сосудистого сопротивления (ОПСС). Получают сигнал из сосудодвигательного центра.	Arterioles	Arterioles are considered as the primary resistance vessels as they distribute blood flow into capillary beds. Arterioles provide approximately 80% of the total resistance to blood flow through the body.
20	Капилляры	Капилляр является самым тонким сосудом в организме. Средний диаметр капилляра составляет 5—10 мкм. Соединяя артерии и вены, он участвует в обмене веществ между кровью и тканями.	Capillaries	Capillaries, the smallest and most numerous of the blood vessels, form the connection between the vessels that carry blood away from the heart (arteries) and the vessels that return blood to the heart (veins). The primary function of capillaries is the exchange of materials between the blood and tissue cells.

20	Вены	Вены – это сосуды, которые обеспечивают отток крови от органов и тканей к сердцу. В венах есть клапаны, предотвращающие возвращение крови в ткани и клетки	Veins	Veins are blood vessels that carry blood towards the heart. Most veins carry deoxygenated blood from the tissues back to the heart; exceptions are the pulmonary and umbilical veins, both of which carry oxygenated blood to the heart. Valves within the veins usually keep the moving blood from flowing back down
20.1	Верхняя полая вена	Верхняя полая вена (лат. vena cava superior) — короткая вена, идущая от головы и впадающая в правое предсердие. Она собирает венозную кровь от верхней части тела (от головы, шеи и верхних конечностей, а также венозную кровь от лёгких и бронхов через бронхиальные вены.	Superior vena cava	The superior vena cava (SVC) is a large, valveless vein that conveys venous blood from the upper half of the body and returns it to the right atrium.
20.2	Нижняя полая вена	Нижняя полая вена (лат. vena cava inferior) — большая вена, открывающаяся в правое предсердие и собирающая венозную кровь от стенок брюшной полости, парных органов брюшной полости и нижней части тела. Образуется слиянием правой и левой общих подвздошных вен на уровне V поясничного позвонка.	Inferior vena cava	The inferior vena cava (or IVC) is a large vein that carries the deoxygenated blood from the lower and middle body into the right atrium of the heart. It is formed by the joining of the right and the left common iliac veins, usually at the level of the fifth lumbar vertebra.
20.3	Венулы	Венулы (лат. venula) — мелкие кровеносные сосуды, обеспечивающие отток обеднённой кислородом крови из капилляров в вены.	Venules	A venule is a very small blood vessel in the microcirculation that allows blood to return from the capillary beds to drain into the larger blood vessels, the veins.

20.4	Печеночная система воротной вены	Печеночная система воротной вены - венозный ствол, который собирает кровь от всех непарных органов брюшной полости (от желудка, селезёнки, кишечника и поджелудочной железы) в печень.	Hepatic portal vein system	The hepatic portal system is the venous system that returns blood from the digestive tract and spleen to the liver (where raw nutrients in blood are processed before the blood returns to the heart).
21	Коллатеральное кровообращение	Коллатеральное кровообращение — естественный способ компенсации кровоснабжения ишемизированного миокарда. Альтернативное русло для крови на случай повреждения.	Collateral circulation	Collateral circulation is the alternate circulation around a blocked artery or vein via another path, such as nearby minor vessels.
22	Анастомоз	Анастомоз — соединение хирургическим или иным путём внутренних объёмов полых органов, обеспечивающее между ними сообщение (например, участков кишечника, кровеносных или лимфатических сосудов).	Anastomosis	Anastomoses occur normally in the body in the circulatory system, serving as backup routes for blood flow if one link is blocked or otherwise compromised.
23	Сосудодвига-тельный центр	Роль сосудодвигательного центра в регуляции сосудистого тонуса.	Vasomotor center	The vasomotor center (VMC) is a portion of the medulla oblongata. Together with the cardiovascular center and respiratory center, it regulates blood pressure. It also has a more minor role in other homeostatic processes.
24	Лимфатическая система	Система сосудов. Отвечает за вывод избыточной жидкости, инородных частиц и других в-в из тканей организма и клеток. Лимфа течет из тканей в кровь по лимфатической системе.	Lymphatic system	1. Produce antibodies and lymphocytes. Important for immunity. 2. Maintain balance of fluid in the internal environment

24.1	Лимфатические сосуды	Проходят рядом с артериями и венами. Имеют клапаны и протоки. Грудной и Правый протоки, которые впадают в безымянные вены около сердца.	Lymph vessels	Thin-walled vessels (tubes) with valves prevent backflow and structured like blood vessels. The collecting vessels typically transport lymph fluid either into lymph nodes or lymph ducts.
24.2	Лимфатические узлы	В паху, подмышечной впадине, на шее. Уничтожают бактерии и инородные тела	Lymph nodes (lymph glands)	Play a vital role in your body's ability to fight off infections. They function as filters, trapping viruses, bacteria and other causes of illnesses before they can infect other parts of your body.
25	Вилочковая (зобная) железа. Тимус	Тимус (вилочковая железа) расположен в верхней части грудной клетки, прямо у основания грудины. Эта железа является центральным органом иммунной системы, в которой проходит созревание, развитие и дифференцирование Т-лимфоцитов, ответственных за осуществление клеточного иммунитета, а также ее роль в правильном функционировании лимфатической системы.	Thymus	The thymus is a specialized primary lymphoid organ of the immune system. Within the thymus, thymus cell lymphocytes or T cells mature. T cells are critical to the adaptive immune system, where the body adapts specifically to foreign invaders.
26	Селезенка	Селезёнка (лат. splen, lien) — непарный паренхиматозный орган брюшной полости; самый крупный лимфоидный орган. Служит фильтром для крови и участвует в выработка антител. Увеличение селезенки свидетельствует о заболевание в организме	Spleen	The spleen has some important functions: it fights invading germs in the blood (the spleen contains infection-fighting white blood cells) it controls the level of blood cells (white blood cells, red blood cells and platelets) it filters the blood and removes any old or damaged red blood cells.

27	Миндалины	Миндалины (лат. tonsillae) — скопления лимфоидной ткани, расположенные в области носоглотки и ротовой полости. Они являются защитным механизмом на пути вдыхаемых чужеродных патогенов.	Tonsils (palatine tonsils)	Pair of soft tissue masses located at the rear of the throat (pharynx). They are part of the immune system, which helps the body fight infection.
28	Аденоиды	Аденоиды - носоглоточные миндалины, которые расположена в своде носоглотки. Задача аденоидов – задерживать любые инфекции, пытающиеся проникнуть в организм через носоглотку.	Adenoids	Adenoids are a patch of tissue that is high up in the throat, just behind the nose. They are part of the lymphatic system. The adenoids work by trapping germs coming in through the nose.
29	Лимфатическая жидкость	Лимфа представляет собой прозрачную вязкую желтоватую жидкость, в которой нет эритроцитов, но много лимфоцитов. Функция лимфы — возвращение белков, воды, солей, токсинов и метаболитов из тканей в кровь для последующей утилизации.	Lymph fluid	Lymph fluid containing infection-fighting white blood cells, flows through the lymphatic system.
30	Т-лимфоциты	Управляются вилочковой железой. Распознавание инородных субстанций и их разрушение	T lymphocytes (memory cells)	Play a central role in regulation of antigen-specific immune responses, providing defense against disease by attacking foreign and /or abnormal cells.
30	В-лимфоцит	В-лимфоцит -это функциональный тип лимфоцитов, играющих важную роль в обеспечении гуморального иммунитета. Производство антител.	B lymphocytes	Type of white blood cell of the lymphocyte subtype. They function in the humoral immunity component of the adaptive immune system by secreting antibodies.

31	Иммунная система	Иммунная система — система биологических структур и процессов организма, обеспечивающая его защиту от инфекций, токсинов и злокачественных клеток.	Immune system	Bone marrow, thymus, lymphoid tissues, lymph nodes, spleen, and lymphatic vessels
32	Иммунология	Иммунология — это наука о строении и закономерностях функционирования иммунной системы, её заболеваниях и способах иммунотерапии. Изучает биологические механизмы самозащиты организма от любых чужеродных веществ.	Immunology	The study of the immune system
33	Иммунолог	Иммунолог — это врач, который работает с людьми, имеющими проблемы с функционированием иммунной системы.	Immunologist	Health specialist in immunology
34	Иммунная реакция	Иммунный ответ — это сложная многокомпонентная, кооперативная реакция иммунной системы организма, индуцированная антигеном, уже распознанным как чужеродный.	Immunity	The ability of an organism to resist a particular infection or toxin by the action of specific antibodies or sensitized white blood cells.
35	Естественный иммунитет (генетический иммунитет)	Врождённый иммунитет — способность организма обезвреживать чужеродный и потенциально опасный биоматериал, существующая изначально, до первого попадания этого биоматериала в организм.	Natural immunity (genetic immunity)	Immunity that is naturally existing, Natural immunity does not require prior sensitization to an antigen. We are born with natural immunity. Permanent form to a specific disease.

36	Приобретенный иммунитет (адаптивная иммунная система)	Основной механизм приобретенного иммунитета — выработка антител, которую обеспечивают лимфоциты. При первой встрече с антигеном часть лимфоцитов сохраняет информацию, и в следующий раз организм распознает его и реагирует быстрее, не позволяя болезни развиться.	Acquired immunity (adaptive immune system)	It is a subsystem of the immune system that is composed of specialized, systemic cells and processes that eliminates pathogens by preventing their growth.
37	Пассивный, приобретенный	Приобретённый пассивный иммунитет развивается при введении в организм готовых антител в виде сыворотки или передаче их новорождённому с молозивом матери или внутриутробным способом.	Passive acquired	Artificially, by injecting antibodies to protect from a specifics disease rather than producing them through his or her own immune system. Short lived.
38	Активный, приобретенный	Приобретённый активный иммунитет возникает после перенесённого заболевания или после введения вакцины.	Active acquired	Naturally acquired active immunity occurs when the person is exposed to a live pathogen, develops the disease, and becomes immune as a result of the primary immune response. Artificially acquired active immunity can be induced by a vaccine, a substance that contains the antigen.
39	Иммунизация	Иммунизация – это процесс приобретения иммунитета к инфекционным заболеваниям, путем введения вакцины.	Immunization	A process by which a person becomes protected against a disease through vaccination.
40	Вакцинация	Вакцинация — введение вакцины или анатоксина с целью создания активного специфического иммунного ответа иммунной системы организма против возбудителя инфекции.	Vaccination	The act of introducing a vaccine into the body to produce immunity to a specific disease.

		Вакцинация является методом вакцинопрофилактики инфекционных заболеваний и одним из методов иммунизации населения.		
41	Гумморальная имунная реакция	Разрушают антиген микроорганизма. Возникает химическая память на определенный антиген. Иногда происходит отторжение ткани от донора или аллергию	Humoral immune response	The immune response involving the transformation of B cells into plasma cells that produce and secrete antibodies to a specific antigen.
42	Аутоиммунное расстройство	Аутоиммунное нарушение является дисфункцией иммунной системы организма, заставляющей организм атаковать собственные ткани.	Autoimmune disorder	Condition in which your immune system mistakenly attacks your body.
43	Гиперчувствительность	Гиперчувствительность — повышенная чувствительность организма к какому-либо веществу. Гиперчувствительность является нежелательной излишней реакцией иммунной системы и может привести не только к дискомфорту, но и к смерти.	Hypersensitivity	Refers to undesirable reactions produced by the normal immune system, including allergies and autoimmunity. Local reaction. Systemic (runny nose, itchy eyes, and rashes). Severe or anaphylactic shock.
	**Патологические состояния** **Pathological Condition**			
1	Анемия	Анемия – это патологическое нарушение строения клеток крови, при котором концентрация гемоглобина снижена. Одновременно снижается число эритроцитов.	Anemia	Anemia results from a lack of red blood cells or dysfunctional red blood cells in the body. This leads to reduced oxygen flow to the body's organs.

#				
2	Анемия апластическая	Апластическая анемия — заболевание кроветворной системы, характеризуется угнетением кроветворной функции костного мозга и проявляется недостаточным образованием эритроцитов, лейкоцитов и тромбоцитов.	Anemia aplastic	A rare condition in which the body stops producing enough new blood cells. Aplastic anemia develops as a result of bone marrow damage.
3	Гемолитическая анемия	Гемолитическая анемия (ГА) — это гетерогенная группа заболеваний, характеризующихся аномальным преждевременным распадом эритроцитов. Гемолиз может происходить внутрисосудисто или внесосудисто — в селезенке или печени.	Anemia hemolytic	Sub-type of anemia. In hemolytic anemias, the low red blood cell count is caused by the destruction — rather than the underproduction — of red blood cells.
4	Железодефицитная анемия	Железодефицитная анемия (ЖДА) — характеризуется нарушением синтеза гемоглобина вследствие дефицита железа. Основными причинами ЖДА являются скрытые (оккультные) кровотечения, недостаточное потребление железа с пищей и воспалительные заболевания тонкого кишечника.	Anemia, iron deficiency	A condition of too little iron in the body. Without enough iron, your body can't produce enough of a substance in red blood cells that enables them to carry oxygen (hemoglobin).

5	Анемия пернициозная	Пернициозная анемия (В12-дефицитная анемия или болезнь Аддисона — Бирмера) — заболевание, обусловленное нарушением кроветворения из-за недостатка в организме витамина В12. Особенно чувствительны к дефициту этого витамина костный мозг и ткани нервной системы.	Anemia pernicious	Type of vitamin B12 anemia. The body needs vitamin B12 to make red blood cells. Immune system attacks the cells in stomach that produce the intrinsic factor, which means body is unable to absorb vitamin B12.
6	Гранулоцитоз	Гранулоцитоз — это состояние, которое развивается, когда в кровотоке слишком много гранулоцитов. Гранулоциты — это тип лейкоцитов. Это часто вызвано заболеваниями костного мозга, такими как лейкемия.	Granulocytosis	Granulocytes are white blood cells that have small granules or particles; caused by bone marrow disorders, and may also be seen in conjunction with infections and autoimmune disorders.
7	Гемофилия	Гемофилия — редкое наследственное заболевание, связанное с нарушением коагуляции (процессом свёртывания крови).	Hemophilia	Disorder in which blood doesn't clot normally; typically caused by a hereditary lack of a coagulation factor, most often factor VIII.
8	Лейкоз	Лейкемия – это рак крови и костного мозга.	Leukemia	Group of blood cancers that usually begin in the bone marrow and result in high numbers of abnormal blood cells.
9	Множествен-ная миелома (плазмоклеточ-ная миелома)	Множественная миелома является злокачественной плазмоклеточной опухолью, продуцирующей моноклинальные иммуноглобулины, которые внедряются в прилежащую костную ткань и разрушают ее.	Multiple myeloma (plasma cell myeloma)	Cancer of plasma cells. The disease can damage the bones, immune system, kidneys, and red blood cell count.

10	Пурпура	Пурпура – характеризуется возникновением множественных кровоизлияний различного размера на кожных покровах или слизистых оболочках. Появление пурпуры связано с патологией системы крови и/или повышенной проницаемостью сосудов.	Purpura	Occurs when small blood vessels burst, causing blood to pool under the skin.
Диагностика и лечение **Diagnostic and treatment**				
1	Переливание крови	Переливание крови, частный случай трансфузии, при которой переливаемой от донора к реципиенту биологической жидкостью является кровь или её компоненты.	Blood transfusion	Process of transferring blood or blood products into one's circulation intravenously. Transfusions are used for various medical conditions to replace lost components of the blood.
2	Биопсия костного мозга	Биопсия – диагностический метод, заключается метод в том, что проводится пункция костного мозга из тазовой кости (подвздошной кости), бедренной кости или грудины.	Bone marrow biopsy	The microscopic exam of bone marrow tissue for examine the source of the blood cells in the bone marrow to obtain more information on hematopoiesis.
3	Трансплантация костного мозга	Пересадка костного мозга предусматривает введение в человеческий организм здоровых кроветворных клеток, чтобы заменить поврежденные или больные.	Bone marrow transplant	Medical procedure to replace bone marrow that has been damaged or destroyed by disease, infection, or chemotherapy; transplanting blood stem cells to the bone marrow for produce new blood cells and promote growth of new marrow.
4	Скорость оседания эритроцитов (СОЭ)	Скорость оседания эритроцитов (СОЭ) — неспецифический лабораторный показатель крови, отражающий соотношение фракций	Erythrocyte sedimentation rate (ESR)	Type of blood test that measures how quickly erythrocytes (red blood cells) settle at the bottom of a test tube. Normally, red blood cells

		белков плазмы; изменение СОЭ может служить косвенным признаком текущего воспалительного или иного патологического процесса.		settle relatively slowly. A faster-than-normal rate may indicate inflammation in the body.
5	Тест Шиллинга	Тест Шиллинга — это четырехэтапный медицинский осмотр, используемый для определения наличия у пациента дефицита витамина B12.	Schilling test	The purpose of the test is to determine how well the patient is able to absorb B12 from their intestinal tract. It is named for Robert F. Schilling.

Section 7:		Сердечно-сосудистая система Cardiovascular system		
	Сердечно-сосудистая система	Сердце и сеть кровеносных сосудов	Cardiovascular system	The heart and blood vessels
1	Сердце	Покачивание крови по организму, 50-60 раз в минуту	Heart	Center of the circularity system
2	Сердечная стенка	Сердечная стенка состоит из трех слоев: внутренняя пленочка (эндокард), собственно сердечная мышца (миокард) и наружная пленочка (эпикард).	Linings and layers of the heart	The wall of the heart consists of three distinct layers—the epicardium (outer layer), the myocardium (middle layer), and the endocardium (inner layer).
3	Перикард	Перикард, или сердечная сумка, представляет собой тонкий, но плотный мешок, в котором находится сердце.	Pericardium	Fibrous conical sac that surrounds the heart and the roots of the great blood vessels.
3.1	Париетальный перикард	Париетальный перикард - наружный (фиброзный) слой перикарда.	Parietal pericardium	The outer covering of fibrous sac (pericardium). It also protects the heart from an infection that could potentially spread from nearby organs such as the lungs.
3.2	Висцеральный перикард (эпикард)	Висцеральный перикард (эпикард) - внутренний (серозный) слой перикарда.	Visceral pericardium (epicardium)	The inner layer of the pericardium. This layer protects the inner heart

		Эпикард, являясь наружной оболочкой сердца, непосредственно покрывает его мышцу (миокард) и сращен с ней.		layers and also assists in the production of pericardial fluid.
3.3	Полость перикарда	Между листками перикарда имеется щелевидная полость, содержащая небольшое количество прозрачной бледно-жёлтой серозной жидкости для смазки поверхности сердца.	Pericardial cavity	This cavity contains a very small amount of fluid that lubricates the surface of the heart and reduces friction during cardiac muscle contraction.
4	Большой круг кровообраще-ния	Путь крови от левого желудочка сердца до правого предсердия называют большим кругом кровообращения. Аорта, центральная артерия, артериальная система, органы и ткани, затем кровь, лишенная кислорода и питательных веществ по венам, возвращается в сердце.	The systemic circulation	The systemic circulation refers to the path that carries blood from the left ventricle, through the body, back to the right atrium.
5	Верхняя полая вена	Верхняя полая вена (лат. vena cava superior) — короткая вена, идущая от головы и впадающая в правое предсердие. Она собирает венозную кровь от верхней части тела (от головы, шеи и верхних конечностей, а также венозную кровь от лёгких и бронхов через бронхиальные вены.	Superior vena cava	It is a large-diameter (24 mm) short length vein that receives venous return from the upper half of the body, above the diaphragm; return deoxygenated blood from the systemic circulation to the right atrium of the heart.

№				
6	Нижняя полая вена	Нижняя полая вена (лат. vena cava inferior) — большая вена, открывающаяся в правое предсердие и собирающая венозную кровь от стенок брюшной полости, парных органов брюшной полости и нижней части тела. Образуется слиянием правой и левой общих подвздошных вен на уровне V поясничного позвонка.	Inferior vena cava	Largest vein located at the posterior abdominal wall on the right side of the aorta. The IVC's function is to carry the venous blood from the lower limbs and abdominopelvic region to the heart.
7	Малый круг кровообращения	Путь крови от правого желудочка через артерии, капилляры и вены легких до левого предсердия называется малым или легочным кругом кровообращения. По лёгочной артерии (венозная кровь) поступает в лёгкие, где обогащается кислородом и становиться артериальной. По лёгочным венам артериальная кровь поступает в сердце.	Pulmonary circulatory system	The pulmonary circuit refers to the path from the right ventricle, through the lungs, and back to the left atrium.
8	Легочные артерии	Лёгочные артерии (лат. arteriae pulmonales) — две крупные (до 2,5 см диаметром) ветви лёгочного ствола (truncus pulmonalis), отходящего от правого желудочка.	Pulmonary arteries	Begins at the base of the heart's right ventricle. It is approximately 3 cm in diameter and 5 cm in length and it eventually divides into the left pulmonary artery and the right pulmonary artery. These arteries deliver deoxygenated blood to each corresponding lung.

9	Лёгочные вены	Лёгочные вены несут артериальную кровь из лёгких в левое предсердие. Начавшись из капилляров лёгких, они сливаются в более крупные вены, идут к левому предсердию.	Pulmonary veins	Veins that transfer oxygenated blood from the lungs to the heart. The largest pulmonary veins are the four main pulmonary veins, two from each lung that drain into the left atrium of the heart.
10	Аорта	Аорта – самая крупная артерия организма, берущая свое начало из левого желудочка сердца. По аорте и ее ветвям течет обогащенная кислородом артериальная кровь, снабжающая органы и ткани кислородом и питательными веществами.	Aorta	The largest artery in the body. The aorta begins at the top of the left ventricle, the heart's muscular pumping chamber. The heart pumps blood from the left ventricle into the aorta through the aortic valve. Supplying oxygenated blood to the circulatory system.
11	Коронарные артерии	Третий круг кровообращения - кровообращение сердца. Прямо над клапаном аорты отходят коронарные артерии и сеть их ответвлений, которые снабжают кровью мышцы сердца.	Coronary arteries	Coronary arteries supply blood to the heart muscle.
12	Четыре камеры	Сердце разделено на четыре камеры: две правые – правое предсердие и правый желудочек, и две левые – левое предсердие и левый желудочек. В норме правая и левая половины сердца между собой не сообщаются.	Four Chambers	The heart has four chambers: two atria and two ventricles.
12.1	Правое предсердие	Кровь по вене из тела и головы поступает в правое предсердие. Правое предсердие выполняет роль водителя сердечного ритма. В его стенках находятся эти узлы ритма.	Right atria	The right atrium receives deoxygenated blood from the body through the vena cava and pumps it into the right ventricle which then sends it to the lungs to be oxygenated.

12.2	Правый желудочек	Венозная кровь поступает в правый желудочек из правого предсердия через трёхстворчатый клапан в момент диастолы и закачивается в лёгочный ствол через лёгочный клапан в момент систолы.	Right ventricle	Chamber of the heart that receives deoxygenated blood from the right atrium and pumps it under low pressure into the lungs via the pulmonary artery.
12.3	Трехстворчатый клапан	Между правым предсердием и правым желудочком. Строение клапана предотвращает обратный поток крови в правое предсердие.	Tricuspid valve	The tricuspid valve has three flaps (leaflets) that open and close, allowing blood to flow from the right atrium to the right ventricle in your heart and preventing blood from flowing backward.
12.4	Клапан легочной артерии	Между правым желудочком и легочной артерией. Строение клапана предотвращает обратный ток крови из легочного ствола в правый желудочек.	Pulmonary artery valve	Between the right ventricle and the pulmonary artery. With each heartbeat, the valve opens in the direction of blood flow — into the pulmonary artery and continuing to the lungs — then closes to prevent blood from flowing backward into the heart's right ventricle.
12.5	Левое предсердие	Левое предсердие — самая заднерасположенная из сердечных камер. Оно принимает окисленную, артериальную кровь из легочных вен.	Left atria	The left top chambers of the heart. Oxygen-rich blood from the lungs enters the left atrium through the pulmonary vein. The blood is then pumped into the left ventricle chamber of the heart through the mitral valve.
12.6	Левый желудочек	В левом желудочке начинается большой круг кровообращения. Кровь, обогащённая кислородом, поступает в левый желудочек из левого предсердия через митральный клапан и закачивается в аорту через аортальный клапан.	Left ventricle	The left ventricle pumps the oxygen-rich blood through the aortic valve out to the rest of the body.

12.7	Митральный клапан	Митральный клапан (двустворчатый клапан) — клапан между левым предсердием и левым желудочком. Строение клапана предотвращает обратный ток крови из левого желудочка в левое предсердие.	Mitral (bicuspid) valve	A valve with two flaps in the heart that lies between the left atrium and the left ventricle. The mitral valve is attached in the same manner as the tricuspid, but it is stronger and thicker because the left ventricle is by nature a more powerful pump working under high pressure.
12.8	Аортальный клапан	Аортальный клапан соединяет левый желудочек сердца с аортой. Строение клапана предотвращает обратный ток крови между левым желудочком и аортой.	Aortic valve	Between the left ventricle and the aorta. Opens to allow blood to leave the heart from the left ventricle through the aorta and the body.
12.9	Межпредсердная перегородка	Стенка ткани разделяет правое и левое предсердия сердца.	Interatrial septum	The wall of tissue that separates the right and left atria of the heart.
12.10	Межжелудочковая перегородка	Межжелудочковая перегородка герметично разделяет правый и левый желудочки сердца, не позволяя артериальной и венозной крови смешиваться.	interventricular septum	This is the wall that borders septum between the left and right ventricle. Function: Contributes to the pumping function of the left ventricle.
13	Синусоатриальный узел (в правом предсердии)	Электрорегуляция ритма сердца. Сокращаются предсердия оба одновременно	Sinoatrial node (SA node) - pacemaker for heart	One of the major elements in the cardiac conduction system, located in the right atrium, and controls the heart rate; generates electrical impulses and conducts them throughout the muscle of the heart, stimulating the heart to contract and pump blood.
14	Атриовентикулярный узел	В месте соединения предсердий и желудочков. Задерживает и направляет импульс в пучок Гиса, сокращает желудочки вслед за сокращениями предсердия.	Atrioventricular node (AV node)	Part of the electrical conduction system of the heart, located within the interatrial septum, coordinates the incoming electrical impulses the atria and ventricles through a bundle of His.

15	Пучок ГИСа	Пучок ГИСа представляет собой совокупность клеток сердечной мышцы специализированные для электрической проводимости. Он передает электрические импульсы к волокнам Пуркинье заставляя сердечную мышцу желудочков сокращаться.	Bundle of His	The bundle of His is a collection of heart muscle cells specialized for electrical conduction that transmits the electrical impulses from the AV node to the Purkinje fibers of the ventricles.
16	Волокна Пуркинье	Волокна Пуркинье — это специализированные проводящие волокна, состоящие из электрически возбудимых клеток. Волокна Пуркинье позволяют проводящей системе сердца создавать синхронизированные сокращения желудочков и необходимы для поддержания постоянного сердечного ритма.	Purkinje fibers	Play a major role in electrical conduction and propagation of impulse to the ventricular muscle, and found in the sub-endocardium. Many ventricular arrhythmias are initiated in the Purkinje fiber conduction system
17	Диастолическая фаза	Термин диастола означает расслабление сердечной мышцы. Во время диастолы происходит наполнение полостей сердца кровью: одновременно как предсердий, так и желудочков.	Diastolic phase	The ventricles relax and fill with blood. The pulmonary and aortic valve are closed.
18	Систолическая фаза	Систола – сокращение мышечного слоя (миокарда) и выброс крови из сердечных полостей.	Systolic phase	The ventricles contract. The tricuspid and mitral valve closed

		Патологические состояния сердца Pathological condition of the heart		
1	Кардиомиопа-тия	Кардиомиопатии – это группа заболеваний сердечной мышцы, ведущих к развитию нарушений ритма сердца (аритмий) и/или хронической сердечной недостаточности.	Cardiomyopathy	Disease of the heart muscle that makes it harder for heart to pump blood to the rest of body.
2	Ишемическая болезнь сердца	Ишемическая болезнь сердца — острое или хроническое поражение миокарда, возникающее вследствие уменьшения или прекращения снабжения сердечной мышцы артериальной кровью, в основе которого лежат патологические процессы в системе коронарных артерий.	Coronary artery disease	Narrowing or blockage of the coronary arteries. This condition is usually caused by atherosclerosis. Atherosclerosis is the build-up of cholesterol and fatty deposits (called plaques) inside the arteries.
3	Эндокардит	Эндокардит — это воспаление, происходящее во внутренней сердечной оболочке (эндокарде). Чаще всего причиной заболевания эндокардитом является проникновение инфекционного агента непосредственно в ткани сердца.	Endocarditis	Inflammation of your heart's inner lining, called the endocardium. It's usually caused by bacteria. When the inflammation is caused by infection, the condition is called infective endocarditis. Endocarditis is uncommon in people with healthy hearts.
4	Пролапс митрального клапана (ПМК)	Пролапс митрального клапана (ПМК) - заболевание, сопровождающееся нарушением функции клапана, расположенного между левым предсердием и желудочком.	Mitral valve prolapses (MVP)	Condition in which the two valve flaps of the mitral valve don't close smoothly or evenly, but bulge (prolapse) upward into the left atrium. Mitral valve prolapse is also known as click-murmur syndrome, Barlow's syndrome or floppy valve syndrome

5	Миокардит	Миокардит — это воспаление мышечной ткани сердца (миокарда), которое вызывает гибель ткани. Миокардит может быть вызван множеством причин.	Myocarditis	Inflammation of the heart muscle (myocardium). Myocarditis c an affect your heart muscle and your heart's electrical system, reducing your heart's ability to pump and causing rapid or abnormal heart rhythms (arrhythmias).
6	Перикардит	Перикардит – это воспалительное заболевание тканевой оболочки сердца (перикарда), инфекционной или неинфекционной природы.	Pericarditis	Inflammation of the pericardium, two thin layers of a sac-like tissue that surround the heart. It maybe acute or chronic.
7	Ревматическая лихорадка	Ревматическая лихорадка — это системное заболевание соединительной ткани с такими поражениями в сердечно-сосудистой системе как кардит, клапанные пороки сердца и др.	Rheumatic fever	Disease that can affect the heart, joints, brain, and skin. Rheumatic fever can develop if strep throat and scarlet fever infections are not treated properly.

Патологические состояния кровеносных сосудов
Pathological condition of the blood vessels

1	Аневризм	Аневризма — выпячивание стенки артерии (реже — вены) вследствие её истончения или растяжения; расширение просвета сосуда более чем в 2 раза.	Aneurism	An excessive localized enlargement of an artery caused by a weakening of the artery wall. A ruptured aneurysm can result in internal bleeding, stroke, and can sometimes be fatal.
2	Артериоскле-роз	Утолщение и затвердение стенок артерий, происходящее обычно в пожилом возрасте и приводящее к нарушению циркуляции крови по всему организму.	Arteriosclerosis	The thickening and hardening of the walls of the arteries, occurring typically in old age, and leading to poor circulation of blood throughout the body.

3	Гипертония	Гипертоническая болезнь — наиболее распространенное заболевание сердечно-сосудистой системы, которое характеризуется повышением артериального давления свыше 140/90 мм.рт.ст., в результате нарушения нормального кровообращения.	Hypertension	Hypertension is another name for high blood pressure. It can lead to severe health complications and increase the risk of heart disease, stroke, and sometimes death. Blood pressure is the force that a person's blood exerts against the walls of their blood vessels.
4	Периферическая артериальная окклюзионная болезнь	Окклюзионное заболевание периферических артерий — это закупорка или сужение артерии ноги (редко руки) вследствие атеросклероза, которая приводит к снижению кровотока.	Peripheral arterial occlusive disease	Blockage or narrowing of an artery in the legs (or rarely the arms), usually due to atherosclerosis and resulting in decreased blood flow.
5	Тромбофлебит	Тромбофлебитом называется воспаление венозной стенки с образованием в просвете вены тромба. Чаще всего тромбофлебит возникает в венах нижних конечностей.	Thrombophlebitis	Inflammatory process that causes a blood clot to form and block one or more veins, usually in your legs.
6	Варикозное расширение вен	Варикозное расширение вен – это заболевание, из-за которого истончается венозная стенка, увеличивается просвет вен. Когда работа вен нарушается, кровь начинает циркулировать хаотично, попадает в поверхностные сосуды и превращается в характерные «паучки» - извилистые вены, что выступают на поверхность.	Varicose veins	Swollen, twisted veins that lie just under the skin and usually occur in the legs. Varicose veins are a common condition caused by weak or damaged vein walls and valves.

	Врожденные пороки Сердца Congenital Heart Diseases			
1	Коарктация аорты	Коарктация аорты — врождённый порок сердца, проявляющийся сегментарным сужением просвета аорты.	Coarctation of the aorta	A birth defect in which a part of the aorta is narrower than usual. If the narrowing is severe enough and if it is not diagnosed, the baby may have serious problems and may need surgery or other procedures soon after birth.
2	Патентованный артериальный проток	Открытый артериальный (боталлов) проток - соустье между аортой и легочным стволом, которое существует во время внутриутробного периода и должен закрыться после рождения. Если это не происходит, то это называется врожденным пороком сердца.	Patent ductus arteriosus	A medical condition in which the ductus arteriosus fails to close after birth: this allows a portion of oxygenated blood from the left heart to flow back to the lungs by flowing from the aorta, which has a higher pressure, to the pulmonary artery.
	Аритмия Arrhythmias			
1	Трепетание предсердий	Трепетание предсердий представляет собой ритм в виде очень быстрых электрических разрядов, которые приводят к очень быстрому сокращению предсердий.	Atrial flutter	A type of heart rhythm disorder in which the heart's upper chambers (atria) beat too quickly (250and 350 beats per minute). This causes the heart to beat in a fast, but usually regular, rhythm.
2	Фибрилляция предсердий/желудочек)	Фибрилляция сердца — состояние сердца, при котором отдельные группы мышечных волокон сердечной мышцы сокращаются разрозненно и нескоординированно, вследствие чего сердце теряет способность совершать согласованные сокращения.	Fibrillation (atrial/ventricular)	Irregular heartbeat that increases the risk of stroke and heart disease.

#				
3	Атриовентрикулярная блокада.	Атриовентрикулярная блокада (АВБ) — нарушение проведения электрического импульса из предсердий в желудочки (атриовентрикулярная проводимость), это замедление или полное прекращение проведения импульсов от предсердий к желудочкам нередко приводящее к нарушению ритма сердца.	Heart block (AV)	An abnormal heart rhythm where the heart beats too slowly, which results in the electrical signals being partially or totally blocked between the upper chambers (atria) and lower chambers (ventricles). Heart block is also called atrioventricular (AV) block.
4	Желудочковая тахикардия	Желудочковая тахикардия (ЖТ) — это учащённый ритм (более 100 в минуту), который может привести к остановке сердца.	Ventricular tachycardia	A fast, abnormal heart rate. It starts in the ventricles. VT is defined as 3 or more heartbeats in a row, at a rate of more than 100 beats a minute.
Диагностика и лечение **Diagnostic and Treatment**				
1	Ангиография	Ангиография – метод, позволяющий оценить внутренний просвет сосудов. Метод основан на возможности увидеть в рентгеновском излучении аппарата ангиографа введенный в сосуд специальный раствор (рентгенконтрастное вещество).	Angiography	Examination by X-ray of blood or lymph vessels carried out after the introduction of a radiopaque substance.
2	Катетеризация сердца	Катетеризация сердца — это рентгенологическое обследование сердца и его артерий с помощью катетера и контрастного вещества.	Cardiac catheterization	A procedure used to diagnose and treat certain cardiovascular conditions. During cardiac catheterization, a long thin tube called a catheter is inserted in an artery or vein in groin, neck or arm and threaded through blood vessels to heart.

№				
3	Исследование ферментативного состава крови	Исследование ферментативного состава крови. Это помогает при диагностике различных заболеваний печени, поджелудочной железы и желчевыводящих протоков, болезней сердечной мышцы и тому подобное.	Cardiac enzymes test	A cardiac enzyme test is a blood test that measures the cardiac enzymes in the blood. A technician will insert a needle into a person's arm and draw a sample of blood. Cardiac enzymes — also known as cardiac biomarkers — include myoglobin, troponin and creatine kinase.
4	Компьютерная аксиальная томография (КАТ)	Компьютерная томография (КТ), также известная как рентгеновская вычислительная томография или компьютерная аксиальная томография (КАТ), — это исследование, в ходе которого с помощью компьютера и рентгеновских лучей получают подробные изображения внутренних структур тела.	Computed axial tomography (CAT)	A detailed x-ray that provides information about internal tissues and organs in cross-sections (thin slices). A computer takes the cross-section x-rays and uses them to create three-dimensional images. The x-rays used in CT scanning are much narrower than the x-rays used in standard x-rays. A CT scan of the heart can provide detailed images of all heart structures.
5	Эхокардиография	Эхокардиография (или УЗИ сердца) — это исследование сердца с помощью ультразвука, позволяющее оценить структуру, размеры и состояние сердечной мышцы, клапанов и крупных сосудов.	Echocardio-graphy	A test that uses sound waves to produce live images of heart. The image is called an echocardiogram. This test allows a doctor to monitor how heart and its valves are functioning. The images can help get information about: blood clots in the heart chambers.
6	Электрокардио-графия (ЭКГ), электрокардиограмма	Это регистрация электрических потенциалов сердечной деятельности. На теле пациента размещаются специальные датчики, а считанные с их помощью сигналы выводятся на бумагу или пленку с помощью самописца.	Electrocardio-gram	It is a graph of voltage versus time of the electrical activity of the heart using electrodes placed on the skin.

№				
7	Стресс-тестирование физических упражнений	Стресс-тест производится для исследования работы сердца при физических нагрузках и записи электрокардиограммы (ЭКГ).	Exercise stress testing	An exercise stress test is used to learn how well heart responds when it's working hard. You will be asked to exercise while hooked up to an EKG machine.
8	Холтер или мониторинг событий	Суточное (холтеровское) мониторирование - метод исследования, который позволяет производить непрерывную регистрацию динамики сердца на ЭКГ с помощью портативного устройства (холтера), отслеживать изменения в работе сердца и контролировать артериальное давление пациента в течение всего дня в условиях его активности.	Holter or event monitoring	Holter and event monitors are small, portable electrocardiogram devices that record heart's electrical activity for long periods of time while you do your normal activities.
9	Имплантируемый кардиовертер дефибриллятор	Имплантируемый кардиовертер-дефибриллятор (ICD) — это прибор типа кардиостимулятора, отслеживает ритм сердечных сокращений и при необходимости генерирует электрические импульсы для коррекции сердечного ритма.	Implantable cardioverter defibrillator	A small battery-powered device placed inside the body under the skin or muscle in chest or abdomen to monitor heart rhythm and detect irregular heartbeats. An ICD can deliver electric shocks via one or more wires connected to heart to fix an abnormal heart rhythm.
10	Магнитно-резонансная томография (МРТ)	Магнитно-резонансная томография (МРТ) — способ получения томографических изображений для исследования внутренних органов и тканей с использованием явления ядерного магнитного резонанса.	Magnetic resonance imaging (MRI)	MRI scanners use strong magnetic fields, magnetic field gradients, and radio waves to generate images of the organs in the body.

11	Позитронно-эмиссионная томография (ПЭТ)	Позитронно-эмиссионная томография (позитронная эмиссионная томография, сокращ. ПЭТ, она же двухфотонная эмиссионная томография) — радионуклидный томографический метод исследования внутренних органов человека.	Positron emission tomography (PET)	A functional imaging technique that uses radioactive substances known as radiotracers to visualize and measure changes in metabolic processes, and in other physiological activities including blood flow, regional chemical composition, and absorption.
12	Липидный тест сыворотки крови	Липидограмма, или липидный профиль, — это комплексное исследование, определяющее уровень липидов (жиров) различных фракций крови. Позволяет обнаружить нарушение липидного (жирового) обмена и оценить риск развития сердечно-сосудистых заболеваний	Serum lipid test	The test includes four basic parameters: total cholesterol, HDL cholesterol, LDL cholesterol and triglycerides. It is usually done in fasting blood specimen.
13	Таллиевый стресс-тест	Таллиевый стресс-тест еще называют сердечным или ядерным стресс-тестом. Тестирование, направленное на определение состояния сердечной мышцы, включает инъекцию радиоизотопа, который циркулирует по кровотоку и показывает, получает ли сердечная мышца достаточное количество крови в состоянии как стресса, так и покоя.	Thallium stress test	A nuclear imaging test that shows how well blood flows into heart while exercising or at rest. This test is also called a cardiac or nuclear stress test.

Section 8:		Дыхательная система Respiratory system		
	Дыхательная система	Дыхательная система — совокупность органов, обеспечивающих поступление кислорода из окружающего воздуха в дыхательные пути, и осуществляющих газообмен, т. е. поступление кислорода в кровоток и выведение углекислого газа из кровотока обратно в атмосферу.	Respiratory system	The respiratory system is the network of organs and tissues that help breathe. It includes airways, lungs, and blood vessels. The muscles that power the lungs are also part of the respiratory system. These parts work together to move oxygen throughout the body and clean out waste gases like carbon dioxide.
1	Нос	Орган обоняния, дыхания, защитное устройство против пыли и т.п.	Nose	The body's primary organ of smell and also functions as part of the body's respiratory system. Air comes into the body through the nose.
1.1	Ноздри	Ноздри - каналы носа, от места, где каналы разветвляются вширь, до наружного отверстия.	Nostrils	A nostril (or naris, plural nares) are the two external openings of the nasal cavity that admit air to the lungs and smells to the olfactory nerves.
1.2	Носовая полость	В носовой полости воздух очищается от частиц пыли и микроорганизмов, согревается и увлажняется. Носовая полость в норме выполняет дыхательную, обонятельную, защитную и резонаторную функции.	Nasal cavity	The nasal cavity is a large, air-filled space above and behind the nose in the middle of the face. The nasal septum divides the cavity into two cavities, also known as fossae. Each cavity is the continuation of one of the two nostrils.
1.3	Придаточные пазухи носа	Это полости в костях черепа. Биологическая роль этих пустот состоит в уменьшении массы черепа, кроме того, они являются резонаторами и придают голосу каждого человека свой неповторимый тембр.	Paranasal sinuses	The paranasal sinuses are air-filled extensions of the nasal cavity. Have various functions, including humidifying and heating inhaled air, increasing the resonance of speech.

1.4	Реснички	Слизистая оболочка полости носа выстлана псевдомногослойным мерцательным эпителием, который состоит из реснитчатых клеток, обеспечивающих транспорт слизистого секрета и очищают дыхательные пути от слизи и грязи,	Cilia	A short microscopic hairlike vibrating structure. They keep the airways clear of mucus and dirt, allowing to breathe easily and without irritation.
2	Горло	Ведет в дыхательный и пищеварительный тракты. Ларинкс, фаринкс, трахея вместе с ротовой и носовой полостью образуют верхние дыхательные пути	Throat	The throat (pharynx) is a muscular tube that runs from the back of nose down into neck. It contains three sections: the nasopharynx, oropharynx and laryngopharynx (hypopharynx).
2.1	Фаринкс (глотка)	Позади ротовой полости и вниз внутрь шеи	Pharynx	The membrane-lined cavity behind the nose and mouth, connecting them to the esophagus.
2.2	Носоглотка	Задняя часть носовой полости и мягкое небо	Nasopharynx	The back of the nasal cavity and the soft palate. Also contained within the nasopharynx are the adenoids, or pharyngeal tonsils.
2.3	Аденоиды	Аденоиды - носоглоточные миндалины, которые расположена в своде носоглотки. Задача аденоидов – задерживать любые инфекции, пытающиеся проникнуть в организм через носоглотку.	Adenoids (pharyngeal tonsils)	A patch of tissue that is high up in the throat, just behind the nose. They, along with the tonsils, are part of the lymphatic system.
2.4	Ротовая полость глотки	Ротовая полость - средняя полость глотки служит для продвижения пищи в пищевод, и проведении воздуха из полости носа (или рта) в гортань.	Oropharynx	The oropharynx is the middle portion of the pharynx, working with both the respiratory and digestive systems.

2.5	Миндалевид-ные железы	Миндалины (лат. tonsillae) — скопления лимфоидной ткани, расположенные в области носоглотки и ротовой полости. Они являются защитным механизмом на пути вдыхаемых чужеродных патогенов.	Tonsils (palatine tonsils)	Bundles of lymphatic tissue located in the lateral oropharynx. They play a role in protecting the body against respiratory and gastrointestinal infections.
2.6	Нижний (ларингальный отдел фаринкса)	Самый нижний, или ларингальный, отдел фаринкса, всецело задействован в глотании. Движения фаринкса должны быть согласованными для того, чтобы обеспечить проникновение вдыхаемого воздуха в легкие, а пищи – в пищевод.	Laryngopharynx	The laryngopharynx, also referred to as the hypopharynx, is the most caudal portion of the pharynx and is a crucial connection point through which food, water, and air pass. Specifically, it refers to the point at which the pharynx divides anteriorly into the larynx and posteriorly into the esophagus.
2.7	Надгортанник	Надгортанник закрывает вход и выход в гортань во время акта глотания, тем самым препятствуя попаданию пищи в дыхательные пути.	Epiglottis	A flap of cartilage at the root of the tongue, which is depressed during swallowing to cover the opening of the windpipe.
2.8	Голосовая щель	Голосовая щель — пространство между голосовыми связками. Это трубка менее, чем 25 мм, в длину; расположена в нижней части глотки, переходит в трахею.	Glottis	the part of the larynx consisting of the vocal cords and the opening between them. It affects voice modulation through expansion or contraction.
2.9	Ларинкс (гортань)	Гортань (лат. larynx) — участок дыхательной системы, который соединяет глотку с трахеей и содержит голосовой аппарат. Защищает нижние дыхательные пути от попадания инородных частиц.	Larynx	commonly called the voice box, is an organ in the top of the neck involved in breathing, producing sound and protecting the trachea against food.

#				
3	Трахея	Трахея — орган, являющийся частью воздухоносных путей; расположен между гортанью и бронхами.	Trachea	a large membranous tube reinforced by rings of cartilage, extending from the larynx to the bronchial tubes and conveying air to and from the lungs; the windpipe.
4	Бронхи	Бронхи ("дыхательные трубки") - парный орган, который является продолжением трахеи. Они проводят воздух по дыхательной системе при вдохе и выдохе; выполняют обогрев воздуха; увлажняют воздух за счет слизи, слизистой оболочки; выполняют защитную и дренажную функцию.	Bronchi	The main passageway into the lungs. The bronchi function to carry air that is breathed in through to the functional tissues of the lungs, called alveoli. Exchange of gases (oxygen and carbon dioxide) between the air in the lungs and the blood in the capillaries occurs across the walls of the alveolar ducts and alveoli.
5	Бронхиолы	Бронхиолы — конечные ветви бронхиального дерева, не содержащие хрящ и переходящие в альвеолярные ходы лёгких. Диаметр бронхиол не превышает 1 мм. Бронхиолы распределяют воздушный поток и контролируют сопротивление ему.	Bronchioles	The smaller branches of the bronchial airways in the respiratory tract. They include the terminal bronchioles, and finally the respiratory bronchioles that mark the start of the respiratory zone delivering air to the gas exchanging units of the alveoli.
6	Легкие	Лёгкие – это мягкий, губчатый, конусообразный парный орган. Лёгкие обеспечивают дыхание - обмен углекислого газа и кислорода.	Lungs	Cone - shaped spongy organs consisting of alveoli, blood vessels, elastic tissue, and nerves
6.1	Правое легкое	Правое лёгкое состоит из 3 долей: верхней, средней и нижней.	Right lung	The right lung has more lobes and segments than the left. It is divided into three lobes, an upper (apex), middle (hilum), and a lower lobe (base)
6.2	Левое легкое	Левое лёгкое состоит из 2 долей: верхней и нижней.	Left lung	The left lung is divided into two lobes, an upper and a lower lobe

6.3	Альвеолы	Альвеолы — структура в форме пузырька, открывающегося в просвет респираторных бронхиол, составляющих респираторные отделы в лёгком. Альвеолы участвуют в акте дыхания, осуществляя газообмен с лёгочными капиллярами.	Alveoli	Any of the many tiny air sacs at the end of the bronchioles of the lungs which allow for rapid gaseous exchange.
6.4	Легочные капилляры	Лёгочные капилляры - мелкие артерии. В капиллярах кровь отдаёт углекислый газ и обогащается кислородом. Лёгочные капилляры переходят в венулы, которые затем образуют вены.	Capillaries	Any of the fine branching blood vessels that form a network between the arterioles and venules.
7	Плевра	Плевра представляет собой гладкую серозную оболочку.	Pleura	Double-folded membrane surrounded lungs.
7.1	Париетальная плевра	Покрывает стенки грудной полости	Parietal pleura	The outer layer of the pleura
7.2	Внутреняя (висцеральная) плевра	Покрывает легкие	Visceral pleura	The inner layer of the pleura
7.3	Плевральная полость	Плевральная полость— щелевидное пространство между париетальным и висцеральным листками плевры, окружающими каждое лёгкое. Плевра представляет собой гладкую серозную оболочку.	Pleural space	The small space between these membranes
8	Средостение	Средостение — пространство в грудной клетке между легкими, в котором находятся сердце, крупные сосуды, трахея, пищевод, вилочковая железа (тимус), лимфатические узлы.	Mediastinum	The space between the lungs.

#				
9	Диафрагма	Отделяет грудную полость от брюшной, контролирует объем легких при вдохе и выдохе.	Diaphragm	Muscular partition that separates the thoracic cavity from the abdominal cavity, aids in the process breathing.
10	Диафрагмальный нерв	Диафрагмальный нерв (nervus phrenicus) — нервный ствол, иннервирующий диафрагму и формирующийся из корешков шейных нервов. Нерв важен для дыхания, потому что он обеспечивает исключительное моторное управление диафрагмой, основной мышцей дыхания.	Phenic nerve	The phrenic nerve is a mixed motor/sensory nerve which originates from the C3-C5 spinal nerves in the neck. The nerve is important for breathing because it provides exclusive motor control of the diaphragm, the primary muscle of respiration.
11	Дыхание	Вдыхаем кислород, выдыхаем двуокись углерода. Кислород из альвеол забирается гемоглобином в кровь и отдается в альвеолы двуокись углерода	Breathing	In oxygen, exhaling carbon dioxide. Oxygen from the alveoli is taken by hemoglobin into the blood and given to the alveoli carbon dioxide

Патологическое состояние
Pathological condition

#				
1	Апноэ	Апноэ — это прекращение дыхания. Во время апноэ не происходит движения мышц вдоха, и объем легких изначально остается неизменным.	Apnea	The cessation of breathing. During apnea, there is no movement of the muscles of inhalation, and the volume of the lungs initially remains unchanged.
2	Брадипноэ	Брадипноэ — патологическое снижение частоты дыхания развивается при понижении возбудимости дыхательного центра либо при угнетении его функции.	Bradypnea	An abnormally slow breathing rate. The normal breathing rate for an adult is typically between 12 and 20 breaths per minute.

3	Кашель	Кашель — врождённый защитный безусловный рефлекс, действующий как часть иммунной системы организма. Представляет из себя форсированный выдох через рот, вызванный сокращениями дыхательной мускулатуры из-за раздражения рецепторов.	Cough	It is responding when something irritates throat or airways. It can be an occasional cough (normal and healthy) or sign of disease (dry or wet cough).
4	Эпистаксис	Носовое кровотечение (эпистаксис) — кровотечение из полости носа, которое обычно можно увидеть при истечении крови через ноздри.	Epistaxis	Bleeding from the nose, either spontaneous or induced by nose picking or trauma. Also, as sinus or upper respiratory infection.
5	Гипоксия	Гипоксия — это пониженное содержание кислорода в организме или отдельных органах и тканях.	Hypoxia	Condition in which the body or a region of the body is deprived of adequate oxygen supply at the tissue level.
6	Ринорея	Ринорея — это медицинский термин для, всем известного, насморка. Причины этого симптома - от простуды или аллергии до тяжелой травмы головы.	Rhinorrhea	Free discharge of a thin nasal mucus fluid. The condition, commonly known as a runny nose, occurs relatively frequently. Rhinorrhea is a common symptom of allergies (hay fever) or certain viral infections, such as the common cold.
7	Чихание	Чихание — защитный безусловный рефлекс, обеспечивающий удаление из верхних дыхательных путей пыли, слизи и других раздражающих агентов путём форсированного выдоха.	Sneeze	Make a sudden involuntary expulsion of air from the nose and mouth due to irritation of one's nostrils.

8	Стридор	Стридор - свистящий шум во время вдоха, обусловленный резким сужением просвета гортани, трахеи или бронхов	Stridor	A high-pitched, whistling sound most often heard while taking in a breath.
9	Круп	Круп (острый ларинготрахеит) — это вирусная болезнь нижних и верхних дыхательных путей. Сопровождается затруднением дыхания, особенно на вдохе, отёком гортани, лающим кашлем.	Croup	An infection of the upper airway, which obstructs breathing and causes a characteristic barking cough. The cough and other signs and symptoms of croup are the result of swelling around the voice box (larynx), windpipe (trachea) and bronchial tubes (bronchi).
10	Дифтерия	Дифтерия — инфекционное заболевание, вызываемое бактерией Corynebacterium diphtheriae (бацилла Лёффлера, дифтерийная палочка). Чаще всего поражает ротоглотку, но нередко затрагивает гортань, бронхи, кожу и другие органы.	Diphtheria	Serious infection caused by strains of bacteria called Corynebacterium diphtheriae that make toxin (poison). It can lead to difficulty breathing, heart failure, paralysis, and even death.
11	Ларингит	Ларингит — воспаление слизистых оболочек гортани, связанное, как правило, с простудным заболеванием либо с такими инфекционными заболеваниями, как корь, скарлатина, коклюш.	Laryngitis	A viral infection is the most common cause of laryngitis. Laryngitis may last for a short time (acute) or be ongoing (chronic). The main symptoms are hoarseness and loss of voice.

12	Коклюш	Коклюш – это бактериальная инфекция дыхательных путей, передающаяся воздушно-капельным путём от больного человека. Возбудителем данного заболевания является Bordetella pertussis (коклюшная палочка).	Pertussis	Known as whooping cough, is a highly contagious respiratory disease. It is caused by the bacterium Bordetella pertussis.
13	Фарингит	Фарингит — воспаление слизистой оболочки глотки и миндалин, чаще вирусной или бактериальной природы.	Pharyngitis	Inflammation of the pharynx, which is in the back of the throat. It's most often referred to simply as "sore throat." Both viral and bacterial forms of pharyngitis are contagious.
14	Ринит	Это воспаление слизистой оболочки носа. Кровеносные сосуды носа набухают, в результате отёка нос закладывает, кроме того, в нем вырабатывается слишком много слизи. В быту мы называем ринит насморком.	Rhinitis	Inflammation and swelling of the mucous membrane of the nose. Colds and allergies are the most common causes of rhinitis. Symptoms of rhinitis include a runny nose, sneezing, and stuffiness.
15	Гайморит	Гайморит — это воспалительный процесс в гайморовых пазухах, относящийся к одному из видов синусита.	Sinusitis	An inflammation or swelling of the tissue lining the sinuses. Symptoms include headache, facial pain, runny nose, and nasal congestion.
16	Тонзиллит	Тонзиллит — это воспалительный процесс, который поражает одну или несколько миндалин лимфатического глоточного кольца.	Tonsillitis	Inflammation of the tonsils, two oval-shaped pads of tissue at the back of the throat — one tonsil on each side.

17	Грипп	Грипп — острое респираторное вирусное заболевание, вызываемое вирусами гриппа и выделяющееся среди острых респираторных вирусных инфекций (ОРВИ). Периодически распространяется в виде эпидемий.	Influenza	Influenza, commonly known as "the flu", is an infectious disease caused by an influenza virus.
18	Эмфизема	Эмфиземой легких называют патологический процесс, связанный с нарушением газообмена в лёгких вследствие изменений тканей органа. Патология относится к группе хронических обструктивных болезней. Рвутся стенки воздушных мешков	Emphysema	The air sacs in the lungs (alveoli) are damaged. Over time, the inner walls of the air sacs weaken and rupture — creating larger air spaces instead of many small ones.
19	Эмпиема (пиоторакс или гнойный плеврит)	Эмпиема плевры (гнойный плеврит, пиоторакс) – скопление гноя в плевральной полости с вторичной компрессией легочной ткани.	Empyema (pyothorax or purulent pleuritis)	Pus gathers in the pleural space. Pus is a fluid that's filled with immune cells, dead cells, and bacteria. The most common cause of empyema is pneumonia caused by a bacterial infection of the lungs.
20	Абсцесс легкого	Абсцесс легкого – это диагноз, обозначающий деструктивный гнойный процесс, развивающийся в лёгких. Источником этого процесса является гноеродная инфекция	Lung abscess	A bacterial infection that occurs in the lung tissue. The infection causes tissue to die, and pus collects in that space. It usually results from breathing bacteria that normally live-in mouth or throat into the lungs, leading to an infection.

21	Пневмония	Пневмония — это общее название группы воспалительных заболеваний легких. Болезнь может быть первичной или стать последствием другого заболевания.	Pneumonia	An infection that inflames the air sacs in one or both lungs. The air sacs may fill with fluid or pus (purulent material), causing cough with phlegm or pus, fever, chills, and difficulty breathing. A variety of organisms, including bacteria, viruses and fungi, can cause pneumonia.
22	Пневмоторакс	Пневмоторакс — это присутствие воздуха в плевральной полости, куда он попадает вследствие повреждения легкого или стенки грудной клетки.	Pneumothorax	A collapsed lung. A pneumothorax occurs when air leaks into the space between lung and chest wall. This air pushes on the outside of lung and makes it collapse. Pneumothorax can be a complete lung collapse or a collapse of only a portion of the lung.
23	Астма	Астма — это приступы удушья различного происхождения, хроническое заболевание дыхательных путей в легких. Провоцировать приступы астмы могут разные факторы.	Asthma	A respiratory condition marked by spasms in the bronchi of the lungs, the airways become blocked or narrowed causing breathing difficulty. Common asthma triggers are pollen, chemicals, extreme weather changes, smoke, dust mites, stress and exercise.
24	Бронхит	Бронхит — это воспалительное заболевание внутренней оболочки бронхов, которое проявляется, в первую очередь, кашлем и дыхательными нарушениями. Бронхи заполнены слизью.	Bronchitis	An inflammation of the lining of bronchial tubes. Acute bronchitis is usually caused by viruses, typically the same viruses that cause colds and flu (influenza).
25	Раковая опухоль легких	Рак легкого – злокачественная опухоль, формирующаяся из эпителиальных клеток бронхов. Поражает разные сегменты легких.	Bronchogenic carcinoma (Lung cancer)	A malignant neoplasm of the lung arising from the epithelium of the bronchus or bronchiole.

#				
26	Плевральный выпот (экссудативный плеврит)	Скопление жидкости между плевральными оболочками	Pleural effusion ("water on the lungs")	The build-up of excess fluid between the layers of the pleura outside the lungs.
27	Плеврит	Плеврит (Pleuritis-лат.) — воспаление плевральных листков, с выпадением на их поверхность фибрина (сухой плеврит) или скопление в плевральной полости экссудата различного характера (экссудативный плеврит).	Pleuritis (pleurisy)	An inflammation of the pleura, that surrounds the outside of both lungs and lines the inside of the chest cavity.
28	Тромбоэмболия легочной артерии	Тромбоэмболия легочной артерии – это потенциально смертельное образование сгустка крови, который блокирует главную артерию легких, увеличивает нагрузку на правые отделы сердца и влияет на кровообращение в целом.	Pulmonary embolism	A blockage in one of the pulmonary arteries in lungs by blood clots that travel to the lungs from deep veins in the legs or, rarely, from veins in other parts of the body.
29	Туберкулез	Туберкулез — это инфекционное заболевание, вызванное микобактерией. Палочка Коха передается воздушно-капельным путем от человека с туберкулезом дыхательных путей к здоровому.	Tuberculosis	Tuberculosis (TB) is caused by a bacterium called Mycobacterium tuberculosis. The bacteria usually attack the lungs, but TB bacteria can attack any part of the body such as the kidney, spine, and brain.
	Патологические состояния, связанные с работой **Work-related pathological condition**			
1	Антракоз (черная болезнь легких)	Антракоз – заболевание легких, спровоцированное вдыханием частиц угольной пыли и проявляющееся развитием фиброза легких.	Anthracosis (black lung disease)	Caused by the accumulation of carbon in the lungs due to repeated exposure to air pollution or inhalation of smoke or coal dust particles.

2	Асбестоз	Асбестоз – это форма интерстициального легочного фиброза, которая развивается при воздействии асбеста.	Asbestosis	Caused by breathing in asbestos fibers.
3	Биссиноз (коричневая болезнь легких)	Биссиноз – это форма реактивного заболевания дыхательных путей, характеризующаяся бронхоспазмом, которая развивается у рабочих, контактирующих с хлопком, льном и коноплей. Этиологическим агентом является бактериальный эндотоксин в хлопковой пыли.	Byssinosis (brown lung disease)	A lung disease caused by job-related exposure to dust from cotton, hemp, or flax. Byssinosis can cause symptoms like asthma or more permanent lung damage similar to chronic obstructive pulmonary disease (COPD).
4	Силикоз	Силикоз — наиболее распространённый и тяжело протекающий вид пневмокониоза, профессиональное заболевание лёгких, обусловленное вдыханием пыли, содержащей свободный диоксид кремния. Характеризуется диффузным разрастанием в лёгких соединительной ткани и образованием характерных узелков.	Silicosis	A form of occupational lung disease caused by inhalation of crystalline silica dust. It is marked by inflammation and scarring in the form of nodular lesions in the upper lobes of the lungs. It is a type of pneumoconiosis.
Диагностика и лечение **Diagnostic and treatment**				
1	Бронхоскопия	Это эндоскопический метод исследования дыхательных путей: гортани, трахеи и бронхов с целью выявления заболеваний слизистых оболочек этих органов. Процедура осуществляется при помощи бронхоскопа, оснащенного осветительной лампой и фото-видеокамерой.	Bronchoscopy	Bronchoscopy is an endoscopic technique of visualizing the inside of the airways for diagnostic and therapeutic purposes. An instrument is inserted into the airways, usually through the nose or mouth, or occasionally through a tracheostomy.

2	Рентген грудной клетки	Рентген грудной клетки – метод диагностики, который при помощи рентгеновских лучей позволяет получить изображение внутренних органов, сосудов и лимфатической системы грудной клетки, а также ребер и позвоночника грудного отдела.	Chest X-ray	A chest x-ray produces images of the heart, lungs, airways, blood vessels and the bones of the spine and chest. An x-ray (radiograph) is a noninvasive medical test.
3	Ларингоскопия	Эндоскопия горла и гортани (ларингоскопия) позволяет оценить состояние слизистой и голосовых связок и взять образцы тканей для исследования. Проводится обследование с помощью специального прибора – эндоскопа, оснащенного световолоконной оптикой.	Laryngoscopy	Laryngoscopy is endoscopy of the larynx, a part of the throat. Fiberoptic laryngoscopy (nasolaryngoscopy) uses a small flexible telescope. The scope is passed through nose and into throat.
4	Ядерно-перфузионное сканирование легких	Сцинтиграфия (гамма-сканирование) – диагностический метод, при котором в организм человека вводится небольшое количество радиоактивного вещества (называемого радиофармпрепарат), после чего при помощи специальной гамма-камеры, визуализируется процесс распределения этого вещества в органах и тканях.	Nuclear perfusion lung scan	These tests use inhaled and injected radioactive material (radioisotopes) to measure breathing (ventilation) and circulation (perfusion) in all areas of the lungs.

5	Образец мокроты	Микробиологическое исследование мокроты проводится, чтобы выявить возбудителя заболевания и определить его чувствительность к антибактериальным лекарственным средствам.	Sputum specimen	A sputum culture is a sample of the gooey substance that often comes up from chest when it is an infection in lungs or airways. It is mostly made up of white blood cells that fight infection mixed with germs.
6	Торацентез	Это хирургический метод, при котором грудная клетка прокалывается для удаления жидкости или дренирования захваченного воздуха.	Thoracentesis	Thoracentesis, also known as thoracocentesis, pleural tap, needle thoracostomy, or needle decompression is an invasive medical procedure to remove fluid or air from the pleural space for diagnostic or therapeutic purposes.
7	Тонзиллэкто-мия	Тонзиллэктомия - хирургическая операция по полному удалению нёбных миндалин вместе с соединительно-тканной капсулой.	Tonsillectomy	Tonsillectomy is a surgical procedure in which both palatine tonsils are fully removed from the back of the throat.
8	Туберкулино-вая кожная проба (TCT)	Туберкулиновая проба, туберкулин диагностика, tuberculin skin-test, PPD test — метод исследования напряженности иммунитета к возбудителю туберкулеза с помощью оценки реакции на туберкулин (препарат из микобактерий).	Tuberculin skin test (TST)	The test is done by putting a small amount of TB protein (antigens) under the top layer of skin on inner forearm. If it has ever been exposed to the TB bacteria (Mycobacterium tuberculosis), a skin will react to the antigens by developing a firm red bump at the site within 2 or 3 days.

Section 9:	Пищеварительная система Digestive System			
	Пищеварительная система	Пищеварительная система — система внутренних органов, выполняющих функцию механической и химической обработки пищи. Пищеварительная система включает	The Digestive System, also known as gastrointestinal tract, digestive tract, alimentary canal	The hollow organs that make up the GI tract are the mouth, esophagus, stomach, small intestine, large intestine, and anus. The liver, pancreas, and gallbladder are the solid organs of

		пищеварительный канал — это ротовая полость, глотка, пищевод, желудок, тонкая кишка, толстая кишка. И пищеварительные железы: слюнные железы, желудочные железы, кишечные железы, поджелудочная железа, печень.		the digestive system. The small intestine has three parts.
1	Пищеварение	Пищеварение — это переработка пищи и её усвоение организмом.	Digestion	Digestion is the process of breaking down food by mechanical and enzymatic action in the alimentary canal into substances that can be used by the body.
2	Слюнные железы	Существует три пары основных слюнных желез: околоушные, подчелюстные и подъязычные.	Salivary glands	There are three pairs of major salivary glands: the parotid glands, the submandibular glands, and the sublingual glands.
2.1	Фермент амилаза	Амилаза – пищеварительный фермент, который способен расщеплять углеводы. Наибольшее количество амилазы содержится в слюнных и поджелудочной железах. Разлагает углеводы на мальтозу и глюкозу.	Enzyme amylase	Salivary amylase is the first step in the chemical digestion of food; decomposes carbohydrates into maltose and glucose.
2.2	Фермент липаза	Липаза — водорастворимый фермент, который катализирует гидролиз нерастворимых эстеров-липидных субстратов, помогая переваривать, растворять и фракционировать жиры.	Enzyme lipase	Uses to break down fats in food into free fatty acids and glycerol.
2.3	Лизоцим	Лизоцим в организме играет роль неспецифического антибактериального барьера с внешней средой.	Lysozyme	It functions as an antimicrobial agent by cleaving the peptidoglycan component of bacterial cell walls, which leads to cell death.

3	Ротовая полость	Ротовая полость - начальный участок переднего отдела пищеварительной системы человека.	Oral cavity	The oral cavity represents the first part of the digestive tube. Its primary function is to serve as the entrance of the alimentary tract and to initiate the digestive process by salivation and propulsion of the alimentary bolus into the pharynx.
3.1	Губы	Губы рта — это парные горизонтальные кожно-мышечные складки, окружающие вход в полость рта. Это верхняя губа (labium superius) и нижняя губа (labium inferius). Губы играют важную роль и во время поедания пищи, а также в процессе речи.	Lips	Two fleshy folds that surround the mouth. They are organs of speech essential to certain articulations and serve as the opening for food intake and keep it in place for chewing.
3.2	Язык	Язык — это мышечный орган, который покрыт слизистой оболочкой. Орган выполняет множество функций, участвует в образовании речи, определении вкуса пищи, перемешивает и помогает образованию пищевого комка, проталкивает его в пищевод.	Tongue	Muscular organ in the mouth that assisting the chewing (mastication) food and swallowing (deglutition). Tongue is a principal organ of the sense of taste and also use to speak.
3.3	Твердое нёбо	Твёрдое нёбо (palatium durum) — костная стенка, которая отделяет полость рта от носовой полости — является одновременно крышей полости рта и дном носовой полости.	Hard palate	The hard palate provides space for the tongue to move freely and supplies a rigid floor to the nasal cavity so that pressures within the mouth do not close off the nasal passage.

3.4	Мягкое нёбо	Мягкое нёбо (palatium mole) — складка слизистой оболочки, свешивающаяся над основанием языка и отделяющая ротовую полость от глотки. Нёбо играет важную роль при глотании, дыхании и речи.	Soft palate	The soft palate is the muscular part at the back of the roof of the mouth. It sits behind the hard palate, which is the bony part of the roof of the mouth. The palates play important roles in swallowing, breathing, and speech.
3.5	Небный язычек	Это небольшой конический отросток заднего края мягкого нёба, состоящий из соединительной ткани. Язычок играет важнейшую роль в формировании звуков речи, а также разделяет потоки пищи, предупреждая их попадание в носоглотку.	Uvula	A fleshy extension at the back of the soft palate which hangs above the throat. Uvula prevents foods and liquids from going up a nose.
4	Зубы	Зуб — костное образование, во множестве расположенное в ротовой полости. По основной функции зубы делятся на 4 типа: Резцы — передние зубы, которые служат для захватывания и разрезания пищи, Клыки — конусовидные зубы, которые служат для разрывания и удержания пищи, Премоляры (малые коренные), Моляры - большие коренные зубы (или задние), которые служат для перетирания пищи.	Teeth	A hard, calcified structure found in the jaws (or mouths) and used to break down food. 32 teeth are 8 incisors, 4 canines, 8 premolars, and 12 molars
4.1	Молочные зубы	Молочные зубы называются временными, смена на постоянные начинается около шести лет и заканчивается уже в 13-14 лет.	Deciduous teeth	Primary or "baby teeth", begins to appear at approximately six months of age.

4.2	Постоянные зубы	Практически все молочные зубы прорезываются к 3 годам. В 6 лет их постепенно начинают замещать постоянные (коренные). Данный процесс, как правило, заканчивается к 13 годам. Если общее количество молочных зубов равно 20, то коренных – 32.	Permanent teeth	The secondary begins to appear around the age of six.
4.2.1	Коронка	Коронка зуба — это выступающая над десной часть зуба. Она покрыта эмалью	Crown	The visible part of the tooth and covered with enamel.
4.2.2	Шейка зуба	Шейка — это часть зуба, которая находится между корнем и коронкой прямо под линией десны.	Neck	The neck is the part of the tooth that is between the root and the crown just beneath the gum line.
4.2.3	Корень зуба	Корень зуба находится в альвеолярной полости и крепится к ней соединительными волокнами тканей. Снаружи покрыт природным цементом. Окружают корень зуба периодонт, альвеола, альвеолярный отросток и десна.	Root	The root of a tooth descends below the gum line, into the upper or lower jawbones, anchoring the tooth in the mouth.
4.3	Дентин	Dentin— твердая ткань зуба, составляющая его основную часть. Коронковая часть покрыта эмалью, корневая часть дентина закрыта цементом.	Dentin	Dentin is a tissue that is calcified and consists of tiny tubules or tubes. It is the second layer of the tooth and is normally covered by enamel and covers the pulp, making up the majority of the tooth's structure.

4.4	Пульпа	Пульпа (лат. pulpis dentis) — рыхлая волокнистая соединительная ткань, заполняющая полость зуба (лат. cavitas dentis), с большим количеством нервных окончаний, кровеносных и лимфатических сосудов.	Pulp	Tooth pulp is soft and consists of living blood vessels, connective tissue, and large nerves.
4.5	Периодонтальная связка	Периодонтальная связка – это соединительная ткань, которая окружает зуб и соединяет его с внутренней стенкой альвеолярной кости.	Periodontal ligament	A group of specialized connective tissue fibers that essentially attach a tooth to the alveolar bone within which it sits. It inserts into root cementum one side and onto alveolar bone on the other.
4.6	Альвеолярная кость	Альвеолярная кость — это минеральная соединительная ткань. Она образует костные гнезда, которые поддерживают и защищают корни зубов.	Alveolar bone	The part of the jaw that holds the teeth.
4.7	Десны	Это слизистая оболочка, покрывающая альвеолярный отросток верхней челюсти и альвеолярную часть нижней челюсти и охватывающая зубы в области шейки.	Gum	The tissue that surrounds the necks of teeth and provide a seal around them.
5	Надгортанник	Надгортанник закрывает вход и выход в гортань во время акта глотания, тем самым препятствуя попаданию пищи в дыхательные пути.	Epiglottis	A flap of cartilage at the root of the tongue, which is depressed during swallowing to cover the opening of the windpipe.
6	Пищевод	Пищевод представляет собой полую мышечную трубку, по которой пища из глотки поступает в желудок.	Esophagus	A muscular tube connecting the throat (pharynx) with the stomach. The esophagus runs behind the windpipe (trachea) and heart, and in front of the spine.

6.1	Сфинктер пищевода (НПС) (кардиальный сфинктер или гастроэзофагеáльный сфинктер)	Нижний пищеводный сфинктер (клапан, разделяющий пищевод и желудок) - губковидная складка слизистой оболочки в месте перехода пищевода в желудок, обеспечивающая пропуск пищи и жидкости из пищевода в желудок, и не допускающая попадание содержимого желудка в пищевод.	Esophageal (LES) sphincter or cardiac sphincter	A muscle that separates the esophagus from the stomach. It acts like a valve that normally stays tightly closed to prevent contents in the stomach from backing up into the esophagus.
7	Желудок	Желудок (лат. gaster) — полый мышечный орган; служит резервуаром для проглоченной пищи, которая в нём перемешивается и начинает перевариваться под влиянием желудочного сока, содержащего в своём составе пепсин, химозин, липазу, соляную кислоту, слизь и другие активные соединения. Работа регулируется нервными импульсами при помощи гормона Гастрина	Stomach	A sac-like organ that holds food and starts to digest it by secreting gastric juice. It has three major divisions: fundus (the upper rounded portion), body (the central part), and pylorus (lower tubular part). The work is regulated by nerve impulses with the help of the hormone Gastrin.
7.1	Пилорический сфинктер	Привратник желудка (лат. pylorus) — особый сфинктер, отделяющий пилорическую часть желудка от ампулы двенадцатиперстной кишки и выполняющий функцию регулятора поступления кислого желудочного содержимого в двенадцатиперстную кишку.	Pyloric sphincter	A small piece of smooth visceral muscle that acts as a valve and regulates the flow of partially digested food from the stomach to the duodenum. The opening and closing of the sphincter are controlled by peristaltic waves produced by the stomach during the digestion process.

7.2	Слизистая оболочка	Слизистая оболочка желудка - однослойный эпителий, образующей складки, желудочные поля и желудочные ямки, где локализованы выводные протоки желудочных желез.	Mucous membrane	A membrane that lines various cavities in the body and covers the surface of internal organs. It consists of one or more layers of epithelial cells overlying a layer of loose connective tissue.
7.3	Соляная кислота	Основное расщепление компонентов пищи происходит в желудке. Главную роль выполняет секрет, который содержит соляную кислоту. Соляная кислота убивает бактерии и другие болезнетворные агенты, выполняет роль своеобразного антисептика в пищеварительном тракте.	Hydrochloric acid	It is a component of the gastric acid in the digestive systems
7.4	Гастрин	Гастрин – гормон, участвующий в стимуляция секреции соляной кислоты в желудке. Помимо этого, гастрин стимулирует выделение ферментов и активирует моторику желудочно-кишечного тракта.	Gastrin	A hormone which stimulates secretion of gastric juice and is secreted into the bloodstream by the stomach wall in response to the presence of food.
8	Химус	Кашеобразная кислотная жидкость, которая поступает в двенадцатиперстную кишку	Chyme	The pulpy acidic fluid which passes from the stomach to the small intestine, consisting of gastric juices and partly digested food.
9	Тонкая кишка	Тонкая кишка является наиболее длинным отделом пищеварительного тракта. Она расположена между желудком и толстой кишкой. В тонкой кишке заканчивается процесс переваривания, всасывания и транспортирования пищевых масс.	Small Intestine (small bowel)	An organ in the gastrointestinal tract where most of the end absorption of nutrients and minerals from food takes place. It lies between the stomach and large intestine and divided into three parts: duodenum, jejunum, and ileum

9.1	Двенадцатиперстная кишка (duodenum)	Начальный отдел тонкой кишки, где и начинается процесс кишечного. В двенадцатиперстную кишку поступают сок поджелудочной железы и желчь. Выделяется большое количество слизи для защиты от соляной кислоты.	Duodenum	The first part of the small intestine immediately beyond the stomach, leading to the jejunum. It's largely responsible for the continuous breaking-down process. The duodenum produces hormones and receives secretions from the liver (bile) and pancreas.
9.2	Тощая кишка	Тощая кишка́ (лат. jejunum) — средний отдел тонкой кишки, идущий после двенадцатиперстной и перед подвздошной кишкой. В тощей кишке начинается всасывание питательных веществ, прошедших переваривание в предыдущих отделах пищеварительного тракта.	Jejunum	The jejunum is the second part of the small intestine. The primary function of the jejunum is to absorb sugars, amino acids, and fatty acids.
9.3	Подвздошная кишка	Подвздошная кишка, ileum, является продолжением тощей кишки и впадает в слепую кишку. В ней происходит основное всасывание питательных веществ (витаминов, минералов, углеводов, жиров, белков) и воды из пищи.	Ileum	The third portion of the small intestine, between the jejunum and the cecum. It absorbs nutrients (vitamins, minerals, carbohydrates, fats, proteins) and water from food so they can be used by the body.
9.4	Кишечные ворсинки	Основная функция кишечных ворсинок — увеличение всасывающей площади слизистой оболочки. За счёт ворсинок всасывающая поверхность тонкой кишки увеличивается в 8–10 раз.	Villi	Intestinal villi are a unique structural and functional unit for the luminal sensing, digestion, absorption, secretion, and immune defense in the small intestine. Absorb nutrients into capillaries of the circulatory system and lacteals of the lymphatic system.

9.5	Илеоцекальный сфинктер	Илеоцекальный клапан пропускает химус из подвздошной кишки в слепую кишку, не допуская попадания обсеменённого бактериями содержимого толстой кишки в тонкую.	Ileocecal sphincter	The ileocecal valve is a sphincter muscle. Its function is to allow digested food materials to pass from the small intestine into your large intestine.
10	Толстый кишечник	Толстая кишка (лат. Intestinum crassum) — нижняя, конечная часть пищеварительного тракта. Там происходит окончательная обработка пищи, ее переваривание и подготовка к выведению из организма. Толстый кишечник состоит из трёх частей: слепой кишки, ободочной кишки, и прямой кишки.	Large Intestine (colon or large bowel)	The colon absorbs water from wastes, creating stool. As stool enters the rectum, nerves there create the urge to defecate. It is divided on: the cecum, the colon, and the rectum
10.1	Слепая кишка с червеобразным отростком (аппендиксом)	Слепая кишка́ (лат. Caecum) — первый участок толстой кишки, имеет вид мешка. От неё отходит червеобразный отросток (аппендикс). Ее основная функция – всасывание жидкой составляющей химуса (обратном всасывании воды в организм). Отросток слепой кишки, аппендикс, исполняет функции лимфатической системы, защищая организм от чужеродных тел.	Cecum	The cecum is a blind pouch, located between the ileum and the ascending colon; simply acts as a reservoir for chyme which it receives from the ileum. At the lower portion of the cecum hangs a vermiform appendix.
10.2	Ободочная кишка	Основной отдел толстой кишки, продолжение слепой кишки. В ободочной кишке всасывается большое количество воды и электролитов. Относительно жидкий	Colon	The long, coiled, tubelike organ that removes water from digested food. The remaining material, solid waste called stool, moves through the colon to the rectum and leaves the body through the anus. Divided

		химус превращается в более твёрдый кал. Ободочная кишка состоит из четырех секций: восходящая ободочная (печеночный изгиб), поперечная ободочная, нисходящая ободочная (селезеночный изгиб) и сигмовидная ободочная кишки.		into four sections: the ascending (hepatic flexure), transverse, descending (splenic flexure), and sigmoid colon.
10.3	Прямая кишка	Прямая кишка представляет концевой отдел толстой кишки и пищеварительного тракта вообще. Она активно участвует в эвакуации кишечного содержимого, выполняет одновременно и резервуарную функцию: накапливает каловую массу.	Rectum	The final section of the large intestine, terminating at the anus. The rectum follows the shape of the sacrum and ends in an expanded section called an ampulla where feces is stored before its release via the anal canal.
10.4	Заднепроходной канал	Задний проход — конечная часть прямой кишки — является наружным отверстием заднепроходного канала, через которое твердые отходы покидают организм.	Anus	The opening at the end of the alimentary canal through which solid waste matter leaves the body.
10.5	Фекалии	Фекалии — это непереваренные остатки пищи, бактерии, не переработанные жиры и протеины. Цвет зависит от желчных пигментов, помогают обеззараживать дезодорировать. Запах зависит от бактерий в кишечнике, образующих азот и сероводород	Feces	Feces is the solid or semisolid remains of food that was not digested in the small intestine, and has been broken down by bacteria in the large intestine. Feces contains a relatively small amount of metabolic waste products such as bacterially altered bilirubin, and dead epithelial cells from the lining of the gut.

10.6	Анальный сфинктер	Группа мышц в конце прямой кишки, которая окружает задний проход и контролирует выделение каловых масс. Есть две мышцы сфинктера: одна внутреняя и одна внешняя.	Anal sphincter	A group of muscles at the end of the rectum that surrounds the anus and controls the release of stool. There are two sphincter muscles: one is internal and one is external.
	**Вспомогательные органы пищеварения** **Accessory organs of digestion**			
1	Печень	Печень играет важную роль в процессах пищеварения, обмена веществ и в процессах обезвреживания токсичных для организма веществ. Пищеварительная функция печени заключается в выработке желчи для эмульгирования жиров в тонком кишечнике.	Liver	The liver's main job is to filter the blood coming from the digestive tract, before passing it to the rest of the body. The liver also detoxifies chemicals and metabolizes drugs. Digestive function of the liver is the production of bile for the emulsification of fats in the small intestine.
2	Желчь	Желчь – продуцируемая печенью, накапливаемая в желчном пузыре жидкость. Имеет жёлтый, коричневый или зеленоватый цвет, горький вкус и специфический запах. Учавствует в пищеварении.	Bile	A bitter greenish-brown alkaline fluid that aids digestion and is secreted by the liver and stored in the gallbladder.
3	Желчный пузырь	Жёлчный пузырь является резервуаром для накопления жёлчи, расположен на висцеральной поверхности печени в одноимённой ямке, его части — дно, тело, шейка, переходящая в пузырный проток.	Gallbladder	A small pouch that sits just under the liver. The gallbladder stores bile produced by the liver.

№				
4	Поджелудоч-ная железа	Поджелудочная железа — продолговатый орган, расположенный позади желудка. Орган состоит из трех отделов-головки, тела и хвоста. Поджелудочная железа выделяет панкреатический сок, необходимый для переваривания питательных веществ. А также в ней есть клетки, которые вырабатывают инсулин, глюкагон и другие гормоны. Они поступают в кровь и регулируют обмен глюкозы.	Pancreas	It plays an essential role in converting the food into fuel for the body's cells. The pancreas has two main functions: an exocrine function that helps in digestion and an endocrine function that regulates blood sugar.
5	Брызжейка	Для крепления тощей и подвздошной кишки к задней стенке брюшной полости	Mesentery	The mesentery is an organ that attaches the intestines to the posterior abdominal wall and is formed by the double fold of the peritoneum. It helps in storing fat and allowing blood vessels, lymphatics, and nerves to supply the intestines, among other functions.
6	Пищеварительные соки	Для переваривания питательных веществ необходимы пищеварительные соки; они вырабатываются в пищеварительных железах. Эти соки необходимы для переваривания белков, жиров и углеводов при участии ферментов, ускорителей химических процессов.	Digestive juices	The function of the different digestive juices which are produced at various stages and different parts of the digestive system is to act on specific food. Each juice is designed to breakdown carbohydrates, proteins, fats and help them assimilate. Digestive juices contain enzymes—substances that speed up chemical reactions in the body—that break food down into different nutrients.

6.1	Панкреозимин	ПАНКРЕОЗИМИН (холецистокинин), гормон, вырабатываемый слизистой оболочкой двенадцатиперстной кишки. Стимулирует синтез пищеварительных ферментов поджелудочной железой и увеличивает ток печёночной желчи.	Pancreozymin (Cholecystokinin)	Plays a key role in facilitating digestion within the small intestine. It is secreted from mucosal epithelial cells in the duodenum, and stimulates delivery into the small intestine of digestive enzymes from the pancreas and bile from the gallbladder.
6.2	Трипсин	Трипсин является важнейшим для кишечного пищеварения ферментом, расщепляющий белки, поступающей в двенадцатиперстную кишку пищи. Этот фермент синтезируется в поджелудочной железе в виде неактивного предшественника (профермента) трипсиногена.	Trypsin	Trypsin is an enzyme that helps digest protein. In the small intestine, trypsin breaks down proteins. Trypsin is produced by the pancreas in an inactive form called trypsinogen.
6.3	Липаза	Липаза — это фермент, вырабатываемый поджелудочной железой для расщепления жиров, поступающих с пищей на глицерин и жирные кислоты. В небольшом количестве это вещество циркулирует и в крови.	Pancreatic lipase	The enzyme is secreted by the acinar glands of the pancreas into the pancreatic duct and then into the intestine in response to ingestion of a fatty meal.
6.4	Амилаза	Амилаза – один из ферментов пищеварительного сока, который выделяется слюнными железами и поджелудочной железой. Расщепление углеводов на мальтозу	Amylase	Amylase is an enzyme produced primarily by the pancreas and the salivary glands to help digest carbohydrates.

6.5	Бикарбонат натрия	Бикарбонат натрия входит в состав желудочного сока и является нейтрализующим механизмом его кислотности. Оптимальная среда с пониженной кислотностью нужна для рефлекторного открытия сфинктера и создания нормальной перистальтики в области желудка и двенадцатиперстной кишки.	Sodium bicarbonate	Neutralizes acidic stomach content. The optimal environment with low acidity is necessary for the sphincter's reflex opening and the creation of normal peristalsis in the stomach and duodenum.
6.6	Энзим пепсин	Пепсин — протеолитический фермент; образуется из своего предшественника пепсиногена, вырабатываемого главными клетками слизистой оболочки желудка, и осуществляет расщепление белков пищи до пептидов.	Enzyme pepsin	Serves to digest proteins found in ingested food. This reaction will break down proteins into smaller units to enable the digestive process.
	Источники энергии в организме **Energy sources in the body**			
1	Глюкоза	Ее предназначение — нести энергию в клетки организма и участвовать в синтезе адезинотрифосфорной кислоты, необходимой для липидного обмена.	Glucose	A simple sugar which is an important energy source in living organisms and is a component of many carbohydrates.
2	Гликоген в печени	Гликоген в печени служит источником энергии для всего тела. При необходимости он под действием глюкагона превращается в глюкозу	Glycogen in the liver	When the body doesn't need to use the glucose for energy, it stores it in the liver. When the body needs a quick boost of energy or when the body isn't getting glucose from food, glycogen is broken down to release glucose into the bloodstream to be used as fuel for the cells.

3	Протеин	В экстренных случаях протеины превращается в глюкозу и используются для получения недостающей энергии в организме.	Protein	Protein can also be used for energy, but the first job is to help with making hormones, muscle, and other proteins. Broken down into glucose, used to supply energy to cells.
4	Жир	ЖИРЫ (липиды) - органические соединения, состоящие из глицерина и жирных кислот. Функции жиров в организме: являются важнейшим источником энергии. Поскольку жиры являются эффективной формой энергии, организм накапливает избыток энергии в виде жира.	Fat	Fats are the slowest source of energy but the most energy-efficient form of food. Because fats are such an efficient form of energy, the body stores any excess energy as fat.
5	Кетоны	Кетоны, кетоновые тела — небольшие молекулы, которые печень производит из жира. Кетоны служат дополнительным источником энергии для тканей во время голодания, длительной физической нагрузки или кетогенной диеты.	Ketones	Ketones are another source of energy. Ketones are chemicals that the liver makes. The liver produces them when it doesn't have enough insulin in the body to turn sugar (or glucose) into energy.
6	Ацетоуксусная кислота	Ацетоуксусная кислота является продуктом распада жира. В нормальных условиях, когда распад жира сопровождается достаточным распадом углеводов, конечным продуктом распада является уксусная кислота, окисляющаяся дальше до углекислого газа и воды.	Acetoacetic acid	Acetoacetic acid is a product of fat breakdown. Under normal conditions, when the breakdown of fat is accompanied by a sufficient breakdown of carbohydrates, the end product of the breakdown is acetic acid, which is oxidized further to carbon dioxide and water.

7	Ацетон	Ацетон — это метаболическое состояние, при котором большинство энергии организма обеспечивается кетоновыми телами в крови.	Acetone	Acetone can be in the body from the breakdown of fat. Small amounts of acetone in the body usually will not hurt because the liver breaks the acetone down into other harmless chemicals.
		Патологические состояния пищеварительной системы Pathological condition digestive system		
1	Афтозный стоматит (язвы)	Афтозный стоматит — очаговое воспаление слизистой оболочки полости рта, при котором образуются круглые язвы (афты или эрозии).	Aphthous stomatitis (canker sores)	Small, inflammatory, noninfectious, ulcerated lesions that develop on the soft tissues in your mouth or at the base of your gums.
2	Аппендицит	Аппендицит (лат. appendicitis) — воспаление червеобразного отростка слепой кишки (аппендикса) разной степени выраженности.	Appendicitis	An inflammation and filled with pus of the appendix. Appendicitis is usually treated with surgery and antibiotics.
3	Цирроз печени	Цирроз печени — хроническое заболевание печени, сопровождающееся необратимым замещением паренхиматозной ткани печени фиброзной соединительной тканью. Ведет к разрушению печени.	Cirrhosis	Chronic liver damage from a variety of causes leading to scarring and liver failure.
4	Колит	Воспаление внутренней оболочки толстой кишки. Существует множество причин колита, включая инфекцию, воспалительные заболевания кишечника (болезнь Крона и язвенный колит), ишемический колит, аллергические реакции и микроскопический колит.	Colitis	Inflammation of the inner lining of the colon. There are numerous causes of colitis including infection, inflammatory bowel disease (Crohn's disease and ulcerative colitis are two types of IBD), ischemic colitis, allergic reactions, and microscopic colitis.

#				
5	Энтерит	Энтерит — воспаление в тонком кишечнике, ведущее к изменению слизистой оболочки. При этом нарушается процесс переваривания пищи и усвоение полезных элементов.	Enteritis	Inflammation of the small intestine. It is most commonly caused by food or drink contaminated with pathogenic microbes, such as Serratia, cocaine, radiation therapy as well as autoimmune conditions like Crohn's disease and celiac disease.
6	Гастрит	Гастрит – это воспалительное заболевание слизистой желудка, которое может протекать с разными проявлениями, симптомами и стадиями. Его причиной может быть как повышенная кислотность желудка, так и коварная бактерия Хеликобактер Пилори.	Gastritis	A general term for a group of conditions with one thing in common: inflammation of the lining of the stomach. The inflammation of gastritis is most often the result of infection with the same bacterium that causes most stomach ulcers.
7	Колоректаль-ный рак (рак кишечника, рак толстой кишки или рак прямой кишки)	Колоректальный рак – это рак толстой кишки, которая является конечной частью пищеварительного тракта и включает в себя ободочную, сигмовидную и прямую кишку.	Colorectal cancer (bowel cancer, colon cancer, or rectal cancer)	A cancer of the colon or rectum, located at the digestive tract's lower end.
8	Запор	Запор - нерегулярное опорожнение кишечника, увеличиваются интервалы между процессами дефекации, затруднение ее и систематическое недостаточное опорожнение кишечника.	Constipation	Bowel movements become less frequent and stools become difficult to pass.

#				
9	Болезнь Крона	Болезнь Крона – тяжелое хроническое заболевание желудочно-кишечного тракта (ЖКТ), которое поражает его слизистые оболочки. Осложнения: чаще всего – это прободение стенки кишки и перитонит, абсцесс, внутренние свищи и спайки.	Crohn's disease	It causes inflammation of digestive tract. Inflammation caused by Crohn's disease can involve different areas of the digestive tract in different people.
10	Кариес зубов	Кариес зубов (лат. caries dentis) - сложный, медленно текущий патологический процесс, протекающий в твердых тканях зуба.	Dental caries (Tooth decay)	Damage to a tooth that can happen when decay-causing bacteria in mouth make acids that attack the tooth's surface, or enamel. This can lead to a small hole in a tooth, called a cavity.
11	Дивертикулярная болезнь	Дивертикулярная болезнь — это хроническое заболевание, которое возникает из-за образования в стенке кишечника мешкообразного выпячивания (дивертикула), и, как следствие, застойного процесса и развития воспаления.	Diverticular disease	Diverticular disease is the general name for a common condition that involves small bulges or sacs called diverticula that form from the wall of the large intestine (colon).
12	Дизентерия	Дизентерия – острое заболевание, сопровождающееся расстройством толстого кишечника в результате агрессивного действия бактерий Shigella.	Dysentery	Infection of the intestines resulting in severe diarrhea with the presence of blood and mucus in the feces. Typically caused by ingesting water or food containing bacteria, parasites, or chemical irritants.

13	Варикозное расширение вен пищевода	Варикоз представляет собой расширение вен дистальной части пищевода или проксимальной части желудка, вызванное повышением давления в системе воротной вены, как правило, при циррозе печени.	Esophageal varices	Enlarged, twisted, or swollen veins located in the distal end of the esophagus.
14	Камни в желчном пузыре (желчнокаменная болезнь)	Желчекаменная болезнь (ЖКБ) — это заболевание, при котором в желчном пузыре или в желчных протоках образуются камни. Образование камней в желчном пузыре происходит в результате осаждения кристаллов желчи. В состав желчных камней входит холестерин, билирубин (пигмента желчи) и соли кальция.	Gallstones (cholelithiasis)	Gallstones are pieces of solid material that form in gallbladder. It forms when substances in bile harden. Stones that block bile ducts can cause gallbladder attacks.
15	Геморрой	Геморрой - в основе это заболевания лежит патологическое состояние кавернозных сплетений прямой кишки, сопровождающееся застоем в них крови. Геморрой проявляется периодическим кровотечением из узлов, их выпадением из анального канала и частым воспалением.	Hemorrhoids	Swollen veins in anus and lower rectum, similar to varicose veins.

16	Гепатит	Гепатит — это воспаление печени. Возбудителями гепатита являются вирусы гепатита, но его причиной могут также быть другие инфекции, токсичные вещества (например, алкоголь и некоторые наркотики) и аутоиммунные заболевания.	Hepatitis	Acute or chronic inflammation of the liver due to a viral or bacterial infections, medications, drugs, toxins or parasites, and alcohol.
17	Грыжа	Грыжей называют выхождение органов брюшной полости под кожу через слабые места брюшной стенки. Выходящие органы находятся в грыжевом мешке, образованном брюшиной (внутренней выстилкой брюшной стенки).	Hernia	An irregular protrusion of tissue, organ, or a portion of an organ through an abnormal break in the surrounding cavity's muscular wall
18	Герпетический стоматит	Герпетический стоматит – воспалительное заболевание слизистой оболочки ротовой полости, которое вызвано широко известным инфекционным агентом — вирусом герпеса.	Herpetic stomatitis	A viral infection of the mouth that causes sores and ulcers. These mouth ulcers are not the same as canker sores, which are not caused by a virus.
19	Оральная лейкоплакия	Лейкоплакия полости рта — это заболевание слизистой оболочки, при котором образуются белые утолщения на деснах, внутренней поверхности щек, на дне рта и иногда на языке.	Oral leukoplakia	A potentially malignant disorder affecting the oral mucosa
20	Панкреатит	Панкреатит — воспалительное заболевание поджелудочной железы. Выделяют две клинические формы болезни: острую и хроническую.	Pancreatitis	An acute or chronic inflammation of the pancreas.

21	Язвенная болезнь (желудка, двенадцатиперстной кишки, перфорация)	Язвенная болезнь желудка и 12-перстной кишки — это хроническое сезонное рецидивирующее заболевание желудка и двенадцатиперстной кишки, проявляющееся дефектом в слизистой оболочке (язвы). Перфорация, или прободение – это прорыв язвы в свободную брюшную полость с поступлением в нее желудочно-дуоденального содержимого.	Peptic ulcers (gastric, duodenal, perforated)	An open sore in the stomach lining or the upper part of the small intestine (duodenum). An ulcer can go through all the layers of the digestive tract and form a hole (perforation). This is called a perforated ulcer.
22	Заболевания пародонта (заболевания десен)	Заболевания пародонта — это серьезное воспалительное заболевание десен, которое при прогрессировании может поразить костную ткань, окружающую и поддерживающую зубы.	Periodontal disease (gum disease)	A serious gum infection that damages the soft tissue and, without treatment, can destroy the bone that supports teeth.
23	Полипы колоректаль-ные	Полип толстой кишки, или колоректальный полип, — это полип (нарост), образующийся на внутренней поверхности ободочной или прямой кишок.	Polyps, colorectal	A small clump of cells that forms on the lining of the colon or rectum.
24	Язвенный колит (неспецифичес-кий язвенный колит).	Язвенный колит (ЯК) – это хроническое воспалительное заболевание кишечника, поражающее, слизистую оболочку толстой кишки, имеющее прогрессирующее течение нередко с развитием опасных для жизни осложнений.	Ulcerative colitis	A chronic, inflammatory bowel disease that causes inflammation in the digestive tract. Ulcerative colitis is usually only in the innermost lining of the large intestine (colon) and rectum.

25	Заворот кишок	Заворот кишок – это нарушение проходимости какого-либо отдела кишечника. Это происходит в результате закрытия просвета каловым камнем, опухолью, глистами.	Volvulus	A loop of the intestine twists around itself and the mesentery that supports it, resulting in bowel obstruction.
		Диагностика и лечение **Diagnostic and treatment**		
1	УЗИ брюшной полости	УЗИ органов брюшной полости – диагностическая процедура, с целью определения размеров и структур паренхиматозных органов брюшной полости, а также кровотока в крупных и внутриорганных сосудах.	Abdominal ultrasound (abdominal sonogram)	A form of medical ultrasonography to visualize abdominal anatomical structures. It uses transmission and reflection of ultrasound waves to visualize internal organs through the abdominal wall.
2	Абдоминоцентез (парацентез)	Пункция брюшной полости (парацентез) и удаление внутрибрюшной жидкости (асцита) применяют с диагностической и лечебной целью при появление выраженного дискомфорта и болей в животе, связанных с наличием напряженного асцита.	Abdominocentesis (paracenteses)	A procedure in which a needle or catheter is inserted into the peritoneal cavity to obtain ascitic fluid for diagnostic or therapeutic purposes. Ascitic fluid may be used to help determine the etiology of ascites, as well as to evaluate for infection or presence of cancer.
3	Бариевая клизма (BE)	Бариевая клизма (BE) используется при рентгенологическом исследовании толстой кишки с ретроградным введением в неё рентгеноконтрастного препарата. В ходе исследования выполняются рентгеновские снимки (ирригограммы).	Barium enema (BE)	An X-ray exam that can detect changes or abnormalities in the large intestine (colon). The procedure is also called a colon X-ray. An enema is the injection of a liquid into rectum through a small tube.
4	Ласточка бария (UGI)	Серия тестов верхнего желудочно-кишечного тракта (UGI), также называемая ласточкой	Barium swallow (UGI)	An x-ray test used to examine the upper digestive tract (the esophagus, stomach, and small intestine). Because

		бария, представляет собой рентгенологическое исследование верхних отделов пищеварительного тракта.		these organs are normally not visible on x-rays, it needs to swallow barium, a liquid that does show up on x-rays.
5	Капсульная эндоскопия (беспроводная эндоскопия)	Капсульная эндоскопия – современный, неинвазивный и высокоинформативный метод исследования отделов тонкого и толстого кишечника. Суть метода проста – пациент проглатывает специальную капсулу, оборудованную одной или двумя камерами.	Capsule endoscopy (wireless endoscopy)	Capsule endoscopy is a procedure that uses a tiny wireless camera to take pictures of digestive tract. A capsule endoscopy camera sits inside a vitamin-size capsule. As the capsule travels through digestive tract, the camera takes thousands of pictures that are transmitted to a recorder wear on a belt around waist.
6	Хейлопластика	Хейлопластика - метод пластической хирургии, направленный на коррекцию дефектов в области губ с целью улучшения их внешнего вида.	Cheiloplasty	Cheiloplasty or surgical lip restoration is the technical term for surgery of the lip usually performed by a plastic surgeon or oral and maxillofacial surgeon.
7	Холецистэктомия	Холецистэктомия – это операция по удалению желчного пузыря.	Cholecystectomy	A surgical procedure to remove gallbladder
8	Холецистография (пероральная)	Пероральная холецистография представляет собой рентгенологическое исследование желчного пузыря после приема контрастного препарата.	Cholecystography (oral)	A radiologic procedure for diagnosing gallstones. The oral cholecystogram is rarely used, as ultrasound or CT are more accurate, and faster techniques.
9	Колоноскопия	Колоноскопия - эндоскопическое исследование, во время которого визуально оценивается состояние слизистой оболочки толстой кишки. Исследование выполняется гибкими эндоскопами.	Colonoscopy	Colonoscopy or coloscopy is the endoscopic examination of the large bowel and the distal part of the small bowel with a CCD camera or a fiber optic camera on a flexible tube passed through the anus.

10	Колостома	Колостома — это искусственно созданное отверстие (обычно в нижней части живота слева). Через него эвакуируется (удаляется) содержимое толстого кишечника, минуя естественный запирательный аппарат (сфинктер) прямой кишки.	Colostomy	A surgical operation in which a piece of the colon is diverted to an artificial opening in the abdominal wall so as to bypass a damaged part of the colon.
11	Компьютерная томография (КТ) брюшной полости	Компьютерная томография (КТ) брюшной полости — диагностический метод, который визуализирует состояние органов брюшной полости и забрюшинного пространства вместе с сосудами и лимфатическими узлами «послойно», с минимальным шагом от 0,5 мм.	CT of the abdomen	A diagnostic imaging test used to help detect diseases of the small bowel, colon and other internal organs. CT scanning is fast, painless, noninvasive and accurate.
12	Компьютерная колонография (виртуальная колоноскопия)	Виртуальная колоноскопия (КТ-колонография) – современный высокоинформативный метод исследования кишечника с помощью рентгеновского излучения.	CT colonography (virtual colonoscopy)	Uses special x-ray equipment to examine the large intestine for cancer and growths called polyps. During the exam, a small tube is inserted a short distance into the rectum to allow for inflation with gas while CT images of the colon and the rectum are taken.
13	Эндоскопическая ретроградная холангиопан-креатография (ЭРХПГ)	ЭРХПГ представляет собой комбинированный рентген-эндоскопический диагностический метод исследования, целью которого является оценка состояния желчных протоков и протока поджелудочной железы.	Endoscopic retrograde cholangiopancreatography (ERCP)	A procedure to diagnose and treat problems in the liver, gallbladder, bile ducts, and pancreas. It combines X-ray and the use of an endoscope—a long, flexible, lighted tube.

14	Эзофагогастродуоденоскопия (ЭГД)	Эзофагогастродуоденоскопия, ЭГДС или гастроскопия— одна из разновидностей эндоскопического обследования – осмотр пищевода, полости желудка и двенадцатиперстной кишки при помощи специального аппарата - видеогастроскопа (или фиброгастроскопа), вводимого в желудок через рот и пищевод.	Esophagogastroduodenoscopy (EGD)	A procedure used to examine the lining of the esophagus (swallowing tube), stomach, and upper part of the small intestine (duodenum), using a lighted fiberoptic endoscope; also known as an upper endoscopy.
15	Флюороскопия	Флюороскопия - метод рентгенологического исследования, при котором изображение объекта получают на светящемся (флюоресцентном) экране.	Fluoroscopy	Fluoroscopy is an imaging technique that uses X-rays to obtain real-time moving images of the interior of an object.
16	Исследование содержимого желудка	Исследования желудочного сока (секреторной функции желудка) - один из основных методов, позволяющих изучать функциональное и морфологическое состояние слизистой оболочки желудка, а также ориентировочно оценивать эвакуаторную функцию желудка.	Gastric analysis	Study of the stomach content. A nasogastric tube is inserted and the gastric contents are aspirated and discarded.
17	Герниорафия	Герниорафия — хирургическая операция по лечению грыжи брюшной стенки. Хирургический способ лечения грыжи является единственно возможным.	Herniorrhaphy	The surgical repair of a hernia, in which a surgeon repairs the weakness in abdominal wall.

№				
18	Биопсия печени	Производится прокол специальной длинной иглой, часто под контролем рентгена, УЗИ или других неинвазивных методов контроля. Полученный из просвета иглы столбик ткани направляется на цитологическое исследование.	Liver biopsy	A procedure to remove a small sample of liver tissue for laboratory testing. A liver biopsy is commonly performed by inserting a thin needle through the skin and into liver.
19	Сканирование печени	Эластометрия печени – ультразвуковое исследование печени при помощи инновационного оборудования FibroScan. Процедура безболезненная и занимает около 20 минут. Это новейшая альтернатива биопсии – проколу тканей живота и печени для взятия образца на исследование.	Liver scan	A specialized radiology procedure used to examine the liver to identify certain conditions or to assess the function of the liver.
20	Магнитно-резонансная томография (МРТ)	Магнитно-резонансная томография является одной из самых мощных диагностических технологий, используемых в медицине сегодня. МРТ безопасны и безболезненны, используя магнитные поля и радиочастотные волны для получения высоко детализированных изображений.	Magnetic resonance imaging (MRI)	Magnetic resonance imaging is a medical imaging technique used in radiology to form pictures of the body. MRI scanners use strong magnetic fields, magnetic field gradients, and radio waves to generate images of the organs in the body.
21	48-часовое исследование pH	Это тест для оценки работы пищевода и желудка, определение уровня кислотности желудочного сока и наличие патологии. Этот тест включает в себя размещение pH-капсулы размером примерно с гелевую капсулу на стенке пищевода с помощью эндоскопа.	48-hour pH study	48-hour Bravo pH monitoring is a test to assess whether the acid is coming back into the esophagus from the stomach causing pain, nausea, heartburn, and chest pain. This test involves placing a pH capsule approximately the size of a gelcap to the esophageal wall using an endoscope.

22	Сывороточный билирубин	Анализ крови на билирубин входит в перечень базовых биохимических тестов и служит важным маркером оценки функции печени. Анализ крови на билирубин обычно назначают при появлении желтухи, при подозрении на заболевания печени.	Serum bilirubin	Bilirubin is a yellowish substance in blood. It forms after red blood cells break down, and it travels through liver, gallbladder, and digestive tract before being excreted.
23	Анализ кала на оккультную кровь	Анализ кала на скрытую кровь – анализ кала, проводимый в целях выявления скрытого кровотечения из различных отделов желудочно-кишечного тракта.	Stool analysis for occult blood	The fecal occult blood test (FOBT) is a lab test used to check stool samples for hidden (occult) blood. Occult blood in the stool may indicate colon cancer or polyps in the colon or rectum — though not all cancers or polyps' bleed.
24	Культура стула	Микробиологическое исследование, позволяющее выявить в кале патогенную флору: возбудителей бактериальной дизентерии (шигеллеза), сальмонеллезов, в том числе брюшного тифа и паратифа, а также патогенные группы кишечной палочки (E. coli) – возбудителей эшерихиозов.	Stool culture	A stool culture is a test on a stool sample to find germs (such as bacteria or a fungus) that can cause an infection. A sample of stool is added to a substance that promotes the growth of germs. If no germs grow, the culture is negative.
25	Билирубин мочи	Билирубином называют желчный пигмент, вещество, которое образуется при распаде некоторых веществ, в том числе отработанного гемоглобина. Появление билирубина в моче является признаком заболевания печени и/или непроходимости желчных путей.	Urinary bilirubin	Bilirubin in the urine may indicate liver damage or disease. Evidence of infection. If either nitrites or leukocyte esterase — a product of white blood cells — is detected in your urine, it may be a sign of a urinary tract infection.

	Мочевыделительная система Urinary system			
1	Мочевыделительная система	Мочевыделительная система (мочевая система) человека — система органов, формирующих, накапливающих и выделяющих мочу у человека. Состоит из пары почек, двух мочеточников, мочевого пузыря и мочеиспускательного канала.	Urinary system	The urinary system, also known as the renal system or urinary tract, consists of the kidneys, ureters, bladder, and the urethra. The purpose of the urinary system is to eliminate waste from the body, regulate blood volume and blood pressure, control levels of electrolytes and metabolites, and regulate blood ph.
2	Почки	Почки - парный фасолевидный орган. Почки выводят из крови азотосодержащие в-ва (мочевина). Поддерживают водный и солевой баланс в организме, вырабатывая регулирующий гормон Ренин. Управляют кровяным давлением.	Kidneys	A major function of the kidneys is reabsorption and remove waste products and excess fluid from the body to maintain a stable balance of body chemicals (the body's salt, potassium and acid content). The kidneys also produce hormones that affect the function of other organs (stimulates red blood cell production, regulate blood pressure and control calcium metabolism).
2.1	Кортикальный слой	Кортикальный слой — внешний слой ткани любого органа.	Cortex kidney	The outer part of the kidney.
2.2	Нефроны	Нефрон (капсула нефрона) — это структурная единица почки, где происходит фильтрация крови и образование мочи, внутри капсулы нефрона находится капиллярный клубочек извитого канальца.	Nephrons	Filtering units. Each nephron has a glomerulus to filter the blood and a tubule that returns needed substances to the blood and pulls out additional wastes.

№	Термин	Определение	Term	Definition
2.3	Почечный клубочек	Почечный клубочек состоит примерно из 50 собранных в пучок капилляров, образующих фильтр, через который жидкость переходит из крови в боуменово пространство - начальный отдел почечного канальца.	Glomerulus	A small blood vessel (capillaries) known as a tuft, located at the beginning of a nephron in the kidney and involved in the filtration of the blood to form urine.
2.4	Капсула Боумена	Капсула Боумена - капсула почечного клубочка, начальная часть нефрона, в виде двустенной чаши. Отфильтрованная вода и соли всасываются обратно в кровь	Bowman's capsule, renal capsule	Double-walled cuplike structure that makes up part of the nephron, the filtration structure in the kidney that generates urine in the process of removing waste and excess substances from the blood.
2.5	Почечные канальцы	Канальцы образуют общие собирательные трубочки, впадающие в почечную лоханку. От почечной лоханки каждой почки отходит мочеточник, соединяющий почку с мочевым пузырём.	Renal tubule (kidney tubule).	A series of tubes that begin after the Bowman capsule and end at collecting ducts. Each tubule has several parts: a proximal convoluted tubule, a loop of Henle, and a distal convoluted tubule.
2.6	Мозговое вещество	Мозговое вещество состоит из 8-18 почечных (мозговых) пирамид, основание которых обращено к корковому веществу, а вершина (почечный сосочек) направлен в сторону почечной пазухи. В мозговом веществе располагаются собирательные трубочки и сосочковые протоки, петля Генле и прямые сосуды.	Medulla	The inner region of the parenchyma of the kidney. The medulla consists of multiple pyramidal tissue masses, called the renal pyramids.

2.7	Почечные чашечки	Из нефронов через сосочковые протоки моча поступает в малые почечные чашечки. Стенка почечной чашечки образована слизистой, мышечной и адвентициальной оболочками.	Calyx	Chambers of the kidney through which urine passes.
2.8	Почечная лоханка	Почечная лоханка является частью почки и представляет собой полость внутри почки, куда поступает моча из почки.	Renal pelvis	Enlarged upper end of the ureter, the tube through which urine flows from the kidney to the urinary bladder.
3	Диурез	Диурез — объём мочи, образуемой за определённый промежуток времени.	Diuresis	Diuresis is a condition in which the kidneys filter too much bodily fluid. Increased or excessive production of urine.
4	Гормон АДГ	Антидиуретический гормон, вырабатываемый гипофизом. Его основными функциями является сохранение жидкости в организме и сужение кровеносных сосудов.	ADH Hormone	Anti-diuretic hormone helps to control blood pressure by acting on the kidneys and the blood vessels. Its most important role is to conserve the fluid volume of your body by reducing the amount of water passed out in the urine.
5	Несахарный диабет	Несахарный диабет (несахарное мочеизнурение) — эндокринное заболевание, связанное с неспособностью почек концентрировать мочу и реабсорбировать воду, которое вызвано отсутствием или снижением секреции антидиуретического гормона.	Diabetes insipidus	Diabetes insipidus occurs when the body can't regulate how it handles fluids. The condition is caused by a hormonal abnormality and isn't related to diabetes.

#				
6	Альбумин	Альбумин – основной белок плазмы крови, его назначение — строительство новых клеток в виде незаменимых аминокислот. Выделяется в мочу при воспалении нефронов.	Albumin	A protein made by the liver. Albumin helps keep fluid in the bloodstream so it doesn't leak into other tissues. It is also carrying various substances throughout the body, including hormones, vitamins, and enzymes.
7	Мочеточник	Мочеточник — полый трубчатый орган, соединяющий почку с мочевым пузырём.	Ureters	Narrow tubes carry urine from the kidneys to the bladder.
8	Мочевой пузырь	Мочевой пузырь - растяжимый мышечный мешок. В области отверстия уретры формируется непроизвольный внутренний сфинктер мочеиспускательного канала. Мочевой пузырь выполняет функцию резервуара мочи, из которого она выводится наружу	Urinary bladder	A hollow muscular organ that stores urine from the kidneys before disposal by urination.
9	Мочеточниковые заслонки	У места вхождения мочеточников в мочевой пузырь имеются небольшие складки слизистой оболочки (мочеточниковые заслонки), которые выполняют роль клапанов, предотвращающих обратное поступление мочи в мочеточники во время совращения мочевого пузыря.	valve	The ureters normally enter the bladder at a diagonal angle and have a special one-way valve system that prevents urine from flowing back up the ureters in the direction of the kidneys.
10	Мочеиспускательный канал	Мочеиспускательный канал (лат. urethra) — непарный трубчатый орган находится в нижнем отделе мочевыделительной системы и служит для вывода мочи из организма наружу.	Urethra	This tube allows urine to pass outside the body.

11	Сфинктер	Функцию сфинктера выполняет круговая мышца, суживающая или замыкающая при сокращении наружное или переходное (например, мочевого пузыря в мочеиспускательном канале) отверстие.	Sphincter	The internal urethral sphincter and the external urethral sphincter both provide muscle control for the flow of urine. The internal sphincter is involuntary. The external sphincter is voluntary.
12	Меатус	Меатус - наружное отверстие мочеиспускательного канала.	Urinary meatus	The urinary meatus, also known as the external urethral orifice, is the opening of the urethra.

Патологические состояния мочевыделительная системы
Pathological condition of urinary system

1	Цистит	Цистит – воспаление стенок мочевого пузыря в большинстве случаев инфекционной природы.	Cystitis	Cystitis is an inflammation of the bladder.
2	Гломерулоне-фрит (острый)	Острый гломерулонефрит – это воспалительный процесс в почечных клубочках и почечной паренхиме. Это воспаление, поражающее обе почки. Основная причина острого гломерулонефрита – стрептококковая инфекция.	Glomerulonephritis (acute)	Acute glomerulonephritis is defined as inflammation and subsequent damage of the glomeruli leading to hematuria, proteinuria, and azotemia; most often occurs as a complication of a throat or skin infection with streptococcus (for example, strep throat), a type of bacteria.
3	Гидронефроз	Гидронефрозом называется заболевание, спровоцированное нарушениями оттока мочи от почки и её скопление в чашечках и лоханках почек.	Hydronephrosis	Hydronephrosis is caused by a blockage in the tube that connects the kidney to the bladder (ureter).

4	Нефротический синдром	Нефротический синдром – болезнь почек; сопровождается тяжелой длительной потерей белков с мочой, уменьшением содержания в крови белков (особенно альбуминов), задержкой соли и воды в организме и увеличением содержания жиров (липидов) в крови.	Nephrotic syndrome	Nephrotic syndrome is a kidney disorder that causes the body to pass too much protein in the urine.
5	Поликистоз	Поликистоз почек – это врожденное заболевание, обусловленное мутацией генов. Оно сопровождается образованием в почках кист. Структурные изменения в паренхиматозной ткани становятся причиной дисфункции органа.	Polycystic disease	An inherited disorder in the kidneys in which grapelike, fluid-filled sacs or cysts replace normal kidney tissue.
6	Пиелонефрит (острый)	Пиелонефрит — это острое воспаление, захватывающее чашечно-лоханочную систему и паренхиму почек.	Pyelonephritis (acute)	Acute pyelonephritis is a bacterial kidney infection. The inflammation of the kidney is due to a specific type of urinary tract infection (UTI).
7	Почечные камни	Камни в почках (почечный литоиз, нефролитиаз) представляют собой твердые отложения из минералов и солей, которые образуются внутри почек.	Renal calculi	Kidney stones, or renal calculi, are solid masses made of crystals. Kidney stones usually originate in kidneys. However, they can develop anywhere along a urinary tract, which consists of these parts: kidneys. ureters.
8	Почечно-клеточный рак	Почечно-клеточный рак является наиболее частым видом рака почки.	Renal cell carcinoma	Renal cell carcinoma is a malignant tumor of the kidney; the most common type of kidney cancer in adults.

9	Почечная недостаточ-ность хроническая	Хроническая почечная недостаточность (ХПН) – это постепенное ухудшение функции почек в течение длительного времени. Существует два варианта лечения почечной недостаточности: диализ (гемодиализ или перитонеальный диализ) и трансплантация почки.	Renal failure, chronic	Chronic renal failure is a condition involving a decrease in the kidneys' ability to filter waste and fluid from the blood. It is chronic, meaning that the condition develops over a long period of time and is not reversible. There are two treatment options for kidney failure: dialysis (hemodialysis or peritoneal dialysis) and kidney transplantation.
10	Пузырно-мочеточнико-вый рефлюкс	Пузырно-мочеточниковый рефлюкс (ПМР) — обратный ток (рефлюкс) мочи из мочевого пузыря через один или оба мочеточника в почечную чашечку или в почку из-за дисфункции пузырного-мочеточникового соединения, которое в норме выполняет роль одностороннего клапана, закрывающегося во время мочеиспускания.	Vesicoureteral reflux	Vesicoureteral reflux (VUR) is when the flow of urine goes the wrong way due to a blockage or failure of the bladder muscle or damage to the nerves that control normal bladder emptying
	Диагностика и лечение Diagnostic and treatment			
1	Азот мочевины крови	Азотом мочевины крови считают азот, содержащийся в конечных продуктах обмена белков, и, в частности, мочевины. Этот анализ используется для оценки функции почек.	Blood urea nitrogen (BUN)	The blood urea nitrogen test (BUN or serum BUN test) measures how much of the waste product it has in the blood. If levels are off the normal range, this could mean that either kidneys or liver may not be working correctly.

2	Катетеризация	Катетеризация мочевого пузыря представляет собой введение катетера. Такая процедура может проводиться для: выведения мочи, в том числе для лабораторного исследования, введения лекарственных растворов, промывания мочевого пузыря.	Catheterization	A urinary catheter is a hollow, partially flexible tube that collects urine from the bladder and leads to a drainage bag.
3	Цистометрография	Цистометрография — это тест, который измеряет давление в мочевом пузыре при различном уровне наполненности водой.	Cystometrography	Cystometry is the graphic recording of the pressure exerted at varying degrees of filling of the urinary bladder.
4	Цистоскопия	Цистоскопия мочевого пузыря – эндоскопическое исследование, то есть визуальный осмотр стенок уретры, мочевого пузыря и выходов мочеточников с помощью оптики с целью выявления патологии.	Cystoscopy	Cystoscopy is endoscopy of the urinary bladder via the urethra. It is carried out with a cystoscope.
5	Экстракорпоральная литотрипсия	Экстракорпоральная ударно-волновая литотрипсия (ЭУВЛ; ESWL) дробит камни, используя ударную волну и является минимально инвазивной техникой.	Extracorporeal lithotripsy	Extracorporeal shock wave lithotripsy (ESWL) uses shock waves to break a kidney stone into small pieces that can more easily travel through the urinary tract and pass from the body.
6	Внутривенная пиелограмма (ИВП)	Внутривенная пиелограмма (ИВП) – метод исследования почек, мочевыводящих путей и мочевого пузыря рентгеном с применением внутривенного контрастного вещества.	Intravenous pyelogram (IVP)	An intravenous pyelogram (IVP) is an x-ray examination of the kidneys, ureters and urinary bladder that uses iodinated contrast material injected into veins.

7	Почечная ангиография	КТ-ангиография – это метод подробного исследования состояния кровеносной системы почек, позволяющий оценить состояние кровотока и кровоснабжения.	Renal angiography	Renal angiography is an imaging test used to study the blood vessels in kidneys. The procedure is done through a thin, flexible tube called a catheter. The catheter is put into a blood vessel through a small cut or incision. X-ray dye, also called contrast medium, is injected.
8	Ретроградная пиелограмма (РП)	Ретроградная пиелография является методикой пиелографии, которая предусматривает введение контраста посредством катетера, который вводят в уретру.	Retrograde pyelogram (RP)	Retrograde pyelography is a form of x-ray used to get detailed pictures of the ureters and kidneys
9	Ультразвуковое исследование	УЗИ (ультразвуковое исследование) – это неинвазивная диагностическая процедура для получения изображения исследуемого органа, его формы, размера, расположения и структуры, а также кровотока к органу и в нем.	Ultrasonography	In medicine, ultrasound is used to detect changes in the appearance of organs, tissues, and vessels and to detect abnormal masses, such as tumors. In an ultrasound exam, a transducer both sends the sound waves and records the echoing waves.
10	Анализ мочи	Моча, также как и кровь – биологическая жидкость, которая в первую очередь исследуются с профилактической целью или при подозрении на какую-либо патологию.	Urinalysis	Clinical urine tests are examinations of the physical and chemical properties of urine and its microscopic appearance to aid in medical diagnosis.
11	Культура мочи	Посевы мочи обычно проводятся для выявления бактерий и грибков в моче при тестировании на инфекцию мочевыводящих путей.	Urine culture	Urine cultures are usually done to detect bacteria and fungi in urine when testing for a urinary tract infection.

12	24-часовой образец мочи	Суточный анализ мочи назначается, прежде всего, для проверки функционирования почек, а также в целях контроля веществ, выводимых из организма с мочой в течение суток.	24-hour urine specimen	A 24-hour urine sample measures the components of urine to assess kidney function. It requires the collection of urine, in a special container, over a 24-hour period.
13	Цистоуретро-графия мочеиспускания	Микционная цистография или микционная цистоуретрография — метод рентгенологического исследования мочевого пузыря и прилежащих органов мочевыделительной системы в процессе акта мочеиспускания.	Voiding cystourethrography	Voiding cystourethrography is a performed technique for visualizing a person's urethra and urinary bladder while the person urinates. It is used in the diagnosis of vesicoureteral reflux, among other disorders.
14	Заместительная почечная терапия	Заместительная почечная терапия включает диализ (гемодиализ или перитонеальный диализ), гемофильтрацию и гемодиафильтрацию, которые представляют собой различные способы фильтрации крови с помощью аппаратов или без них. Заместительная почечная терапия также включает трансплантацию почки, замену больной почки здоровой донорской.	Treatment of renal failure	Renal replacement therapy includes dialysis (hemodialysis or peritoneal dialysis), hemofiltration, and hemodiafiltration, which are various ways of filtration of blood with or without machines. Renal replacement therapy also includes kidney transplantation, which is the ultimate form of replacement in that a donor's kidney replaces the old kidney.

Section 10:		Эндокринная система Endocrine system		
	Эндокринная система	Это система регуляции деятельности внутренних органов посредством гормонов, выделяемых эндокринными клетками непосредственно в кровь либо диффундирующих через межклеточное пространство в соседние клетки.	Endocrine system	The endocrine system is the collection of glands that produce hormones that regulate metabolism, growth and development, tissue function, sexual function, reproduction, sleep, and mood, among other things.
1	Ггормоны	Химическое вещества	Hormones	Chemical substance
1.2	Протеины	Инсулин	Protein hormones	Insulin
1.3	Стероиды	Половые и гормоны надпочечников	Steroid hormones	Testosterone, progesterone, and cortisol.
1.4	Секретин	Секретин — пептидный гормон, вырабатываемый S-клетками слизистой оболочки тонкой кишки и участвующий в регуляции секреторной деятельности поджелудочной железы.	Secretin	It is a peptide hormone. It is regulating water homeostasis throughout the body and influences the environment of the duodenum by regulating secretions in the stomach, pancreas, and liver.
1.5	Ацетилхолин	Ацетилхолин— органическое соединение, основной нейромедиатор в парасимпатической нервной системе. Играет важнейшую роль в таких процессах, как память и обучение.	Acetylcholine	An organic chemical that functions in the brain and body as a neurotransmitter— a chemical message released by nerve cells to send signals to other cells, such as neurons, muscle cells and gland cells.
1.6	Кортизол	Кортизол – это гормон, который образуется в коре надпочечников. Он защищает организм от стресса, регулирует уровень артериального давления, участвует в обмене белков, жиров и углеводов.	Cortisol	A hormone produced by the adrenal gland that regulates key physical functions such as balancing blood sugar and dampening inflammation. High levels of cortisol can lead to negative physical and emotional effects, such as worsened immunity.

2	Гипофиз	Гипофиз — железа внутренней секреции, которая располагается в т.н. турецком седле в основании черепа. Гипофиз управляет работой большинства эндокринных желез, поэтому иногда его называют главной железой. В свою очередь, гипофиз контролируется гипоталамусом.	Pituitary gland (hypophysis)	A small pea-sized gland that plays a major role in regulating vital body functions. It is referred to as the body's 'master gland' because it controls the activity of most other hormone-secreting glands.
2.1	Передняя доля. Аденогипофиз	Гормоны передней доли гипофиза — осуществляют управление и координацию деятельности всех эндокринных желёз организма. Секреция гормонов находится под контролем гипоталамуса и эпифиза, и вышележащих отделов ЦНС, а также механизмов обратной связи с периферическими эндокринными железами.	The frontal lobe. Anterior pituitary (adenohypophysis)	The frontal lobe controls the production and secretion of seven hormones; regulates several physiological processes including stress, growth, reproduction, and lactation. Its act on the adrenal gland, liver, bone, thyroid gland, and gonads.
2.1.1	Пролактин	Стимулирует грудь к выделению молока после рождения ребенка.	Lactation hormone (LTH). Prolactin	Directly affect breastfeeding after delivery baby.
2.1.2	Гормон роста	Гормон роста (или соматотропный гормон) вырабатывается передней долей гипофиза и влияет на процесс роста и развития человека. Нормальная концентрация соматотропного гормона в крови особенно важна для детей от рождения до полового созревания,	Growth hormone (GH) or somatotropic hormone (STH)	Regulates the physical growth of most parts of body.

2.1.3	Адренокор-тикотропный гормон (АКТГ)	Адренокортикотропный гормон (АКТГ) – это гормон передней доли гипофиза, который секретируется под влиянием выделяемого гипоталамусом кортикотропин-рилизинг-фактора и стимулирует биосинтез и секрецию кортизола в коре надпочечников.	Adrenocorticotropic hormone (ACTH)	ACTH controls the production of another hormone called cortisol, corticosterone, and aldosterone
2.1.4	Тиреотропный гормон (ТТГ)	Тиреотропный гормон (ТТГ) – основной регулятор функции щитовидной железы, синтезирующийся гипофизом. Основная его функция – поддерживать постоянную концентрацию гормонов щитовидной железы – тиреоидных гормонов, которые регулируют процессы образования энергии в организме.	Thyroid-stimulating hormone (TSH)	Stimulates the thyroid gland to produce thyroxine, and then triiodothyronine which stimulates the metabolism of almost every tissue in the body.
2.1.5	Фолликуло-стимулирующий гормон (ФСГ)	Фолликулостимулирующий гормон (ФСГ) – это гликопротеиновый гормон, который вырабатывается и накапливается в передней доле гипофиза и влияет на функционирование половых желез.	Folicule-stimulating hormone (FSH)	This is a type of hormone that stimulates the gonads. The gonads are the ovaries in women and the testes in men.
2.1.6	Лютеинизирующий гормон (ЛГ)	Лютеинизирующий гормон (ЛГ) – регулирует деятельность половых желез: стимулирует выработку прогестерона у женщин и тестостерона у мужчин.	Luteinizing hormone (LH)	LH plays an important role in sexual development and functioning. In women, LH helps control the menstrual cycle. It also triggers the release of an egg from the ovary.

2.1.7	Меланоцитсти-мулирующий гормон (МСГ)	Меланоцитостимулирующий гормон (МСГ) — это пептидный гормон, который вырабатывается в организме человека и регулирует функцию пигментных клеток кожи (меланоцитов).	Melanocyte-stimulating hormone (MSH)	It is important for protecting the skin from UV rays, development of pigmentation.
2.2	Задняя доля. Нейрогипофиз	Нейрогипофиз (задняя доля гипофиза) — анатомически подразделяется на заднюю часть или долю и гипофизарную ножку, связывающую гипофиз с мозгом. В нем не синтезируются никакие гормоны, а лишь хранятся два гормона — антидиуретический гормон (АДГ, вазопрессин) и окситоцин.	Posterior lobe. The neurohypophysis	The posterior pituitary does not produce any hormones of its own, rather, it stores and secretes two hormones made in the hypothalamus—oxytocin and anti-diuretic hormone.
2.2.1	Вазопрессин	Антидиуретический гормон	Antidiuretic hormone (ADH). Vasopressin	Antidiuretic hormone, plays a key role in maintaining osmolality and therefore in maintaining the volume of water in the extracellular fluid.
2.2.2	Окситоцин	Движение грудного молока, родовая деятельность, сокращение матки	Oxytocin (OT)	Apeptide hormone and a neurotransmitter that is involved in childbirth and breast-feeding. It is also associated with empathy, trust, sexual activity, and relationship-building.
3	Гипоталамус	Гипоталамус — это отдел промежуточного мозга, управляющий жизнедеятельностью организма, поддерживающий гомеостаз и связывающий нервную систему с эндокринной.	Hypothalamus	The hypothalamus is a part of the brain. One of the most important functions of the hypothalamus is to link the nervous system to the endocrine system via the pituitary gland.

4	Гипофизная система воротной вены	Гипофизная система воротной вены — это система кровеносных сосудов (воротная система), посредством которых передняя доля гипофиза и гипоталамус по гипофизарной ножке, в которой собираются воротные вены, сообщаются между собой.	Pituitary portal system	A system of blood vessels in the microcirculation at the base of the brain, connecting the hypothalamus with the anterior pituitary.
5	Пинеальная железа	Эпифиз, или пинеальная железа — эндокринная железа неврогенной группы, в которой вырабатывается мелатонин («гормон сна»), серотонин (гормон тревоги и счастья), адреногломерулотропин.	Pineal gland. Conarium, or epiphysis cerebri	A small endocrine gland in the brain; produces melatonin, a serotonin-derived hormone which modulates sleep patterns in both circadian and seasonal cycles.
6	Щитовидная железа	Щитовидная железа расположена в шее под гортанью перед трахеей; имеет форму бабочки. Она вырабатывает тиреоидные гормоны – тироксин и трийодтиронин, которые регулируют скорость процессов обмена веществ, влияют на энергообмен и нервную систему. Работа щитовидной железы зависит от достаточности поступления в наш организм йода.	Thyroid gland	A butterfly-shaped organ located in the base of the neck. It releases hormones that control metabolism—the way the body uses energy.
6.1	Гормон Тироксин (Т4)	Увеличение энергии клетки, регулируется гиреотропным гормоном гипофиза.	Thyroxine (T4)	Thyroxine is the main hormone secreted into the bloodstream by the thyroid gland. It plays a vital role in digestion, heart and muscle function, brain development, and the maintenance of bones.

6.2	Трийодтиронин (Т3)	Трийодтиронин (Т3) – один из двух главных гормонов щитовидной железы, основной функцией которого является регуляция энергетического (главным образом поглощения кислорода тканями) и пластического обмена в организме.	Triiodothyronine (T3)	One of two major hormones produced by the thyroid gland. Triiodothyronine (T3) and thyroxine (T4) together help control the rate at which the body uses energy and regulate the body's temperature, metabolism, and heart rate.
6.3	Кальцитонин	Кальцитонин — это гормон щитовидной железы, вырабатываемый в ее С-клетках. Он является одним из основных регуляторов кальций-фосфорного обмена в организме.	Calcitonin	Regulates the level of calcium in the blood. It acts to reduce blood calcium, opposing the effects of parathyroid hormone.
7	Паращитовидные железы	Паращитовидные железы — это четыре небольшие железы эндокринной системы, которые регулируют уровень кальция в организме, вырабатывая паратиреоидный гормон (ПТГ). Паращитовидные железы расположены на шее позади щитовидной железы.	Parathyroid glands	Parathyroid glands are four small glands of the endocrine system which regulate the level of calcium in the body by producing parathyroid hormone (PTH). Parathyroid glands are located in the neck behind the thyroid.
7.1	Гормон Паратгормон	Паратиреоидный гормон (паратгормон, ПТГ, паратирин) — гормон, производимый паращитовидными железами. Контролирует уровень кальция и фосфора в крови.	Parathyroid hormone (PTH)	This hormone helps maintain an appropriate balance of calcium in the bloodstream and in tissues that depend on calcium for proper functioning.

8	Тимус	Тимус (вилочковая железа) – орган иммунной системы, расположен в верхнем отделе грудной клетки и состоит из двух долей, соединяющихся в передней части трахеи. Железа растет до наступления половой зрелости, достигая массы 30–40 грамм, затем постепенно уменьшается (обратное развитие).	Thymus	A specialized primary lymphoid organ of the immune system. Within the thymus, thymus cell lymphocytes or T cells mature; only active until puberty. After puberty, the thymus starts to slowly shrink and become replaced by fat.
8.1	Гормон Тимозин	Тимозин – гормон, вырабатываемый тимусом, гормон, необходимый для выработки Т-клеток.; играет роль в углеводном обмене, а также в обмене кальция; он регулирует рост и развитие скелета организма, усиливает секрецию гормонов гипофиза.	Thymosin hormone	A hormone secreted from the thymus. Its primary function is to stimulate the production of T cells, which are an important part of the immune system. Thymosin also assists in the development of B cells to plasma cells to produce antibodies.
8.2	Гормон Тимопоэтин	Тимопоэтин-это белок, который важен для функции тимуса и имеет решающее значение для развития иммунной системы	Thymopoietin hormone	Thymopoietin is a protein that is important for the function of the thymus and critical for the development of the immune system
9	Поджелудочная железа	Две железы в одной. Эндокринная: выделение гормона инсулина и Экзокринная: выделение секреции в кишечную полость.	Pancreas	It plays an essential role in converting the food we eat into fuel for the body's cells. The pancreas has two main functions: an exocrine function that helps in digestion and an endocrine function that regulates blood sugar.
9.1	Островки Лангерганса	Выделяют инсулин в кровь	Islets of Langerhans	Groups of pancreatic cells secreting hormones: insulin and glucagon.

9.2	Инсулин	Контроль уровня сахара в крови. Ликвидирует влияние гормонов кортизон и адреналин. Дает возможность сахару из крови перейти в клетку. Сахар - энергия для клетки.	Insulin	A peptide hormone produced by beta cells of the pancreatic islets. It regulates the metabolism of carbohydrates, fats and protein by promoting the absorption of glucose.
9.3	Глюкагон	Глюкагон (не путать с гликогеном) - гормон поджелудочной железы, который способствует высвобождению глюкозы из запасов организма для увеличения уровня сахара в крови.	Glucagon	A hormone formed in the pancreas which promotes the breakdown of glycogen to glucose in the liver.
10	Надпочечники	Надпочечники - парные эндокринные железы, расположенные над верхней частью почек; вырабатывают биологически активные вещества - гормоны, которые поступают в кровь учавствуя в регуляции различных обменных процессов.	Adrenal (suprarenal) glands	Endocrine glands that produce a variety of hormones including adrenaline and the steroids aldosterone and cortisol. They are found above the kidneys. Each gland has an outer cortex which produces steroid hormones and an inner medulla.
10.1	Внутренний мозговой слой	Клетки мозгового вещества надпочечников синтезируют два гормона: адреналин и норадреналин.	Adrenal medulla (inner portion)	Secrets nonsteroid hormones. It includes epinephrine (adrenaline) and norepinephrine (noradrenaline), which have similar functions.
10.1.1	Адреналин	Выброс адреналина в кровь приводит к увеличению частоты сердечных сокращений, мышечной силы, кровяного давления и метаболизма сахара. Подготовка организма к опасности и трудностям.	Epinephrine (adrenaline) - sympathomimetic agent	Strong emotions such as fear or anger cause epinephrine to be released into the bloodstream, which causes an increase in heart rate, muscle strength, blood pressure, and sugar metabolism.

10.1.2	Норадреналин	Норадреналин преимущественно выполняет функции медиатора нервной системы. Его секреция и выброс в кровь усиливаются при стрессе, кровотечениях, тяжелой физической работе и других ситуациях, требующих быстрой перестройки организма.	Norepinephrine (noradrenaline) - sympathomimetic agent	The general function of norepinephrine is to mobilize the brain and body for action.
10.2	Внешняя оболочка, кора	Кора разделена на три зоны: клубочковую, пучковую и сетчатую. Каждая зона отвечает за выработку специфических гормонов, известных как кортикостероидные гормоны.	Adrenal cortex (outer portion)	It is divided into three separate zones: zona glomerulosa, zona fasciculata and zona reticularis. Each zone is responsible for producing specific hormones, knowns as a corticosteroid hormone.
10.2.1	Альдостерон	Стероидные гормоны. Контроль за уровнем содержания соли (хлористого натрия) в крови. Ренин вырабатывается почками и контролирует уровень альдостерона.	Aldosterone (mineralocorticoids)	Aldosterone is the main mineralocorticoid hormone steroid hormone produced by the zona glomerulosa of the adrenal cortex in the adrenal gland. It is essential for sodium conservation in the kidney, salivary glands, sweat glands and colon.
10.2.2	Кортизон	Стероидный гормон. Контроль глюкозы в крови. При стрессе превращает белок в глюкозу. Ключевая роль в процессе метаболизма и иммунной системы. Контролируется гипофизом.	Cortisol, or hydrocortisone (glucocorticoids)	It is the main glucocorticoid released from the zona fasciculata layer of the adrenal cortex. Monitoring glucose level in the blood. It converts protein into glucose due to stress. A key role in the process of metabolism and the immune system. It is controlled by the pituitary gland.

10.2.3	Гонадокортикоиды	Гонадокортикоиды — аналоги половых гормонов (андрогены и эстрогены). Это третья группа стероидов, секретируемых корой надпочечников.	Gonadocorticoids	The third group of steroids secreted by the adrenal cortex is the gonadocorticoids, or sex hormones, contribute to secondary sex characteristics in males and females. These are secreted by the innermost region.
11	Яичники (женские гонады)	Женские гонады называются яичниками. Яичники выделяют во внешнюю среду яйцеклетки, а во внутреннюю гормоны эстрогены и прогестины.	Ovaries (female gonads)	The primary female reproductive organs. These glands have three important functions: they secrete hormones, they protect the eggs a female is born with and they release eggs for possible fertilization.
11.1	Эстрогены	Эстрогены — основополагающие стероидные гормоны, отвечающие за половое развитие, репродуктивную функцию, костную систему, устойчивость к заболеваниям и состояние женщины в целом.	Estrogen	A hormone that plays various roles in the body. In females, it helps develop and maintain both the reproductive system and female characteristics. In addition, estrogen affects the urinary tract, the heart and blood vessels, bones, breasts, skin, hair, mucous membranes, pelvic muscles, and the brain.
11.2	Прогестерон	Прогестерон – это стероидный гормон, основной функцией которого является подготовка организма женщины к беременности. Он вырабатывается желтым телом яичников.	Progesterone	An endogenous steroid and progestogen sex hormone involved in the menstrual cycle, pregnancy, and embryogenesis. It belongs to a group of steroid hormones called the progestogens, and is the major progestogen in the body.

12	Яички	Семенники́, или тести́кулы — мужские гонады, в которых образуются мужские половые клетки — сперматозоиды. Яичком принято называть парную мужскую половую железу, которая также выделяет стероидные гормоны, в основном тестостерон.	Testes	An organ which produces spermatozoa (male reproductive cells) and responsible for making testosterone, the primary male sex hormone.
12.1	Тестостерон	Тестостерон - мужской половой гормон, участвует в развитии мужских половых органов, вторичных половых признаков; регулирует сперматогенез и половое поведение, а также оказывает влияние на азотистый и фосфорный обмен.	Testosterone	The primary sex hormone and anabolic steroid in males. Testosterone plays a key role in the development of male reproductive tissues such as testes and prostate, as well as promoting secondary sexual characteristics such as increased muscle and bone mass, and the growth of body hair.

Патологические состояния
Pathological condition

Гипофиз			Pituitary gland	
1	Акромегалия	Акромегалия - заболевание, связанное с нарушением функции передней доли гипофиза; сопровождается увеличением (расширением и утолщением) кистей, стоп, черепа, особенно его лицевой части, и др.	Acromegaly	A disorder that results from excess growth hormone (GH) after the growth plates have closed. Most cases of acromegaly are caused by a noncancerous (benign) tumor (adenoma) of the pituitary gland.

2	Несахарный диабет	Этот тип диабета связан с гормоном вазопрессином (антидиуретическим гормоном), регулирующим способность почек концентрировать мочу. Он синтезируется нервными клетками переднего гипоталамуса и выделяется в кровь нейрогипофизом — задней долей гипофиза, одной из главных эндокринных желёз.	Diabetes insipidus	Diabetes insipidus is caused by problems with a chemical called vasopressin (AVP), which is also known as antidiuretic hormone (ADH).
3	Карликовость	Карликовость (также дварфи́зм) — аномально низкий рост взрослого человека: менее 147 см]. Карликовость связана с недостатком гормона роста соматотропина или нарушением его конформации (строения), а также нарушениями формирования скелета.	Dwarfism	Shortness in height that results from a genetic or medical condition. There are 2 main types of restricted growth: proportionate short stature (PSS) or a general lack of growth in the body, arms and legs.
4	Гигантизм	Гигантизм – это синдром, обусловленный избыточной секрецией гормона роста (гиперсоматотропизмом). Гормон роста вырабатывается в передней доле гипофиза. Гигантизм возникает в тех случаях, когда гиперсекреция ГР начинается в детстве, еще до закрытия эпифизарных зон роста.	Gigantism	Occurs in patients who had excessive growth hormone in childhood. The pituitary tumor cells secrete too much growth hormone (GH), leading to many changes in the body.
5	Гипопитуита-ризм	Гипопитуитаризм — это снижение функции гипофиза, которое приводит к недостатку одного или нескольких гормонов гипофиза.	Hypopituitarism	Pituitary gland fails to produce one or more hormones, or doesn't produce enough hormones.

	Щитовидная железа		Thyroid gland	
6	Рак щитовидной железы	Рак щитовидной железы — это злокачественная опухоль, которая возникает в клетках щитовидной железы.	Cancer thyroid gland	Malignant tumor. There are four major types of thyroid cancer: papillary, follicular, medullary (MTC), and anaplastic. Follicular thyroid cancers are more common in areas of the world where people's diets are low in iodine.
7	Зоб (простой, нетоксичный). Гиперплазия	Простой нетоксический зоб — это доброкачественное увеличение щитовидной железы.	Goiter (simple, nontoxic). Hyperplasia	Thyroid gland enlargement with no disturbance in the thyroid function. In general, goiters may be caused by too much or too little thyroid hormones.
8	Эндемический зоб	Эндемический зоб — увеличение щитовидной железы, связанное с дефицитом йода в среде обитания.	Endemic goiter	An iodine-deficiency disease (IDD)
9	Болезнь Грейвса (гипертиреоз)	Болезнь Грейвса (Базедова болезнь, диффузный токсический зоб) — аутоиммунное заболевание, обусловленное избыточной секрецией тиреоидных гормонов диффузной тканью щитовидной железы, которая приводит к отравлению этими гормонами — тиреотоксикозу.	Graves' disease (hyperthyroid-dism)	An autoimmune disorder that causes hyperthyroidism, or overactive thyroid. With this disease, the immune system attacks the thyroid and causes it to make more thyroid hormone than the body needs.
10	Гипотиреоз	Гипотиреозом называют клинический синдром, связанный со стойким или длительным снижением функции щитовидной железы. Орган продуцирует меньше гормонов, что влияет на обменные процессы.	Hypothyroidism	The thyroid gland doesn't produce enough thyroid hormone. Major symptoms include fatigue, cold sensitivity, constipation, dry skin, and unexplained weight gain.

11	Тиреоидит, хронический (болезнь Хашимото)	Хронический аутоиммунный (лимфоцитарный) тиреоидит — это воспаление щитовидной железы, ассоциированное с наличием антител, которые разрушают эту железу.	Thyroiditis, chronic (Hashimoto's disease)	Chronic inflammation due an autoimmune disorder in which the immune system creates antibodies that damage the thyroid gland.
12	Тиреотоксикоз	Тиреотоксикоз — это состояние, связанное с избытком гормонов щитовидной железы в организме.	Thyrotoxicosis	An acute, sometimes fatal, incident of overactivity of the thyroid gland resulting in excessive secretion of thyroid hormones. Hyperthyroidism, a subset of thyrotoxicosis, refers specifically to excess thyroid hormone synthesis and secretion by the thyroid gland.
	Паращитовидная железа		**Parathyroid gland**	
13	Гиперпаратиреоз (гиперкальциемия)	Гиперпаратиреоз – заболевание паращитовидных желез. Он приводит к их увеличению и избыточной выработке паратгормона. В результате сильно нарушается кальций-фосфорный баланс, из-за чего возникает гиперкальциемия, снижается уровень фосфора и начинается процесс разрушения костей.	Hyperparathyroidism (hypercalcemia)	A condition in which one or more of the parathyroid glands become overactive and release (secrete) too much parathyroid hormone (PTH). This causes the levels of calcium in the blood to rise and low levels of calcium in the bones.
14	Гипопаратиреоз (гипокальциемия)	Это эндокринное заболевание, характеризующееся дефицитом паратиреоидного гормона (ПТГ) или резистентностью к его действию, что приводит к гипокальциемии и в ряде случаев к гиперфосфатемии и гиперкальциурии.	Hypoparathyroidism (hypocalcemia)	The state of decreased secretion or activity of parathyroid hormone (PTH). This leads to decreased blood levels of calcium (hypocalcemia) and increased levels of blood phosphorus (hyperphosphatemia).

	Надпочечная железа		Adrenal glands	
15	Болезнь Аддисо́на	Болезнь Аддисо́на (хроническая недостаточность коры надпочечников, или гипокортицизм) — редкое эндокринное заболевание, в результате которого надпочечники теряют способность производить достаточное количество гормонов, прежде всего кортизола.	Addison's disease	A disorder in which the adrenal glands don't produce enough hormones: cortisol and sometimes aldosterone. Addisonian crisis characterized by low blood pressure.
16	Первичный ги́перальдостеронизм (ПГА, синдром Конна)	Первичный ги́перальдостеронизм (ПГА, синдром Конна) — синдром, развивающийся в результате избыточной продукции альдостерона клубочковой зоной коркового вещества надпочечников, что обусловливает развитие артериальной гипертензии.	Conn's disease (primary aldosteronism)	A rare condition caused by overproduction of the hormone aldosterone that controls sodium and potassium in the blood. The first clue is usually high blood pressure.
17	Синдром Кушинга (гиперкортицизм)	Гиперкортицизм, или синдром Иценко-Кушинга — это заболевание, которое возникает, когда в коре надпочечников образуется слишком много гормона кортизола.	Cushing's syndrome (hypercortisolism)	A condition that occurs from exposure to high cortisol levels for a long time. Signs are a fatty hump between the shoulders, a rounded face, and pink or purple stretch marks.
18	Вирилизм	Вирилизм — это состояние, при котором у женщины из-за высокого уровня андрогенов развиваются мужские вторичные половые признаки. Возникает это состояние в результате сбоя в работе надпочечников и др.	Virilism	Virilization is a condition in which women develop male-pattern hair growth and other masculine physical traits. Adrenal virilism is a syndrome in which the excessive production of adrenal androgens causes virilization.

	Поджелудочная железа		Pancreas	
19	Сахарный диабет	Сахарный диабет (лат. diabetes mellītus) — группа эндокринных заболеваний, связанных с нарушением усвоения глюкозы и развивающихся вследствие недостаточности гормона инсулина, в результате чего развивается гипергликемия — стойкое увеличение содержания глюкозы в крови.	Diabetes mellitus	A disorder in which the body does not produce enough or respond normally to insulin, causing blood sugar (glucose) levels to be abnormally high.
20	Тип 1	Термин «сахарный диабет 1-го типа» применяется к обозначению группы заболеваний, которые развиваются вследствие прогрессирующего разрушения бета-клеток поджелудочной железы, что приводит к дефициту синтеза проинсулина и гипергликемии, требует заместительной гормональной терапии.	Type 1	Results from the pancreas's failure to produce enough insulin due to loss of beta cells. This form was previously referred to as "insulin-dependent diabetes mellitus" (IDDM) or "juvenile diabetes".
21	Тип 2	Термин «сахарный диабет 2-го типа» относится к заболеванию, развивающемуся у лиц с избыточным накоплением жировой ткани, имеющих инсулинорезистентность, вследствие чего наблюдается избыточный синтез проинсулина, инсулина и а милина бета-клетками поджелудочной железы, возникает так называемый «относительный дефицит».	Type 2	Begins with insulin resistance, a condition in which cells fail to respond to insulin properly. This form was previously referred to as "non-insulin-dependent diabetes mellitus" (NIDDM) or "adult-onset diabetes". The most common cause is a combination of excessive body weight and insufficient exercise.

22	Гестационный диабет	Гестационный диабет (диабет беременных) - гормональная перестройка, происходящая во время беременности, повышение резистентности клеток к инсулину приводит к возрастанию уровня глюкозы в крови и развитию диабета.	Gestational diabetes	The third main form of diabetes, and occurs when pregnant women without a previous history of diabetes develop high blood sugar levels.
23	Диабетическая ретинопатия	Диабетическая ретинопатия – это осложнение сахарного диабета, который повреждает сетчатку (ретину) глаза.	Diabetic retinopathy	Diabetic retinopathy is caused by damage to the blood vessels in the tissue at the back of the eye (retina). Poorly controlled blood sugar is a risk factor.
24	Рак поджелудочной железы	Рак поджелудочной железы — злокачественное новообразование, исходящее из эпителия железистой ткани или протоков поджелудочной железы.	Pancreatic cancer	A life-threatening primary malignant neoplasm typically found in the head of the pancreas.
25	Панкреатит	Панкреатит —это воспаление поджелудочной железы. При воспалении поджелудочной железы ферменты, выделяемые железой, не выбрасываются в двенадцатиперстную кишку, а активизируются в самой железе и начинают разрушать её (самопереваривание).	Pancreatitis	An acute or chronic destructive inflammatory condition of the pancreas.

		Диагностика и лечение Diagnostic and treatment		
1	Уровень сахара в крови натощак	Уровень сахара в крови натощак — это измерение уровня сахара в крови, которое проводится через 8-10 часов после последнего приема пищи. Анализ на сахар в крови натощак обычно является первым видом, который используется для диагностики диабета.	Fasting blood sugar (FBS)	A fasting blood sugar (FBS) level is the result of a blood sample taken after a patient fasts for at least eight hours.
2	Глюкозотолерантный тест (ГТТ)	Глюкозотолерантный тест (ГТТ) — лабораторный метод исследования для диагностики нарушения толерантности к глюкозе (предиабет) и сахарного диабета. По способу введения глюкозы различают: пероральный и внутривенный.	Glucose tolerance test (GTT)	The oral glucose tolerance test, measures the body's response to sugar (glucose). The glucose tolerance test can be used to screen for type 2 diabetes.
3	Тест A1C на гемоглобин	Анализ на гликированный гемоглобин (A1c) помогает оценить среднее содержание глюкозы в крови за последние 2-3 месяца.	Hemoglobin A 1c test (HbA1c)	A common blood test used to diagnose type 1 and type 2 diabetes. The A1C test is also called the glycated hemoglobin, glycosylated hemoglobin, hemoglobin A1C or HbA1c test.
4	Тест на поглощение радиоактивного йода	Тест на поглощение йода позволяет оценить, какое количество принятого перорально йода собирается в щитовидной железе. Показанием к исследованию служит оценка функции щитовидной железы.	Radioactive iodine uptake (RAIU) test	A test of thyroid function. The test measures the amount of radioactive iodine (taken by mouth) that accumulates in the thyroid gland.

5	Тест на уровень глюкозы в сыворотке крови	Пероральный глюкозотолерантный тест (расширенный) заключается в определении уровня глюкозы плазмы крови натощак и каждые 30 минут (30, 60, 90, 120 минут) после углеводной нагрузки в целях диагностики различных нарушений углеводного обмена.	Serum glucose test	The simplest and most direct single test available to test for diabetes. The test measures the amount of glucose in the fluid portion of the blood.
6	Эхограмма щитовидной железы	Эхограмма щитовидной железы - процедура для обследования посредством ультразвуковых волн. Исследование позволяет определить положение и контуры щитовидной железы, ее структуру, плотность тканей, и др.	Thyroid echogram	Thyroid ultrasound uses sound waves to produce pictures of the thyroid gland within the neck. It is commonly used to evaluate lumps or nodules found during a routine physical or other imaging exam.
7	Тесты функции щитовидной железы	Гормональное исследование, в ходе которого определяется уровень тиреотропного и тиреоидных гормонов в крови, что позволяет выявить гипер- или гипофункцию щитовидной железы.	Thyroid function tests	Laboratory tests that measure the blood levels of stimulating hormone (TSH), T4, T3, and thyroid antibody tests. Thyroid blood tests check the thyroid function.
8	Сканирование щитовидной железы	Сцинтиграфия щитовидной железы это функциональное исследование ее метаболизма (обмена веществ) с помощью радиофармацевтических препаратов (РФП). Радиофармпрепарат вводится внутривенно, накапливается в железе и его распределение регистрируется детекторами гамма-камеры.	Thyroid scan	Used to determine the size, shape and position of the thyroid gland through the use of radio-nuclear scanning.

9	Анализ крови на тиреотропный гормон (ТТГ)	ТТГ (тиреотропный гормон, тиротропин) – это лабораторное исследование, которое позволяет измерить уровень данного гормона в крови. Его результат дает возможность оценивать качество работы щитовидной железы.	Thyroid-stimulating hormone (TSH) blood test	A blood test that measures the concentration TSH hormone in the blood.

Section 11:	Органы чувств Sensory organs			
	Зрительная система **Visual system**			
1	Глаза	Глаза — парный сенсорный орган зрительной системы, обладающий способностью воспринимать электромагнитное излучение в световом диапазоне длин волн и обеспечивающий функцию зрения.	Eyes	Eyes are organs of the visual system. They convert light into electrical signals called nerve impulses that the brain converts into images of surroundings.
2	Глазное яблоко	Глазное яблоко — это шаровидное тело, которое заложено в глазнице. Оно состоит из трех оболочек: наружной, сосудистой и сетчатки, а также внутреннего содержимого.	Eyeball	Spheroidal structure containing sense receptors for vision, and constructed much like a simple camera.
3	Склера	Склера — белочная оболочка — наружная плотная соединительнотканная оболочка глаза, выполняющая защитную и опорную функции. Образована собранными в пучки коллагеновыми волокнами.	Sclera	The white outer layer of the eyeball. At the front of the eye, it is continuous with the cornea. It's a tough, protective covering and the muscles that control eye movement are connected to it.

4	Конъюнктива	Конъюнктива, или соединительная оболочка (лат. Conjunctiva) — тонкая прозрачная ткань, покрывающая глаз снаружи и заднюю поверхность век. Главная функция конъюнктивы состоит в секреции слизистой и жидкой части слезной жидкости, которая смачивает и смазывает глаз.	Conjunctiva	The mucous membrane that covers the front of the eye and lines the inside of the eyelids. Provides protection and lubrication of the eye by the production of mucus and tears.
5	Слёзные железы	Слёзные железы — экзокринные железы, расположенные в передней части глаз, секретирующие слезу, жидкость, вырабатываемую слёзными железами для смачивания и очищения поверхности глаза.	Lacrimal gland	Located within the orbit above the lateral end of the eye. It continually releases fluid which cleanses and protects the eye's surface as it lubricates and moistens it. These lacrimal secretions are commonly known as tears.
6	Роговица	Роговица - передняя часть наружной оболочки глазного яблока, через нее лучи света попадают внутрь глаза. Имея выпуклую форму, она не только пропускает, но и преломляет эти лучи.	Cornea	The cornea is the clear outer layer at the front of the eye. The cornea helps the eye to focus light to see clearly. The cornea is comprised of five layers: the epithelium, Bowman's layer, the stroma, Descemet's membrane, and the endothelium.
6.1	Эпителий роговицы	Эпителий роговицы — наружный слой роговой оболочки глаза. У человека эпителий расположен над слоем Боумена. Эпителий состоит из нескольких слоёв эпителиальных клеток.	Corneal epithelium	An epithelial tissue covers the front of the cornea; a barrier to protect the cornea, resisting the free flow of fluids from the tears, and prevents bacteria from entering the epithelium and corneal stroma.

6.2	Слой Боумана	Слой Боумана (боуменова мембрана, боуменова оболочка) — это следующий за эпителием слой роговицы. Боуменова мембрана не содержит клеток и состоит из переплетённых коллагеновых фибрилл.	Layer of Bowman	Located between the superficial epithelium and the stroma in the cornea of the eye. It is composed of strong, randomly oriented collagen fibrils.
6.3	Строма роговицы	Основное вещество роговицы, или строма роговицы, — прозрачный слой, составляющий основную часть роговой оболочки глаза. Строма образована множеством ламелл — параллельно расположенных пластинок, сплетённых из волокон коллагена.	Stroma	A fibrous, perfectly transparent, and the thickest layer of the cornea of the eye. It is between Bowman's membrane anteriorly, and Descemet's membrane posteriorly. Corneal stroma plays a pivotal role in normal visual function.
6.4	Мембрана Десцемета	Десцеметова оболочка, или задняя пограничная мембрана, — промежуточный слой между стромой и эндотелием роговицы. Она состоит из разных видов коллагена (Тип IV и VIII), чем строма.	Descemet's membrane	Descemet's membrane is the basement membrane of the corneal endothelium. It is composed of different kinds of collagen (Type IV and VIII) than the stroma.
6.5	Эндотелий	Эндотелий, задний слой роговицы — монослой специализированных плоских клеток, которые осуществляют транспорт жидкости и растворенных веществ, поддерживая роговицу в слабо дегидрированном состоянии, необходимом для её прозрачности.	Corneal endothelium.	The inner layer of the cornea. The endothelium maintains the water balance between the cornea and the eye

7	Слезная пленка	Слезная пленка — увлажняющий, защитный слой на поверхности роговицы. Она состоит из липидного, водного и муцинового слоя.	Tear film	The tear film covers the cornea. Tears are made up of three layers: the oily layer on the outside, the watery layer in the middle, and the inner, mucus layer. The three layers together are known as the tear film.
8	Сосудистая оболочка	Сосудистая оболочка глаза — средняя оболочка глаза, размещенная непосредственно под склерой. Мягкая, пигментированная, богатая сосудами оболочка, основными свойствами которой являются аккомодация, адаптация и питание сетчатки.	Vascular layer	The vascular layer of the eye lies underneath the fibrous layer. It consists of the choroid, ciliary body, and iris: Choroid - a layer of connective tissue and blood vessels. It provides nourishment to the outer layers of the retina.
8.1	Ресничное (цилиарное) тело	Цилиарное или ресничное тело — это часть сосудистой оболочки глаза, которая состоит из кровеносных сосудов и мышц. Напряжение или расслабление этих мышц изменяет форму хрусталика. Кровеносные сосуды питают радужную оболочку, а также цилиарное тело.	Ciliary body	The part of the eye that connects the iris to the choroid. It consists of the ciliary muscle (which alters the curvature of the lens), a series of radial ciliary processes (from which the lens is suspended by ligaments), and the ciliary ring (which adjoins the choroid).
8.2	Радужная оболочка	Радужная оболочка (радужка) также является частью сосудистой оболочки глаза. В ее центре расположен зрачок. Радужка состоит из мышц, при сокращении и расслаблении которых размеры зрачка меняются. Радужка также отвечает за цвет глаз.	Iris	The colored part of the eye helps regulate the amount of light entering the eye. Adjusts the size of the pupil.

9	Зрачок	Зрачок — центральное отверстие в радужке глаза — изменяет свой диаметр и тем самым регулирует количество света, попадающего на сетчатку, и фокусирует изображение.	Pupil	The black center of the eye. His function is to let in light and focus it on the retina. Muscles located in the iris control each pupil. When it is very dark, the pupils are very large, letting in more light.
10	Хрусталик	Хрусталик - прозрачное тело, расположенное внутри глазного яблока между стекловидным телом и радужкой; является биологической линзой, хрусталик составляет важную часть светопреломляющего и светопроводящего аппарата глаза.	Lens	The lens is located in the eye. By changing its shape, the lens changes the focal distance of the eye and focuses the light rays.
11	Стекловидное тело	Стекловидное тело имеет консистенцию желе и отделяет хрусталик от глазного дна. Его основные функции: поддержание формы глаза и постоянного внутриглазного давления; проведение световых лучей к сетчатке; участие во внутриглазном обмене веществ.	Vitreous humor	A transparent, colorless, gelatinous mass that fills the space in the eye between the lens and the retina. It is surrounded by a layer of collagen called the vitreous membrane (or hyaloid membrane or vitreous cortex) separating it from the rest of the eye.
12	Внутриглазная жидкость	Внутриглазная жидкость вырабатывается внутри глаза, омывает глазное яблоко изнутри и оттекает через дренажную систему в венозные сосуды; обеспечивает постоянство внутриглазного давления (ВГД). Внутриглазная жидкость питает роговицу и хрусталик глаза и удаляет вредные продукты обмена веществ.	Aqueous humor	The clear fluid filling the space in the front of the eyeball between the lens and the cornea. It provides nutrition to the eye, as well as maintains the eye in a pressurized state.

13	Сетчатка	Сетчатка— внутренняя оболочка глаза, зрительный анализатор; содержит фоторецепторные клетки. Восприятие и преобразование электромагнитного излучения видимой части спектра в нервные импульсы.	Retina	Contains millions of light-sensitive cells (rods and cones) and other nerve cells that receive and organize visual information. The retina sends this information to the brain through the optic nerve, enabling to see.
13..1	Палочки	Палочки — один из двух типов фоторецепторов, светочувствительных клеток сетчатки глаза, цилиндрической формы. Чувствительны к малоинтенсивному свету. Не различают цвет.	Rods	A type of photoreceptor cell in the retina. They are sensitive to light levels and help give good vision in low light. They are concentrated in the outer areas of the retina and give peripheral vision.
13.2	Колбочки	Колбочки — также как и палочки - светочувствительные клетки сетчатки глаза, конической формы. Они отвечают за центральное форменное зрение и цветоощущение. Колбочки менее чувствительны к свету и поэтому являются аппаратом дневного зрения.	Cones	A type of photoreceptor cell in the retina. They give color vision. Cones are concentrated in the center of the retina in an area called the macula and help to see fine details.

14	Центральное и переферическое зрение	Существует два вида зрительного восприятия – центральное и периферическое. Центральное зрение обеспечивается центральной частью сетчатки, где находятся, колбочки, которые отвечают за четкость зрения и цветовое восприятие. За периферическое зрение отвечают палочки, которые позволяют лучше ориентироваться в пространстве и видеть при слабом освещении.	Central and peripheral vision	Central vision is used to read, drive, and see pictures or faces. Good central vision allows a person to see shapes, colors, and details clearly and sharply. An area of the retina called the macula provides central vision. Peripheral vision allows to see objects all around without turning a head or moving eyes. It uses to see something out of the corner of an eye.
15	Жёлтое пятно	Жёлтое пятно (лат. macula lutea) — место наибольшей остроты зрения в сетчатке глаза. По форме овальное, расположено против зрачка, несколько выше места входа в глаз зрительного нерва.	Macula lutea	It is the retina part responsible for sharp, detailed central vision (also called visual acuity). The macula lutea, also called the fovea, contains a very high concentration of cones. These are the light-sensitive cells in the retina that give detailed central vision.
16	Ямка (пятно)	В средней части жёлтого пятна сетчатка сильно истончается, образуя центральную ямку (лат. fovea); в ней содержатся только фоторецепторы. Хрусталик фокусирует в это место четкий образ.	Fovea centralis	The fovea itself is the central portion of the macula, which is responsible for central vision.
17	Зрительный нерв	Зрительной нерв (лат. Nervus opticus) — вторая пара черепных нервов, по которым зрительные раздражения, воспринятые чувствительными клетками сетчатки, передаются в головной мозг.	Optic nerve (cranial nerve II)	Transmits visual information from the retina to the brain. The optic nerve is a bundle of nerve fibers that serves as the communication cable between eyes and brain.

18	Веки	Веки — это подвижные кожные складки вокруг глаз. Защищают глаза от внешних повреждений, способствуют смачиванию их слёзной жидкостью, очищению роговицы и склеры и т.п.	Eyelids	A fold of skin that closes over the eye to protect it. There are upper and lower eyelids.
19	Ресницы	Ресницы – это щетинистые волосы с защитной функцией: они берегут глаза от пыли, грязи и насекомых.	Eyelashes	One of the hairs that grow at the edge of the eyelid. Lashes protect the eye from debris, dust, and small particles.
		Патологические состояния **Pathological condition**		
1	Амблиопия	Амблиопия («ленивый глаз») – это функциональное, обратимое понижение зрения, при котором один из двух глаз почти (или вообще) не задействован в зрительном процессе. Глаза видят слишком разные картинки, и мозг не может совместить их в одну объёмную. В результате подавляется работа одного глаза.	Amblyopia	Also called lazy eye, is a disorder of sight in which the brain fails to process inputs from one eye and over time favors the other eye. It results in decreased vision in an eye that otherwise typically appears normal.
2	Астигматизм	Астигматизм – нарушение сферичности преломляющей поверхности глаза; роговица или хрусталик не являются ровными или не имеют регулярной кривизны, лучи света преломляются неправильно, что приводит к так называемой проблеме рефракции.	Astigmatism	A type of refractive error in which the eye does not focus light evenly on the retina. A common imperfection in the eye's curvature. With astigmatism, the front surface of the eye or the lens, inside the eye, is curved differently in one direction than the other.

3	Близорукость (миопия)	Близорукость (миопия) — это дефект зрения, при котором лучше видно близко расположенные объекты, а объекты, расположенные вдали видно плохо. Глазное яблоко слишком "длинно". Изображение фокусируется перед сетчаткой.	Myopia (nearsightedness)	A type of refractive error in which the eye does not focus light evenly on the retina; the eyeball is longer than normal or the cornea is curved too steeply. Instead of being focused precisely on the retina, light is focused in front of the retina, resulting in a blurry appearance for distant objects.
4	Дальнозоркость (гиперметропи́я)	Дальнозоркость (гиперметропи́я) — это дефект зрения, при котором лучше видно расположенные вдали объекты, а близко расположенные объекты видно плохо. Глазное яблоко слишком "коротко". Изображение фокусируется за сетчаткой.	Hyperopia (farsightedness)	A type of refractive error. The light rays focus at a point behind the retina, and not onto it, because of the eyeball is shorter than normal.
5	Пресбиопия	Пресбиопия («старческое зрение») — аномалия рефракции глаза, при которой человек не может рассмотреть мелкий шрифт или маленькие предметы на близком расстоянии.	Presbyopia	Farsightedness caused by loss of elasticity of the lens of the eye, occurring typically in middle and old age.
6	Слепота	Слепота́ — медицинский термин, подразумевающий полное отсутствие зрения или его серьёзное повреждение.	Blindness	Blindness is the inability to see things, including light. It can be partial or complete.
7	Дальтонизм	Дальтонизм, цветовая слепота, — наследственная, реже приобретённая, особенность зрения, выражающаяся в сниженной способности или полной неспособности видеть или различать все или некоторые цвета.	Color blindness	People with complete color blindness can't see colors at all. This is also called monochromacy

#				
8	Никталопия (куриная слепота)	Куриная слепота или Ночная слепота — расстройство, при котором затрудняется или пропадает способность видеть в сумерках (недостаточном освещении). Является симптомом ряда глазных болезней; может быть врождённым или приобретенным.	Nyctalopia (night blindness)	Inability to see well at night or in poor light. It is often associated with an inability to quickly adapt from a well-illuminated to a poorly illuminated environment. The problem comes from a disorder of the cells in the retina (reduction in the synthesis of rhodopsin) that allow to see dim light.
9	Катаракта	Катаракта – это помутнение хрусталика глаза, которое в конечном итоге вызывает нарушение его деятельности. Для лечения катаракты используют хирургическое вмешательство.	Cataract	A cataract is a clouding of the normally clear lens of the eye. Aging is the most common cause. That is when normal proteins in the lens start to break down.
10	Конъюнктивит, острый (розовый глаз)	Конъюнктивит — это воспаление конъюнктивы, которое обычно вызывается инфекцией или аллергией. Его часто называют «розовым глазом».	Conjunctivitis, acute (pink eye)	Inflammation or infection of the outer membrane of the eyeball and the inner eyelid.
11	Диабетическая ретинопатия	Ретинопатия — поражение внутренней оболочки глаза — сетчатки. Основной причиной ретинопатии являются сосудистые нарушения, приводящие к расстройству кровообращения в оболочке. Может быть следствием заболевания сахарным диабетом.	Diabetic retinopathy	A diabetes complication that affects eyes. It's caused by damage to the blood vessels of the light-sensitive tissue at the back of the eye (retina).

12	Эктропион	Эктропион - изменение положения одного или обоих век, при котором край века отстает от глазного яблока или отвернут вниз, вследствие чего слизистая оболочка вывернута наружу.	Ectropion	A sagging or outward turning of an eyelid. It often affects a lower eyelid.
13	Энтропион	Энтропион (заворот век) — заболевание, при котором край века и ресницы повернуты к глазному яблоку. Это приводит к постоянному раздражению глаза, образованию эрозии и язв роговицы, инъекции конъюнктивальных сосудов, слезотечению.	Entropion	A condition in which the eyelid, usually the lower one, is turned inward so that the eyelashes rub against the eyeball, causing discomfort.
14	Экзофтальмия	Экзофтальм (или пучеглазие) – это патологическое частичное смещение одного или обоих глаз из глазниц наружу. Зачастую заболевание сигнализирует о каких-то болезнях других органов и систем (например, это может быть пучеглазие при заболевании щитовидной железы или при возникновении опухолевого процесса в глазнице).	Exophthalmia	Abnormal protrusion of the eyeball or eyeballs. The primary cause of exophthalmos is thyroid eye disease, also called Graves' ophthalmopathy. The disease causes the immune system to attack the muscles and tissue around the eyes, inflaming them and leading to a bulge.

15	Глаукома	Глаукома – это тяжелое заболевание глаз, которое вызывает повреждение зрительного нерва и сетчатки. Повреждения возникают из-за превышения индивидуальной нормы внутриглазного давления, что со временем может привести к атрофии зрительного нерва.	Glaucoma	A group of eye conditions that damage the optic nerve. This damage is often caused by an abnormally high pressure in the eye. The most common type of glaucoma (open-angle glaucoma) often has no symptoms other than slow vision loss. Angle-closure glaucoma, although rare, is a medical emergency and its symptoms include eye pain with nausea and sudden visual disturbance.
16	Гордеолум (ячмень)	Ячмень (гордеолум) – это выражающаяся отеком острая локальная гнойная (обычно стафилококковая) инфекция или абсцесс века. Большинство ячменей наружные и являются результатом закупорки или инфицирования ресничного фолликула.	Hordeolum (stae)	An acute, localized swelling of the eyelid that may be external or internal and usually is a pyogenic (typically staphylococcal) infection or abscess.
17	Кератит	Кератит — воспаление роговицы глаза, которое сопровождается покраснением, болью, помутнением и др. Два основных типа причин развития кератита: инфекционные и не инфекционные.	Keratitis	An inflammatory condition that affects the cornea of the eye. Bacterial, viral, parasitic and fungal infections can cause keratitis.
18	Дегенерация желтого пятна	Возрастная дегенерация желтого пятна (AMD) — это хронический дегенеративный процесс, происходящий в центральной части сетчатки, который встречается у людей в возрасте 50-55 лет. Нарушается острота зрения.	Macular degeneration	The condition develops as the eye ages. Macular degeneration causes central vision loss.

19	Нистагм	Нистагм (тремор глаза) — это неконтролируемые ритмичные движения глазных яблок. Патология чаще всего поражает сразу оба глаза и проявляется при взгляде под определенным углом.	Nystagmus	A vision condition in which the eyes make repetitive, uncontrolled movements. These movements often result in reduced vision and depth perception and can affect balance and coordination. These involuntary eye movements can occur from side to side, up and down, or in a circular pattern.
20	Отслойка сетчатки	Отслоение сетчатки – патологический процесс, сопровождающийся отделением сетчатой оболочки глаза от его сосудистой оболочки. Может возникать при травмах, близорукости, диабетической ретинопатии, дистрофиях сетчатой оболочки, внутриглазных опухолях и др.	Retinal detachment	An emergency situation in which a thin layer of tissue (the retina) at the back of the eye pulls away from the layer of blood vessels that provides it with oxygen and nutrients.
21	Склерит	Склерит – это тяжелое деструктивное, угрожающее зрению воспаление, вовлекающее глубокие слои эписклеры и склеру. Симптомы проявляются в умеренно выраженной болезненности, гиперемии глазного яблока, слезотечении и светобоязни.	Scleritis	A severe, destructive, vision-threatening inflammation involving the sclera. There are three types of scleritis: diffuse scleritis (the most common), nodular scleritis, and necrotizing scleritis (the most severe).

#				
22	Косоглазие	Косоглазие – отклонение зрительной оси одного из глазных яблок в сторону, при котором нарушается её параллельность с осью другого глаза. Чаще всего возникает в результате патологии глазодвигательных мышц и проявляется неправильным расположением глазного яблока. Может быть врожденным или приобретённым.	Strabismus	A condition in which the eyes do not properly align with each other when looking at an object. If present during a large part of childhood, it may result in amblyopia or loss of depth perception.
22.1	Сходящееся косоглазие, эзотропия	По направлению отклонения косящего глаза различают сходящееся косоглазие (эзотропия) – отклонение косящего глаза к носу.	Convergent strabismus (crossed eye), esotropia	The eyes may turn inward
22.2	Дивергентное косоглазие, экзотропия	По направлению отклонения косящего глаза различают расходящееся (экзотропия) – отклонение косящего глаза к виску	Divergent strabismus (walled eye), exotropia	The eyes may turn outward
23	Трахома	Трахома — хроническое инфекционное заболевание глаз, вызываемое хламидиями и характеризующееся поражением конъюнктивы и роговицы с исходом в рубцевание конъюнктивы, хряща век и полную слепоту.	Trachoma	An infectious disease caused by bacterium Chlamydia trachomatis. The infection causes a roughening of the inner surface of the eyelids.

		Диагностика и лечение Diagnostic and treatment		
1	Пересадка роговицы	Пересадка роговицы (сквозная кератопластика) — хирургическая операция, в ходе которой поврежденный участок роговицы пациента заменяется донорским трансплантатом.	Corneal transplant	A cornea transplant (keratoplasty) is a surgical procedure to replace part of your cornea with corneal tissue from a donor.
2	Электронис-тагмография	Электронистагмография (ЭНГ) — это диагностический тест для регистрации непроизвольных движений глаза, вызванных состоянием, известным как нистагм.	Electronystagmography	Electronystagmography is a diagnostic test to record involuntary movements of the eye caused by a condition known as nystagmus.
3	Электроретино-грамма (ЭКГ)	Обследование заключается в измерении протекания тока между электродом, расположенным на роговице, и электродом, размещенном на лбу. Протекание тока представлено в виде графика, который называется Электроретинограмма, немного напоминающей график ЭКГ.	Electroretinogram (EKG)	A diagnostic test that measures the electrical activity of the retina in response to a light stimulus.
4	Экстракапсулярная экстракция катаракты (ECCE)	Экстракапсулярная экстракция катаракты. Методика предусматривает удаление катаракты с сохранением задней капсулы. Эта особенность является преимуществом, так как сохраняется барьер между передним отрезком глаза и его задним участком.	Extracapsular cataract extraction (ECCE)	A cataract operation involves removing the front part of the capsule and the central part of the lens.

5	Имплант интраокулярной линзы	Интраокулярная линза — это имплант (искусственный хрусталик) из биосовместимого материала, который устанавливается на место естественного хрусталика в случае утраты функций последнего.	Intraocular lens implant	An intraocular lens implant is an artificial replacement for the lens of the eye. It's part of the surgery to fix cataracts.
6	Иридэктомия	Одним из наиболее эффективных способов лечения глаукомы является иридэктомия – операция, направленная на восстановление естественной циркуляции жидкости в глазу.	Iridectomy	The surgical removal of part of the iris. These procedures are most frequently performed in the treatment of closed-angle glaucoma and iris melanoma.
7	Лазерный кератомилез (LASIK)	Лазерный кератомилез, или ЛАСИК - операция по коррекции зрения. Чаще всего с ее помощью исправляют близорукость, однако также она может быть успешной при исправлении дальнозоркости и даже астигматизма.	Laser in situ keratomileusis (LASIK)	Laser eye surgery or laser vision correction, is a type of refractive surgery for the correction of myopia, hyperopia, and astigmatism.
8	Офтальмоско-пия	Офтальмоскопия – безболезненное диагностическое обследование, позволяющее исследовать внутреннюю структуру глазного дна. Для этих целей используется специальный прибор (офтальмоскоп), он дает возможность осмотреть сосуды, «желтое пятно», сетчатку, а также диск зрительного нерва.	Ophthalmo-scopy	Ophthalmoscopy, also called fundoscopy, is a test that allows to check inside the fundus of the eye and other structures using an ophthalmoscope.

9	Фото-коагуляция сетчатки	Фотокоагуляция — это метод, используемый в офтальмологии, с помощью которого на сетчатке производится шрам путём терапевтического ожога, для которого используется луч света (лазер). Полученный шрам может остановить развитие некоторых заболеваний сетчатки.	Retinal photo-coagulation	Retinal laser photocoagulation is a minimally invasive procedure used to treat leaking blood vessels in the retina that stem from serious retinal conditions such as diabetic retinopathy and macular edema. This procedure can also seal retinal tears.
10	Обследование с помощью щелевой лампы	Биомикроскопия глазного яблока – это исследование структурных элементов глаза с помощью специального прибора - щелевой лампы. Процедура является бесконтактным методом диагностики, не вызывающим болезненные и дискомфортные ощущения.	Slit-lamp exam	A slit lamp is an instrument consisting of a high-intensity light source that can be focused to shine a thin sheet of light into the eye. It is used in conjunction with a biomicroscope.
11	Тонометрия	Тонометрия глаза – измерение давление в глазном яблоке. При тонометрии измеряют степень деформации глаза при воздействии на роговицу.	Tonometry	A diagnostic test that measures the pressure inside the eye, which is called intraocular pressure (IOP).
12	Трабекулэктомия	Трабекулэктомия — это инвазионное хирургическое вмешательство, эффективный способ лечения глаукомы. Удаляют часть трабекулярных сетей; открывается канал для прохождения жидкости под конъюнктиву и происходит ее поглощение	Trabeculectomy	A surgical procedure used in the treatment of glaucoma to relieve intraocular pressure by removing part of the eye's trabecular meshwork and adjacent structures.

13	Трабекулопластика	Трабекулопластика – эффективная, при этом щадящая операция, направленная на нормализацию ВГД. Выполняется с помощью современных лазерных офтальмологических установок.	Trabeculoplasty	Trabeculoplasty is a laser treatment for glaucoma. Specifically, argon laser is used to improve drainage through the eye's trabecular meshwork, from which the aqueous humor drains.
Слуховая система **Auditory system**				
1	Ухо	Ухо — это орган слуха и равновесия. Ухо обычно описывается как имеющее три части—внешнее ухо, среднее ухо и внутреннее ухо. Наружное ухо состоит из ушной раковины и слухового прохода.	Ear	The ear is the organ of hearing and balance. The ear is usually described as having three parts—the outer ear, the middle ear, and the inner ear. The outer ear consists of the pinna and the ear canal.
2	Наружное ухо	К наружному уху относится ушная раковина, наружный слуховой проход и барабанная перепонка. Наружное ухо выполняет несколько функций: концентрация звуковых волн и передача их на барабанную перепонку.	Outer ear (the auricle or pinna)	The outer ear is made up of cartilage and skin. There are three different parts to the outer ear; the tragus, helix, and lobule. The ear canal starts at the outer ear and ends at the eardrum.
2.1	Слуховой проход	Это костно-хрящевой канал, относящийся к наружному уху и соединяющий его со средним ухом. Его поверхность содержит сальные железы, которые выделяют ушную серу, защищающую ухо от микробов и бактерий.	Ear canal	A pathway running from the outer ear to the middle ear. Its surface contains sebaceous glands that secrete earwax, which protects the ear from germs and bacteria.

2.2	Барабанная перепонка	Барабанная перепонка (лат. membrana tympani) — тонкая мембрана, разделяющая наружное и среднее ухо. Служит для передачи звуковых колебаний во внутреннее ухо, а также препятствует попаданию в барабанную полость инородных тел.	Eardrum (tympanic membrane)	A thin flap of skin that is stretched tight like a drum, separates the ear canal from the middle ear and vibrates when sound hits it.
3	Среднее ухо	Среднее ухо, или барабанная полость, лежит за барабанной перепонкой. Она заполнена воздухом. Очень важной частью среднего уха является цепь из трёх косточек: молоточка, наковальни и стремечка. Они не только отвечают за передачу звуковых колебаний из наружного уха во внутреннее, но и усиливают их.	Middle ear	The middle ear transmits sound from the outer ear to the inner ear. The middle ear consists of three bones: the hammer (malleus), the anvil (incus) and the stirrup (stapes), the oval window, the round window and the Eustachian tube.
3.1	Молоточек	Молоточек (с лат. — «malleus») — слуховая косточка среднего уха. Примыкая к барабанной перепонке, передаёт от неё звуковые колебания другим косточкам — наковальне и стремени.	Hammer (malleus)	A hammer-shaped small bone or ossicle of the middle ear which connects with the incus and is attached to the inner surface of the eardrum. It transmits the sound vibrations from the eardrum to the incus.
3.2	Наковальня	Наковальня (лат. incus) — слуховая косточка среднего уха. Она располагается между молоточком и стремечком и передаёт звуковые колебания от молоточка к стремечку.	Anvil (incus)	A bone in the middle ear. The anvil-shaped small bone is one of three ossicles in the middle ear. The incus receives vibrations from the malleus, to which it is connected laterally, and transmits these to the stapes medially.

3.3	Стремечко	Стремя (стремечко, лат. stapes) — одна из слуховых косточек среднего уха, соединяет наковальню и улитку (внутреннее ухо). Крепится к внутреннему уху.	Stirrup (stapes)	The innermost bone is the stapes, or "stirrup bone." It rests against the oval window of the inner ear.
3.4	Евстахиева труба	Евстахиева труба, или слуховая труба, также является частью среднего уха. Эта труба соединяет барабанную полость среднего уха с полостью носоглотки и помогает выравнивать давление в среднем ухе с давлением за его пределами.	Eustachian tube (auditory tube)	A canal that connects the middle ear to the nasopharynx, which consists of the upper throat and the back of the nasal cavity. It controls the pressure within the middle ear, making it equal with the air pressure outside the body.
4	Внутреннее ухо	Внутреннее ухо — один из трёх отделов органа слуха и равновесия. Оно состоит из: преддверия и полукружных каналов, которые отвечают за чувство равновесия и положения тела в пространстве, и улитки, внутри которой находится кортиев орган, который непосредственно отвечает за слух.	Inner ear	The inner ear has two main sections, the bony labyrinth and the membranous labyrinth. It changes sound waves to electrical signals (nerve impulses). This allows the brain to hear and understand sounds. The inner ear is also important for balance.
4.1	Преддверие лабиринта	Преддверие образует центральную часть лабиринта. Кзади оно переходит в полукружные каналы, а кпереди — в улитку. В сферическом углублении расположены мешочки, соединенные с улитковым ходом и расположены группы мелких отверстий, предназначенных для веточек вестибулярной части преддверно-улиткового нерва.	Vestibule	The central part of the bony labyrinth. It is separated from the middle ear by the oval window, and communicates anteriorly with the cochlea and posteriorly with the semi-circular canals. Two parts of the membranous labyrinth; the saccule and utricle, are located within the vestibule (membranous pouches or sacs that aid in maintaining balance).

4.2	Полукружные каналы	Полукружные каналы, часть внутреннего уха, участвующая в регуляции равновесия и положения тела в пространстве. Полукружные каналы заполнены жидкостью. Нервная система получает информацию о движении этой жидкости через волоски вестибулярного нерва.	Semicircular canal	Three tiny, fluid-filled tubes in your inner ear that help keep the balance. When the head moves around, the liquid inside the semicircular canals sloshes around and moves the tiny hairs that line each canal.
4.3	Улитка	Ушная улитка (лат. Cochlea) — это передний отдел перепончатого лабиринта. Это заполненный жидкостью полый проход, закрученный по спирали и напоминающий по форме раковину улитки. Отвечает за слуховую часть внутреннего уха, воспринимающего и распознающего звуки.	Cochlea	The spiral cavity and a fluid-filled structure of the inner ear containing the organ of Corti, which produces nerve impulses in response to sound vibrations.
4.5	Кортиев орган	Кортиев орган — периферический (рецепторный) отдел слухового анализатора, расположенный внутри перепончатого лабиринта улитки. Функция Кортиева органа — преобразование энергии звуковых колебаний в процесс нервного возбуждения.	Organ of Corti	A sensitive part of the inner ear which is responsible for the reception of sounds. It is composed of hair cells which convert auditory signals to nerve impulses.
5	Кохлеарный нерв (слуховой или акустический нейрон)	Кохлеарный нерв (также слуховой или акустический нейрон) — это одна из двух частей вестибулокохлеарного нерва. Улитковый нерв переносит слуховую сенсорную информацию от улитки внутреннего уха непосредственно в мозг.	Cochlear nerve (auditory or acoustic neuron)	The cochlear nerve carries auditory sensory information from the cochlea of the inner ear directly to the brain.

№				
6	Вестибулярный нерв	Вестибулярный нерв - нерв специальной чувствительности, отвечающий за передачу слуховых импульсов, а также импульсов, исходящих из вестибулярного отдела внутреннего уха.	Vestibular nerve	Transmits sensory information by vestibular hair cells located in the two otolith organs (the utricle and the saccule) and the three semicircular canals via the vestibular ganglion of the Scarpa.
7	Эндолимфа	Эндолимфа - вязкая жидкость, заполняющая полости органов слуха и вестибулярного аппарата, участвует в проведении звука.	Endolymph (Scarpa fluid)	The fluid contained in the membranous labyrinth of the inner ear.
8	Церуминозная железа (ушная сера)	Ушная сера (лат. cerumen) — жёлто-коричневая смазкообразная секреция, вырабатываемая серными железами (церуминозные железы) наружного слухового прохода. Ушная сера служит для очистки и смазки слуховых каналов, а также представляет собой защиту от бактерий, грибков и насекомых.	Ceruminous gland (Ear wax)	The ceruminous glands are modified apocrine glands, which, together with sebaceous glands, produce the cerumen, the ear wax. Cerumen plays an important role in the protection of the ear canal against physical damage and microbial invasion.
Патологические состояния **Pathological condition**				
1	Кондуктивная потеря слуха	Кондуктивная потеря слуха — это нарушение слуха в связи с проблемами в наружном или среднем ухе (серная пробка или более серьезные нарушения).	Deafness, conductive	Sounds cannot get through the outer and middle ear. It may be hard to hear soft sounds. Louder sounds may be muffled.
2	Нейросенсор-ная (сенсоневраль-ная) тугоухость	Это врожденное или приобретенное снижение слуха, поражение структур внутреннего уха, центральных отделов слухового анализатора, преддверно-улиткового нерва.	Deafness, sensorineural	Hearing loss caused by damage to the inner ear or the nerve from the ear to the brain.

#				
3	Серная пробка	Серной пробкой называется скопление ушной серы в слуховом проходе. С течением времени это образование становится плотным и полностью перекрывает наружный канал уха.	Impacted cerumen	Earwax (cerumen) builds up in the ear and blocks the ear canal; it can cause temporary hearing loss and ear pain.
4	Лабиринтит	Лабиринтит — это воспаление перепончатых образований и нервных структур внутреннего уха, которое может быть вызвано различными вирусами, бактериями и их токсинами, а также травмой.	Labyrinthitis	Inflammation of the inner ear or the nerves that connect the inner ear to the brain. Hearing loss, dizziness, and a spinning sensation (vertigo) are common symptoms
5	Наружный отит, ухо пловца	Наружный отит (ухо пловца) – это воспалительный процесс кожи слухового прохода, острая инфекция, вызываемая бактериями. Воспаление протекает в разлитой (диффузной) форме и может затрагивать не только ткани слухового канала, но также барабанной перепонки и ушной раковины.	Otitis externa (OE), swimmer's ear	An infection of the outer ear canal that runs from the eardrum to the outside of the head. It's often caused by water remaining in the ear what creates a moist environment that helps bacteria or fungi grow.
6	Средний отит, острый	Средний отит — это группа воспалительных заболеваний среднего уха. Острый средний отит – воспаление среднего уха вирусного или бактериального генеза, обычно сопровождающее инфекции верхних дыхательных путей.	Otitis media, acute (AOM)	A bacterial or viral infection of the middle ear. it is most common between the ages of 3 months and 3 years because structures in the middle ear, such as the eustachian tube, are immature and not functioning properly.

#				
7	Серозный средний отит	Серозный средний отит — скопление жидкости в среднем ухе, возникает в результате не долеченного острого среднего отита или аллергических реакций, при которых блокируется евстахиева труба.	Serous otitis media (SOM)	A collection of non-infected fluid in the middle ear space. It is also called serous or secretory otitis media (SOM). This fluid may accumulate in the middle ear as a result of a cold, sore throat or upper respiratory infection.
8	Гнойный отит	Гнойный отит – это воспалительный процесс инфекционного характера, охватывающий все анатомические отделы среднего уха: барабанную полость, слуховую трубу и сосцевидный отросток. Наличие гнойной жидкости в среднем ухе.	Suppurative otitis media	The presence of purulent fluid in the middle ear. A concern with a potential rupture of the tympanic membrane as the pressure inside the middle ear rises.
9	Отосклероз	Отосклероз – патология среднего и внутреннего уха, связанная с появлением костной ткани в области присоединения стремени к овальному окну преддверия, а также с разрастанием костных пластинок ушной улитки и полукружных каналов.	Otosclerosis	Otosclerosis is most often caused when one of the bones in the middle ear, the stapes, become stuck in place. When this bone is unable to vibrate, the sound is unable to travel through the ear and hearing becomes impaired.
10	Перфорация барабанной перепонки	Перфорация — это отверстие в барабанной перепонке.	Perforation of the tympanic membrane	A hole or tear in the thin tissue that separates your ear canal from your middle ear (eardrum).

Диагностика и Лечение
Diagnostic and Treatment

#				
1	Аудиометрия	Аудиометрия – это метод исследования остроты слуха. Врач-отоларинголог при помощи специального оборудования подает звуковые сигналы различной интенсивности, а пациент сообщает ему, слышит он их или нет.	Audiometry	Audiometry is a branch of audiology and the science of measuring hearing acuity for variations in sound intensity and pitch and for tonal purity, involving thresholds and differing frequencies.

№				
2	Отоскопия	Отоскопия — осмотр наружного слухового прохода, барабанной перепонки, а при её разрушении — барабанной полости с применением специальных инструментов.	Otoscopy	Otoscopy is a clinical procedure used to examine structures of the ear, particularly the external auditory canal, tympanic membrane, and middle ear.
3	Тест камертона (тест Ринна)	Тест Ринна — это диагностическая процедура и инструмент, используемый для точного определения причины потери слуха. Это делается путем сравнения восприятия пациентом звуков, которые передаются через воздух, в отличие от звуков, передаваемых через костную проводимость через сосцевидный отросток.	Tuning fork test (Rinne test)	Evaluates hearing loss by comparing the air conduction to bone conduction. Air conduction hearing occurs through air near the ear, and it involves the ear canal and eardrum. Bone conduction hearing occurs through vibrations picked up by the ear's specialized nervous system.
4	Тест камертона (тест Вебера)	Камертональный тест Вебера применяется для определения латерализации звука (вибрирующий камертон прикасается к средней линии головы), показывает более громкое восприятие звука лучше слышащим ухом.	Tuning fork test (Weber test)	The Weber test is a useful, quick, and simple screening test for the evaluation of hearing loss. The test can detect unilateral conductive and sensorineural hearing loss. The outer and middle ear mediate conductive hearing. The inner ear mediates sensorineural hearing.
5	Отопластика	Отопластика— пластическая операция по исправлению ушных раковин и избавлению от лопоухости.	Otoplasty	Also known as cosmetic ear surgery — is a procedure to change the shape, position or size of the ears.

6	Стапедэктомия	Стапедэктомия – это операция, которую делают, чтобы восстановить функцию звукопроводящих частей среднего уха. В ходе этой операции стремечко (слуховую косточку) заменяют протезом (искусственной деталью).	Stapedectomy	A stapedectomy is a surgical procedure of the middle ear to remove all or part of the original stapes bone and replaces it with an artificial device.
7	Слуховые аппараты	Слуховой аппарат — это электронный звукоусиливающий прибор, применяющийся по медицинским показаниям при различных формах стойких нарушений слуха.	Hearing aids	A small device that fits in or on the ear, worn by a partially deaf person to amplify sound.
8	Миринготомия (тимпанотомия)	Миринготомия является процедурой по созданию отверстия в барабанной перепонке. Такую операцию делают, чтобы слить жидкость, накопленную в среднем ухе. Такой жидкостью может быть гной, кровь либо серозная жидкость.	Myringotomy with tubes (tympanotomy)	A procedure to create a hole in the ear drum to allow fluid that is trapped in the middle ear to drain out.
9	Мирингопластика (тимпанопластика)	Мирингопластика— операция по восстановлению целостности барабанной перепонки.	Myringoplasty (tympanoplasty)	An operation to repair the perforation in the eardrum.

Section 12:	Репродуктивная система Reproductive system			
	Репродуктивная система	Репродуктивная система человека — это комплекс органов и систем, которые обеспечивают процесс оплодотворения, способствуют воспроизводству человека.	Reproductive system	The reproductive system is a collection of internal and external organs — in both males and females — that work together for the purpose of procreating.

1	Половые органы	К репродуктивной системе мужчин относятся внутренние половые органы яички, семявыносящие протоки, предстательная железа, мочеиспускательный канал и наружные половой член, мошонка. У женщин к репродуктивной системе относятся внутренние половые органы яичники, фаллопиевы трубы, матка, влагалище и наружные (вульва): клитор, большие и малые половые губы.	Sex organs	A sex organ (or reproductive organ) is any part of a body that is involved in sexual reproduction. The reproductive organs together constitute the reproductive system. The testis in the male, and the ovary in the female, are called the primary sex organs. All others are called secondary sex organs, divided between the external sex organs— the genitals or genitalia, visible at birth in both sexes—and the internal sex organs.
2	Половые железы	Половые железы являются местом образования специфических половых клеток (яйцеклеток у женщин и сперматозоидов у мужчин) и обладают внутрисекреторной функцией, выделяя в кровь половые гормоны.	Reproductive glands	Reproductive glands are responsible for producing the egg and sperm cells (gametes), and hormones. These hormones function in the maturation of the reproductive system, the development of sexual characteristics, and regulation of the normal physiology of the reproductive system.
3	Яички у мужчин	Яички – это парный орган, расположенный в мошонке (лат. scrotum). Функция яичек заключается в производстве мужских половых гормонов (секреции тестостерона) и семенных клеток (сперматозоидов).	Testicles	Testicle or testis (plural testes) is the male reproductive gland or gonad. The functions of the testes are to produce both sperm and androgens, primarily testosterone. Testosterone release is controlled by the anterior pituitary luteinizing hormone; whereas sperm production is controlled both by the anterior pituitary follicle-stimulating hormone and gonadal testosterone.

4	Яичники у женщин	Яичники (лат. ovarium) — парные женские половые железы, расположенные в полости малого таза. Выполняют генеративную функцию, то есть являются местом, где развиваются и созревают женские половые клетки, а также являются железами внутренней секреции и вырабатывают половые гормоны (эндокринная функция).	Ovary	The ovaries produce and release eggs (oocytes) into the female reproductive tract at the mid-point of each menstrual cycle. They also produce the female hormones estrogen and progesterone.
5	Гормоны	Гормоны – это химическое вещество, которое поступает в кровоток и с кровью достигает различных органов, где оно стимулирует или снижает активность других клеток. Через клетки-мишени гормоны оказывают действие практически на все жизненно важные функции организма человека.	Hormone	Hormones are chemical messengers that are secreted directly into the blood, which carries them to organs and tissues of the body to exert their functions.
Мужские гормоны **Male's hormone**				
6	Тестостерон	Тестостерон – это стероидный гормон из группы андрогенов, который производится лейдиговскими клетками эндокринной ткани мужских яичек, и отвечающий за формирование вторичных половых признаков и половую функцию.	Testosterone	Testosterone is the primary sex hormone and anabolic steroid in males; plays a key role in the development of male reproductive tissues such as testes and prostate, as well as promoting secondary sexual characteristics such as increased muscle and bone mass, and the growth of body hair.

7	Андроген	Андрогены — мужские половые стероидные гормоны. Они присутствуют как у мужчин, так и у женщин, но влияют на формирование именно мужской конституции.	Androgen	Androgens are a group of hormones that play a role in male traits and reproductive activity. Androgens also affect bone and muscle development and metabolism.
		Женские гормоны **Female's hormone**		
8	Эстроген	Эстроген — общее собирательное название подкласса стероидных женских половых гормонов, производимых, в основном, фолликулярным аппаратом яичников у женщин. Они отвечают за половое развитие, репродуктивную функцию и состояние женщины в целом.	Estrogen	Estrogen, or estrogen, is a category of sex hormone responsible for the development and regulation of the female reproductive system and secondary sex characteristics.
9	Прогестерон	Биологическая роль прогестерона заключается в подготовке эндометрия к имплантации оплодотворенной яйцеклетки, способствует сохранению беременности: подавляет активность гладкой мускулатуры матки.	Progesterone	Progesterone is an endogenous steroid and progestogen sex hormone involved in the menstrual cycle, pregnancy, and embryogenesis.
10	Мужские половые органы	Предназначены для выработки спермы и доставления ее в женские половые органы	Male reproductive system	The male reproductive system functions to produce, sustain and transport sperm; propel the sperm from the penis into the female vagina during sexual intercourse (copulation); and produce the male hormone, testosterone.

10.1	Пенис	Внешние половые органы, уретра, головка пениса, венечная бороздка, корень	Penis	The male genital organ, carrying the duct for the transfer of sperm during copulation; it consists largely of erectile tissue and serves also for the elimination of urine.
10.2	Мошонка	Внешние половые органы, вместилище для яичек, семенные канатики поддерживают яичко,	Scrotum	The scrotum is an anatomical male reproductive structure located caudal to the penis that consists of a suspended dual-chambered sac of skin and smooth muscle. The scrotum contains the external spermatic fascia, testes, epididymis, and ductus deferens.
10.3	Предстательная железа	Вырабатывает жидкость для поддержания активности сперматазоидов	Prostate gland	The prostate's most important function is the production of a fluid that, together with sperm cells from the testicles and fluids from other glands, makes up semen.
10.4	Семенные пузырьки	Вырабатывается смазка для сперматазоидов, которая сообщает подвижность и возможность выжить в кислой среде влагалища.	Seminal vesicles	The seminal vesicles are paired ductal structures which open into the vas deferens near to its junction with the urethra and secrete a fluid that will form part of the semen.

10.5	Придаток яичка	Придаток яичка (лат. epididymis) — парный орган мужской половой системы, служащий для созревания, накопления и продвижения сперматозоидов. Представляет собой длинный узкий проток для проведения сперматозоидов. Располагается в мошонке, сзади и сверху от яичка, к которому непосредственно примыкает.	Epididymis	A highly convoluted duct behind the testis, along which sperm passes to the vas deferens. It performs multiple functions such as sperm transport, concentration, protection, and storage. Although spermatozoa are fully differentiated when they leave the testis, they are immobile and incapable of fertilization. They gain their functionality during a maturation process that occurs within the epididymis.
10.6	Семявыносящие протоки	Семявыносящие протоки - парное анатомическое образование; соединяет проток придатка яичка с выделительным протоком семенного пузырька, образуя с ним семявыбрасывающий проток	Vas deferens	The vas deferens is a long, muscular tube that travels from the epididymis into the pelvic cavity, to just behind the bladder. The vas deferens transports mature sperm to the urethra in preparation for ejaculation.
10.7	Эякуляторные протоки	Семявыбрасывающий проток (эякуляторный проток, семяизвергательный канал) — парная трубчатая структура, образованная слиянием протока семенного пузырька и семявыносящего протока.	Ejaculatory duct	The ejaculatory ducts are paired structures in male anatomy. Each ejaculatory duct is formed by the union of the vas deferens with the duct of the seminal vesicle. The ejaculatory duct delivers sperm into the urethra, adding secretions and additives from the prostate necessary for sperm function while providing an interface between the reproductive and urinary systems in men.
10.8	Промежность	Область между анусом и мошонкой или вульвой.	Perineum	The area between the anus and the scrotum or vulva.

10.9	Головка полового члена	Головка полового члена — конусообразное завершение мужского полового члена.	Glans penis	The glans penis is the rounded head (or tip) of the penis. The opening of the urethra locates in the middle of the glans penis.
10.10	Крайняя плоть (препуциум)	Крайняя плоть — это двухслойная складка гладкой мышечной ткани, кровеносных сосудов, нейронов, кожи и слизистой оболочки полового члена, которая покрывает и защищает головку полового члена и мочеиспускательный канал.	Prepuce (foreskin)	The foreskin is the double-layered fold of smooth muscle tissue, blood vessels, neurons, skin, and mucous membrane part of the penis that covers and protects the glans penis and the urinary meatus.
10.11	Семенной канатик	Обеспечивает кровоснабжение яичка и выводит сперматозоиды	spermatic cord	The spermatic cord is the cord-like structure in males formed by the vas deferens (ductus deferens) and surrounding tissue that runs from the deep inguinal ring down to each testicle.
11	Эрекция	Эрекция (от лат. erectus — стоящий вертикально) — увеличение объёма полового члена и его отвердение. Это происходит из-за кровенаполнения пениса.	Erection	An enlarged and rigid state of the penis, typically in sexual excitement.
12	Сперматозоид	Сперматозоид — это мужская половая клетка (гамета). Сперматозоиды обычно обладают способностью к активному движению и служат для оплодотворения женской гаметы — яйцеклетки. Мужская половая клетка несет генетическую информацию.	Spermatozoid	Spermatozoa (sperm) are the male sex cells that carry a man's genetic material. The head of the sperm contains the DNA, which when combined with the egg's DNA, will create a new individual. The tip of the sperm head is the portion called the acrosome, which enables the sperm to penetrate the egg. The midpiece contains the mitochondria which supplies the energy the tail needs to move.

13	Эякуляция, семяизвержение	Эякуляция — выделение семенной жидкости из мочеиспускательного канала у мужчин при половой активности. Представляет собой сложный рефлекторный акт, центр которого находится в поясничном отделе спинного мозга.	Ejaculation	Ejaculation is the discharge of semen (normally containing sperm) from the male reproductory tract as a result of an orgasm. It is the final stage and natural objective of male sexual stimulation, and an essential component of natural conception.
14	Женские половые органы	Женская репродуктивная система — ответственна за продолжение рода, и состоящая из женских внутренних и наружных половых органов. Органы данной системы представлены грудным (молочные железы) и тазовым отделами— внутренними и наружными половыми органами.	Female reproductive system	The female reproductive system is made up of the internal and external sex organs that function in the reproduction of new offspring.
14.1	Внешние половые органы. Вульва	Наружные половые органы включают лобковую мышцу, большие половые губы, малые половые губы, бартолиновые железы и клитор. Область, в которой находятся эти органы, называется вульвой.	External genitalia. Vulva	The external genital organs include the mons pubis, labia majora, labia minora, Bartholin glands, and clitoris. The area containing these organs is called the vulva.
14.1.1	Клитор	Клитор — женский наружный половой орган, расположенный у верхних концов малых половых губ. Это уникальный орган, единственная функция которого заключается в том, чтобы концентрировать и накапливать сексуальные ощущения.	Clitoris	A small, sensitive, erectile part of the female genitals at the anterior end of the vulva.

14.1.2	Губы, большие и малые	Большие половые губы – складки кожи, в толще которых расположена богатая жиром клетчатка. Большие половые губы создают механическую защиту для уретры и входа во влагалище. Малые половые губы расположены между большими половыми губами в виде двух тонких кожных складок, ограничивающих преддверие влагалища. Они имеют большое количество сальных желез, кровеносных сосудов и нервных окончаний.	Labia majora, labia minora	The labia (lips) are folds of skin around the vaginal opening. The labia majora (outer lips) are usually fleshy and covered with pubic hair. The labia minora (inner lips) are inside the outer lips. They begin at the clitoris and end under the opening to the vagina.
14.1.3	Лобок	Лобок (венерин бугорок, лунный холмик) — самый нижний участок передней брюшной стенки женщины, слегка возвышающийся благодаря хорошо развитому подкожно-жировому слою	Mons's pubis	The mons pubis is a pad of fatty tissue that covers the pubic bone. It's sometimes referred to as the mons or the mons veneris in females. While both sexes have a mons pubis, it's more prominent in females.
14.1.4	Мочеиспуска-тельное отверстие (наружный канал)	Мочеиспускательный канал, уретра проходит через мочеполовую диафрагму и открывается наружным отверстием в преддверии влагалища, в глубине половой щели.	Urinary orifice (meatus)	Urinary orifice (meatus) Is not true part of the female reproductive system but it is included as a part of vulva.
14.1.5	Вагинальное отверстие (отверстие), интроитус	Влагалищное отверстие просто означает вход во влагалище; расположено в нижней части преддверия, ниже мочевого отверстия.	Vaginal orifice (opening), introitus	The vaginal orifice simply means the opening to the vagina itself; located in the lower portion of the vestibule, below the urinary meatus.

14.1.6	Преддверие влагалища	Преддверие влагалища — щелевидное пространство, ограниченное с боков малыми половыми губами, спереди – клитором, сзади — задней спайкой половых губ. Сверху преддверие влагалища прикрыто девственной плевой или ее остатками	Vestibule of the vagina	The area between the labia minora is the vulva vestibule. This is a smooth surface that begins superiorly just below the clitoris and ends inferiorly at the posterior commissure of the labia minora. The vulva vestibule contains the opening to the urethra and the vaginal opening.
14.1.7	Гимен	Девственная плева (гимен) — это цельнотканевая перепонка, покрытая с обеих сторон многослойным плоским эпителием. Она наиболее часто имеет одних, иногда несколько отверстий.	Hymen	The hymen is a thin piece of mucosal tissue that surrounds or partially covers the external vaginal opening. It forms part of the vulva, or external genitalia, and is similar in structure to the vagina.
14.1.8	Бартолиновы железы	Бартолиновы железы (большие железы преддверия влагалища) расположены в толще больших половых губ у их основания. Железы выделяют тягучую сероватую богатую белком жидкость (влагалищная жидкость, смазка).	Bartholin glands	The Bartholin's glands (also called Bartholin glands or greater vestibular glands) are two pea-sized compound alveolar glands located slightly posterior and to the left and right of the opening of the vagina. They secrete mucus to lubricate the vagina.
14.2	Внутренние половые органы.	Внутренние женские половые органы включают яичники, маточные трубы, шейку матки, матку и связочный аппарат влагалище.	Internal Genitalia	Internal genitalia of the female reproductive system consist of the vagina, uterus, fallopian tubes, and the ovaries.

14.2.1	Влагалище	Влагалище (лат. vagina) — непарный внутренний половой орган женщины, мышечно-эластичное трубчатое образование, расположенное в малом тазу и служащее для выведения из организма менструальных, вагинальных выделений, и рождения детей. Канал из вульвы в матку.	Vagina	The vagina is an elastic, muscular canal with a soft, flexible lining that provides lubrication and sensation. The vagina is female organ of copulation (coitus, sexual intercourse) and also serves as a conduit for menstrual flow from the uterus. During childbirth, the baby passes through the vagina (birth canal).
14.2.2	Матка	Матка (лат. uterus) — это непарный гладкомышечный полый орган, в котором развивается эмбрион, вынашивается плод. Матка расположена в средней части полости малого таза. Слои стенки матки (начиная с наружного слоя): периметрий, миометрий и эндометрий.	Uterus	Uterus, also called womb, an inverted pear-shaped muscular organ of the female reproductive system, located between the bladder and the rectum. It functions to nourish and house a fertilized egg until the fetus, or offspring, is ready to be delivered.
14.2.3	Дно матки	Дно матки — это верхняя часть, противоположная шейке матки. Дно — это широкая изогнутая верхняя область, в которой маточные трубы соединяются с маткой.	Fundus	The fundus of the uterus is the top portion, opposite from the cervix. The fundus is the broad curved upper area in which the fallopian tubes connect to the uterus.
14.2.4	Тело матки	Тело матки — средняя (большая) часть органа, имеет конусовидную форму.	Body of the uterus	The wider, central part of the uterus is called the corpus.

14.2.5	Шейка	Шейка матки — нижняя суженная округлённая часть матки. Вверху входит в матку, внизу во влагалище. Это относительно узкий сегмент матки, стенка которой состоит преимущественно из плотной коллагеновой ткани и лишь небольшого количества гладких мышц и эластической ткани.	Cervix	The cervix is a cylinder-shaped neck of tissue that connects the vagina and uterus. Located at the lowermost portion of the uterus, the cervix is composed primarily of fibromuscular tissue.
14.2.6	Эндометрий	Эндометрий (лат. endometrium) — внутренняя слизистая оболочка тела матки (мукозный слой), выстилающая полость матки и обильно снабжённая кровеносными сосудами.	Endometrium	The mucous membrane lining the uterus, which thickens during the menstrual cycle in preparation for possible implantation of an embryo.
14.2.7	Фаллопиевы трубы	Фаллопиевы трубы (также маточные трубы) — парный трубчатый орган, соединяющий полость матки с брюшной полостью. Они служат местом для оплодотворения яйцеклетки и ее дальнейшего продвижения в матку.	Fallopian tubes	The Fallopian tubes, also known as uterine tubes, salpinges, or oviducts, are tubes that stretch from the uterus to the ovaries and are part of the female reproductive system. The fertilized egg passes through the Fallopian tubes from the ovaries to the uterus.
14.2.8	Везикулярный язычковый фолликул (граафовый пузырек)	Фолликул яичника (лат. folliculus ovaricus) — структурный компонент яичника, состоящий из яйцеклетки, окружённой слоем эпителиальных клеток и двумя слоями соединительной ткани.	Vesicular lingual follicle (Graaf's vesicle)	The ovarian follicles, sometimes called Graafian follicles, are rounded enclosures for the developing ova in the cortex near the surface of the ovary.

14.2.9	Яйцеклетка	Яйцеклетка — это женская половая клетка, благодаря которой может формироваться новый организм. Яйцеклетки развиваются и созревают в яичниках, половых женских железах.	Ova	The egg cell, or ovum (plural ova), is the female reproductive cell.
14.2.10	Желтое тело	На месте созревшей яйцеклетки. Начинает вырабатываться гормон прогестерон. Поддерживает беременность.	Corpus luteum	The corpus luteum is made up of lutein cells, which develop immediately the following ovulation when yellow pigment and lipids accumulate within the granulosa cells lining the follicle.
15	Менструация	Менструация (месячные) — ежемесячное выделение крови из матки у женщин, вызванное отторжением маточной оболочки при отсутствии оплодотворения яйцеклетки.	Menstruation	Menstruation, or period, is normal vaginal bleeding that occurs as part of a woman's monthly cycle. Every month, your body prepares for pregnancy. If no pregnancy occurs, the uterus, or womb, sheds its lining. The menstrual blood is partly blood and partly tissue from inside the uterus.
16	Менархе	Первые месячные (менархе) начинаются со времени полового созревания девушки (в среднем в возрасте 12-14 лет) и сопровождает женщину вплоть до менопаузы (45-55 лет).	Menarche	Menarche is one of the most significant milestones in a woman's life. The first cycles tend to be anovulatory and vary widely in length. They are usually painless and occur without warning. Menarche occurs between the ages of 10 and 16 years in most girls in developed countries.
17	Менструаль-ный цикл	Период с первого дня менструации до первого дня следующей менструации. Цикл управляется гипоталамусом	Menstrual cycle	The menstrual cycle is the hormonal process a woman's body goes through each month to prepare for a possible pregnancy. Regular menstrual periods are usually a sign that a body is working normally.

18	Фазы менструального цикла	Менструальный цикл – это циклические изменения в органах репродуктивной системы женщины. В менструальном цикле выделяют фолликулярную фазу (созревание фолликула), овуляторную фазу (овуляция), лютеиновую фазу (желтого тела) и менструации.	Phase of menstrual cycle	The menstrual phase consists of day 1to 5. The postmenstrual (proliferative) phase consists of day 6-12; an ovum begins to mature in the graafian follicles). The ovulatory phase consists of days 13-14; the graafian folicule rupture, releasing the mature ovum. Ovulation usually occurs on day 14 of a 28-day cycle. The premenstrual (secretory) phase consists of days 15-28.
19	Молочные железы (груди)	Молочные железы — парные железы внешней секреции, находящиеся в составе репродуктивной системы и отвечающие за выработку молока (лактацию). Они располагаются на передней поверхности тела.	Mammary glands (breasts)	The mammary gland is a gland located in the breasts of females that is responsible for lactation, or the production of milk.
19.1	Сосок молочной железы	Грудной сосок (лат. papilla mammae) — внешняя часть молочной железы в виде круглого, выдающегося вперёд выступа, из которого ребёнок сосёт молоко.	Nipple	The nipple is a raised region of tissue on the surface of the breast from which, in females, milk leaves the breast through the lactiferous ducts to feed an infant.
19.2	Ареола	Ареола - пигментированная область вокруг соска. Небольшие бугорки на ареоле называются железами Монтгомери. Эти железы выделяют липоидную смазку, которая предохраняет ареолу от высыхания и обладает слабыми бактерицидными свойствами.	Areola	A small circular area, in particular the ring of pigmented skin surrounding a nipple. The areola contains sebaceous glands to provide lubrication for the nipple during nursing.

	Беременность Pregnancy			
20	Оплодотворе-ние	Проникновение сперматозоида в яйцеклетку, которая прошла стадию овуляции, оплодотворение происходит в фаллопиевых трубах	Fertilization (conception)	The fertilization is the union of an egg and sperm, occurring in the ampulla of the fallopian tube. The result of this union, leads to the production of a zygote cell, or fertilized egg, initiating prenatal development.
20.1	Ядро	Яйцеклетка и сперматозоид одно целое	Fertilized ovum	A woman's egg joins with a man's sperm.
20.2	Плодное яйцо	Деление ядра на 64 клетки в фаллопиевых трубах и затем опускается в матку	Zygote	A zygote is the union of the sperm cell and the egg cell. the zygote begins as a single cell but divides rapidly in the days following fertilization. The zygote's genome is a combination of the DNA in each gamete and contains all of the genetic information necessary to form a new individual.
20.3	Имплантация (Нидация)	Беременность произошла	Implantation (nidation)	Implantation is the stage of pregnancy at which the embryo adheres to the wall of the uterus.
20.4	Хорионгонадо-тропин	Гормон вырабатывается плодным яйцом и сообщает яичнику, что беременность произошла.	Human chorionic gonadotropin (hCG)	A hormone for the maternal recognition of pregnancy produced by trophoblast cells that are surrounding a growing embryo (syncytiotrophoblast initially), which eventually forms the placenta after implantation.

№	Термин	Описание	Term	Description
20.5	Плацента	Темно красное губчатое дискообразное тело. Выполняет функцию жизненного обмена между плодом и материнским телом	Placenta	The placenta is an organ that develops in the uterus during pregnancy. This structure provides oxygen and nutrients to the growing baby and removes waste products from the baby's blood. The placenta attaches to the uterus wall, and the baby's umbilical cord arises from it.
20.6	Зародыш	Оплодотворенная яйцеклетка до 2х месяцев	Embryo	An embryo is an early stage of developing a multicellular organism, from approximately the second to the eighth week after fertilization.
20.7	Плод	После 2х месяцев после начала беременности и до рождения	Fetus	The fetal period begins 8 weeks after fertilization of an egg by a sperm and ends at the time of birth.
20.8	Ожидаемая дата рождения ребенка, правило Нагеля	Расчет даты рождения ребенка: первый день последней менструации + 9 календарных м-цев + 7 дней	Expected date of delivery (EDD), Nageles's rule	Most pregnancies last around 40 weeks (or 38 weeks from conception). For simple calculation EDD, it is to subtract three months from the first day of the last menstrual period and add seven days.
20.9	Морула	Морула — это стадия раннего эмбрионального развития зародыша, которая начинается с завершением дробления зиготы.	Morula	An early stage in post-fertilization development when cells have rapidly mitotically divided to produce a solid mass of cells (12-15 cells) with a "mulberry" appearance.
20.10	Бластоциста	Бластоциста - ранняя стадия развития зародыша. Стадия бластоцисты следует за стадией морулы и предшествует стадии зародышевого диска, до прикрепления зародыша к стенке матки.	Blastocyst stage.	Blastocyst formation begins about 5 days after fertilization when a fluid-filled cavity opens up in the morula. About seven days after fertilization, the blastocyst undergoes implantation, embedding into the uterine wall's endometrium.

20.11	Трофобласт	Внешняя оболочка бластоциста, которая потом развивается в плаценту.	Trophoblast	Trophoblasts are cells that form the outer layer of a blastocyst. They provide nutrients to the embryo and develop into a large part of the placenta.
20.12	Хориальные ворсины	Ворсины хориона являются частью развивающейся плаценты («детского места», или последа). Хорион развивается из трофобласта. На ранних этапах ворсинки хориона выделяет ферменты, разрушающие слизистую оболочку матки, и способствует имплантации.	Chorionic villi	The chorionic villi are tiny projections of placental tissue and serve primarily to increase the surface area by which products from the maternal blood are made available to the fetus.
20.13	Амниотический мешок	Амниотический мешок - представляет собой замкнутый мешок между эмбрионом и амнионом, содержащий околоплодные воды. Амниотический мешок соединен через пуповину - с плацентой.	Amniotic sac (fetal membrane)	The amniotic sac is the sac in which the fetus develops. It is a thin but tough transparent pair of membranes. The inner of these fetal membranes, the amnion, encloses the amniotic cavity, containing the amniotic fluid and the fetus. The outer membrane, the chorion, contains the amnion and is part of the placenta.
20.14	Околоплодные воды	Амниотическая жидкость (околоплодные воды) — биологически активная жидкая среда, находящаяся внутри плодных оболочек во время беременности. Амниотическая жидкость окружает плод и является его естественной средой, играя при этом существенную роль в обеспечении его жизнедеятельности.	Amniotic fluid	Amniotic fluid is a clear, yellow fluid. It surrounds the growing baby in the uterus. Amniotic fluid has many important functions and is vital for healthy fetal development. This fluid serves as a cushion for the growing fetus and facilitates the exchange of nutrients, water, and biochemical products between mother and fetus.

20.15	Пуповина	Пуповина, или пупочный канатик (лат. funiculus umbilicalis) — особый орган, соединяющий эмбрион, а затем плод с плацентой. Пуповина состоит из одной большой вены и двух небольших артерий. Вена несет наполненную кислородом кровь от матери к ребенку. Артерии переносят отработанную кровь и продукты обмена веществ от ребенка обратно к матери.	Umbilical cord	A flexible cord-like structure containing blood vessels and attaching a fetus to the placenta during gestation. The umbilical vein supplies the fetus with oxygenated, nutrient-rich blood from the placenta. Conversely, the fetal heart pumps low oxygen, nutrient-depleted blood through the umbilical arteries back to the placenta.
20.16	Триместры	Период беременности разделяется на триместры: первый 1-13 неделя, второй 14-28 и третий 15-40 неделя	Trimester	A pregnancy is divided into trimesters. The first trimester (0 to 13 Weeks) is the most crucial to a baby's development. The second trimester (14 to 26 Weeks) is often called the "golden period". In the third trimester (27 to 40 Weeks), women might experience a variety of pregnancy symptoms such as leg cramps, heartburn, varicose veins, backache, and others.
		Патологические состояния **Pathological condition**		
		Мужская репродуктивная система. **The male reproductive system**		
1	Анорхизм	Анорхизм - отсутствие обоих яичек. Это очень редкая аномалия, проявляющаяся евнухоидизмом. Лечение консервативное, проводится гормонотерапия.	Anorchism	Anorchia (also called anorchidism or anorchism) is a disorder of sex development in which a male is born without of one or both testcles.

2	Баланит	Баланит – общее название группы воспалительных процессов на головке полового члена мужчин. Патология сопровождается болевыми ощущениями, отеком, появлением эрозий или трещин, затруднением мочеиспускания.	Balanitis	Balanitis is swelling of the foreskin or head of the penis. Balanitis is most common in uncircumcised men.
3	Доброкачественная гиперплазия предстательной железы (ДГЖП)	Доброкачественная гиперплазия предстательной железы (ДГЖП) или аденома простаты – распространенное среди мужчин зрелого и пожилого возраста заболевание. Аденома, или гиперплазия — это увеличение железы в размерах.	Benign prostatic hypertrophy	Benign (noncancerous) prostatic hyperplasia (BPH) — also called prostate gland enlargement — is a common condition as men get older.
4	Рак предстательной железы	Рак предстательной железы - злокачественное новообразование, возникающее из эпителия альвеолярно-клеточных элементов предстательной железы.	Carcinoma of the prostate	Malignant growth within the prostate gland.
5	Рак яичек	Рак яичка – злокачественная опухоль, развивающаяся из тканей яичек (мужских половых желез, расположенных в мошонке).	Carcinoma of the testes	Testicular cancer occurs in the testicles (testes), which are located inside the scrotum. Compared with other types of cancer, testicular cancer is rare.
6	Крипторхизм	Крипторхизм – клинически проявляется отсутствием яичка в мошонке.	Cryptorchidism	A condition in which one or both of the testes fail to descend from the abdomen into the scrotum.
7	Эписпадия	Эписпадия — это редкий врожденный дефект расположения отверстия уретры. Уретра открывается на верхней стороне полового члена возле головки.	Epispadias	Epispadias is a rare birth defect located at the opening of the urethra. The urethra opens on the upper side of the penis near the glans.

8	Гипоспадия	Гипоспадия — это врожденный дефект у мальчиков, при котором отверстие уретры не находится на кончике полового члена. Аномальное отверстие может образоваться где угодно от конца полового члена до мошонки.	Hypospadias	Hypospadias is a birth defect in boys in which the opening of the urethra is not located at the tip of the penis. The abnormal opening can form anywhere from just below the end of the penis to the scrotum.
9	Импотенция	Импотенция - отсутствие возбуждения или критическое уменьшение его длительности (снижение эректильной способности); преждевременная эякуляция.	Impotence	inability in a man to achieve an erection or orgasm.
10	Паховая грыжа	Паховая грыжа — патологическое выпячивание брюшины в полость пахового канала.	Inguinal hernia	An inguinal hernia occurs when tissue, such as part of the intestine, protrudes through a weak spot in the abdominal muscles.
11	Орхит	Орхит – воспаление яичка, обычно возникает как осложнение вирусных инфекционных заболеваний, в первую очередь таких, как эпидемический паротит и грипп.	Orchitis	Orchitis is an inflammation of one or both testicles. Orchitis is most often the result of a bacterial infection, such as a sexually transmitted infection (STI). In some cases, the mumps virus can cause orchitis.
12	Фимоз	Фимоз - врожденная патология полового члена у мужчин. Это сужение отверстия эпителиальной ткани крайней плоти, которое препятствует свободному выходу головки. Основная причина фимоза – недостаточное количество эластичных клеток, формирующих структуру крайней плоти.	Phimosis	Phimosis is defined as the inability to retract the skin (foreskin or prepuce) covering the head (glans) of the penis. Phimosis may appear as a tight ring or "rubber band" of foreskin around the tip of the penis, preventing full retraction.

13	Преждевременная Эякуляция	Преждевременное семяизвержение — это патологическое состояние, при котором эякуляция происходит либо до начала полового акта, либо через короткий промежуток времени после его начала.	Premature ejaculation	Orgasm and emission of semen occurring just before or shortly after beginning sexual intercourse.
14	Простатит	Простатит — это воспаление предстательной железы. Существуют множество форм заболеваний, но чаще всего острая и хроническая формы.	Prostatitis	Prostatitis is a disease of the prostate that results in pain in the groin, painful urination, difficulty urinating and other symptoms. Acute bacterial prostatitis is often caused by common strains of bacteria. The infection can start when bacteria in urine leak into a prostate.
15	Варикоцеле	Варикоцеле – это мужское заболевание, характеризующееся варикозным расширением вен семенного канатика вследствие нарушения оттока венозной крови из яичек, и является аномалией развития венозной сети яичка.	Varicocele	A varicocele is an abnormal enlargement of the pampiniform venous plexus in the scrotum. This plexus of veins drains blood from the testicles back to the heart.
Диагностика и лечение **Diagnostic and treatment**					
16	Кастрация	Кастрация — операция (чаще всего хирургическая), заключающаяся в удалении половых желёз. В результате кастрации становится невозможной выработка сперматозоидов, что приводит к невозможности иметь потомство. Удаление яичек вместе с пенисом называется оскоплением.	Castration	Castration (also known as orchiectomy or orchidectomy) is any action, surgical, chemical, or otherwise, by which an individual loses the use of the testicles: the male gonad. Surgical castration is bilateral orchiectomy (excision of both testicles), and chemical castration uses pharmaceutical drugs to deactivate the testes.

17	Обрезание	Обрезание — это хирургическое удаление крайней плоти, представляющей собой кожную складку вокруг головки полового члена.	Circumcision	Circumcision is the surgical removal of the skin covering the tip of the penis. The procedure is fairly common for newborn boys in certain parts of the world, including the United States.
18	Цистоскопия	Цистоскопия — это эндоскопический метод диагностики заболеваний мочевого пузыря. Процедура заключается в осмотре мочевого пузыря с помощью специального инструмента – цистоскопа. Цистоскоп вводится в мочевой пузырь через мочеиспускательный канал (уретру).	Cystoscopy	Cystoscopy is a procedure that allows a doctor to examine the lining of the bladder and the tube that carries urine out of the body (urethra). A hollow tube (cystoscope) equipped with a lens is inserted into the urethra and slowly advanced into the bladder.
19	Тест на абсорбцию флуоресцентных трепонемных антител	Тест на абсорбцию флуоресцентных трепонемных антител — это анализ крови, который проверяет наличие антител к бактериям Treponema pallidum. Эти бактерии вызывают сифилис.	FTA-ABS test	The fluorescent treponemal antibody absorption (FTA-ABS) test is a blood test that checks for the presence of antibodies to Treponema pallidum bacteria. These bacteria cause syphilis.
20	Внутривенная пиелограмма (ВП)	Внутривенная пиелограмма – это обследование с целью выявления камней в почках и других заболеваний почек и мочевого пузыря. После ввода красителя делается рентген.	Intravenous pyelogram (IVP)	An intravenous pyelogram (IVP) is an x-ray examination of the kidneys, ureters and urinary bladder that uses iodinated contrast material injected into veins. An x-ray (radiograph) is a noninvasive medical test that helps physicians diagnose and treat medical conditions.

21	Орхидэктомия	Орхиэктомия - операция по удалению одного или двух яичек. Применяется при необходимости снизить продукцию мужских половых гормонов, при злокачественных новообразованиях мужских половых органов (в частности — предстательной железы), а также при коррекции пола.	Orchidectomy	Orchiectomy is a surgical procedure in which one or both testicles are removed, as a form of castration. It's much less risky than hormone therapy for the treatment of prostate or testicular cancer.
22	Орхидопексия	Орхидопексия - хирургическая операция, заключающаяся в продвижении не опустившегося яичка в паховую область и его фиксации в мошонке.	Orchidopexy	Orchiopexy is a surgery to move an undescended testicle into the scrotum and permanently fix it there. Orchiopexy typically also describes the surgery used to resolve testicular torsion.
23	Радикальная простатэктомия	Радикальная простатэктомия – оперативное лечение, направленное на удаление предстательной железы с семенными пузырьками при раке простаты.	Radical prostatectomy	Radical prostatectomy is surgery to remove the entire prostate gland and surrounding lymph nodes to treat men with localized prostate cancer.
24	Анализ спермы	Анализ спермы (спермограмма) — очень точный диагностический метод, который позволяет выявить не только причины бесплодия, но и самые разные заболевания половой сферы.	Semen analysis	Semen analysis is a test of a man's sperm and semen. Also known as a sperm count or male fertility test, its results show how many sperm are released, as well as how they're shaped and how well they move.
25	Надлобковая простатэктомия	Надлобковая простатэктомия — это операция по удалению части или всей предстательной железы. Надлобковая означает, что операция проводится через разрез в нижней части живота над лобковой костью.	Suprapubic prostatectomy	Suprapubic prostatectomy is surgery to remove part or all of a prostate gland. Suprapubic means that the surgery is done through an incision in the lower abdomen, above the pubic bone.

26	Трансуретраль-ная резекция простаты (ТУР или ТУРП)	Трансуретральная резекция простаты (ТУРП) — это операция по удалению части предстательной железы через половой член. Хирург достигает простаты, вставляя инструмент-резектоскоп в конец полового члена и через уретру.	Transurethral resection of the prostate (TUR or TURP)	Transurethral resection of the prostate (TURP) is surgery to remove parts of the prostate gland through the penis. The surgeon reaches the prostate by putting an instrument into the end of the penis and through the urethra. This instrument called a resectoscope.
27	Вазэктомия	Вазэктомия – это микрохирургическая процедура, целью которой является обеспечение временной бесплодности мужчины. Во время процедуры мужские семявыносящие протоки разрезаются и связываются или запечатываются.	Vasectomy	Vasectomy is a surgical procedure for male sterilization or permanent contraception. During the procedure, the male vasa deferentia are cut and tied or sealed so as to prevent sperm from entering into the urethra and thereby prevent fertilization of a female through sexual intercourse.
28	VDRL тест	Тест VDRL — это скрининговый тест на сифилис. Проводится анализ крови на присутствие антител в организме на бактерии, вызывающие сифилис.	VDRL test	The VDRL test is a screening test for syphilis. It measures substances (proteins), called antibodies, which your body may produce if you have come in contact with the bacteria that cause syphilis. Blood is drawn from a vein (venipuncture), usually from the inside of the elbow or the back of the hand.

	Патологические состояния Pathological condition			
	Женская репродуктивная система The female reproductive system			
1	Карцинома молочной железы	Карцинома молочной железы — это новообразование, развивающееся посредством аномального и неконтролируемого размножения определенных клеток молочной железы. Опухоль молочной железы чаще всего берет начало от железистых клеток или от клеток стенок молочных каналов.	Carcinoma of the breast	A condition in which abnormal cells are found in the tissues of the breast. There are 2 types of breast carcinoma in situ: ductal carcinoma in situ (DCIS) and Paget disease of the nipple.
2	Рак шейки матки	Рак шейки матки — злокачественное новообразование, возникающее в области шейки матки.	Cervical carcinoma	Cervical cancer is a type of cancer that occurs in the cells of the cervix. Long-lasting infection with certain types of human papillomavirus (HPV) is the main cause of cervical cancer.
3	Цервицит	Цервицит – гинекологические заболевание, характеризующееся наличием воспалительного процесса в шейке матки.	Cervicitis	Cervicitis is infectious or noninfectious inflammation of the cervix.
4	Цистоцеле	Цистоцеле (цисто - мочевой пузырь, целе – грыжа) – это опущение передней стенки влагалища. Так как передняя стенка влагалища и мочевой пузырь – соседи, то опущение передней стенки влагалища и опущение мочевого пузыря – это одно и то же	Cystocele	A cystocele (also known as a prolapsed, herniated, dropped, or fallen bladder) occurs when ligaments that hold the bladder up and the muscle between a woman's vagina and bladder stretches or weakens, allowing the bladder to sag into the vagina.

5	Карцинома эндометрия	Рак тела матки (карцинома эндометрия) — злокачественная опухоль, развивающаяся в эпителиальном слое матки.	Endometrial carcinoma	Endometrial cancer begins in the layer of cells that form the lining (endometrium) of the uterus. Endometrial cancer is sometimes called uterine cancer or adenocarcinoma.
6	Эндометриоз	Эндометриоз - хроническое гинекологическое заболевание, которое может вызывать хроническую тазовую боль и бесплодие у женщин репродуктивного возраста.	Endometriosis	Endometriosis is an often a painful disorder in which tissue similar to the tissue that normally lines the inside of the uterus, the endometrium, grows outside the uterus. Endometriosis most commonly involves ovaries, fallopian tubes, and the tissue lining a pelvis.
7	Фиброзно-кистозная болезнь груди	Фиброзно-кистозная мастопатия (ФКМ) - доброкачественное заболевание молочной железы, чаще связанное с изменением гормонального фона женщины, характеризующееся изменением нормального соотношения эпителиального и соединительнотканного компонентов в структуре молочной железы.	Fibrocystic breast disease	Noncancerous changes that give a breast a lumpy or ropelike texture.
8	Фиброидная опухоль	Миома матки (также фибромиома, лейомио́ма) — это доброкачественная опухоль, возникающая в мышечном слое матки — миометрии.	Fibroid tumor	Uterine fibroids are noncancerous growths of the uterus that often appear during childbearing years. Also called leiomyomas or myomas, uterine fibroids aren't associated with an increased risk of uterine cancer and almost never develop into cancer.

9	Рак яичников	Карцинома яичника — злокачественная опухоль, поражающая яичники.	Ovarian carcinoma	Ovarian cancer is a type of cancer that begins in the ovaries.
10	Кисты яичников	Киста яичника представляет собой полость, заполненную жидкостью. Стенку кисты яичника образует тонкий слой клеток, которые и продуцируют эту жидкость.	Ovarian cysts	Ovarian cysts are fluid-filled sacs or pockets in an ovary or on its surface. The main causes of ovarian cysts may include hormonal imbalance, pregnancy, endometriosis, and pelvic infections.
11	Воспалительные заболевания органов малого таза (ВЗОМТ), сальпингит	Воспалительное заболевание органов малого таза — это инфекция женских половых органов. Оно является осложнением, часто вызываемым некоторыми заболеваниями, передающиеся половым путем: хламидиоз и гонорея. Вызвать ВЗОМТ могут также другие инфекции, которые не передаются половым путем.	Pelvic inflammatory disease (PID), salpingitis	Pelvic inflammatory disease (PID) is an infection of the female reproductive organs, includes the fallopian tubes, ovaries, cervix, and uterus. Several different types of bacteria can cause PID, including the same bacteria that cause the sexually transmitted infections (STIs) gonorrhea and chlamydia.
12	Вагинит (кандидоз, трихомониаз, гарднерелло-бактериальный вагинит)	Вагинит (кольпит) – это воспалительный процесс слизистой оболочки влагалища, вызванный разными причинами: патогенными вирусами и бактериями, а также недостаточной интимной гигиеной или аллергией на косметику и контрацептивы.	Vaginitis (candidiasis, trichomoniasis, gardnerella-bacterial vaginitis)	Vaginitis is an inflammation of the vagina that can result in discharge, itching and pain. The cause is usually a change in the normal balance of vaginal bacteria or an infection. Reduced estrogen levels after menopause and some skin disorders can also cause vaginitis.

		Диагностика и лечение Diagnostic and treatment		
13	Аспирационная биопсия	Аспирационная биопсия — это метод забора эндометрия/ Выполняется с целью получения образцов эндометрия для микроскопического исследования.	Aspiration biopsy	A thin needle is inserted into an area of abnormal-appearing tissue or body fluid. As with other types of biopsies, the sample collected during fine needle aspiration can help make a diagnosis or rule out conditions such as cancer.
14	Самообследование груди	Самообследование груди — это метод скрининга, используемый для выявления рака груди на ранней стадии. Этот метод предполагает, что женщина сама прощупывает каждую грудь на предмет возможных узлов, деформаций или припухлостей.	Breast self-examination (BSE)	Breast self-examination is a screening method used in an attempt to detect early breast cancer. The method involves the woman herself looking at and feeling each breast for possible lumps, distortions or swelling.
15	Кольпоскопия	Кольпоскопия — диагностический осмотр входа во влагалище, стенок влагалища и влагалищной части шейки матки при помощи кольпоскопа — специального прибора, представляющего собой бинокуляр и осветительный прибор.	Colposcopy	Colposcopy is a procedure to closely examine the cervix, vagina, and vulva for signs of disease. During colposcopy, the doctor uses a special instrument called a colposcope.
16	Коническая биопсия	Клиновидная или конусная биопсия (конизация) предполагает забор ткани в виде конуса. Так получают образцы участков шейки матки для дальнейшего исследования.	Cone biopsy	A cone biopsy (conization) is surgery to remove a sample of abnormal tissue from the cervix. Abnormal changes in the cells on the surface of the cervix is called cervical dysplasia.

17	Криохирургия	Криохирургия – глубокое воздействие низкими температурами на патологически изменённую ткань. Сверхнизкая температура при воздействии на новообразование способствует отмиранию патологически измененных тканей и замещению здоровой, нежной тканью без рубца.	Cryosurgery	Cryosurgery is the use of extreme cold in surgery to destroy abnormal or diseased tissue; thus, it is the surgical application of cryoablation. To create an extreme cold, it uses liquid nitrogen.
18	Кульдоцентез	Пункция брюшной полости через задний свод влагалища (кульдоцентез) - ближайший и наиболее удобный доступ в полость малого таза, где скапливается жидкость (кровь, гной, экссудат) при различных патологических процессах, чаще гинекологического происхождения.	Culdocentesis	Culdocentesis is a procedure that checks for abnormal fluid in the space just behind the vagina. This area is called the cul-de-sac. During a culdocentesis a long thin needle is inserted through the vaginal wall just below the uterus and a sample is taken of the fluid within the abdominal cavity.
19	Процедура расширения и выскабливания	Расширение и выскабливание - одна из хирургических технологий проведения аборта. В процессе дилатации и кюретажа сначала расширяют канал шейки матки (дилатация), а затем выскабливают стенки матки при помощи кюретки (кюретаж).	Dilation and curettage	Dilation and curettage refer to the dilation of the cervix and surgical removal of part of the lining of the uterus and/or contents of the uterus by scraping and scooping
20	Биопсия эндометрия	Биопсия эндометрия – гинекологическая диагностическая манипуляция, которая выполняется для исследования состояния слизистой оболочки матки.	Endometrial biopsy	An endometrial biopsy is a medical procedure in which a small piece of tissue from the lining of the uterus (the endometrium) is removed for examination under a microscope for cancer or any other cell abnormalities.

21	Гистеросаль-пингография	Гистеросальпингография (ГСГ, рентген маточных труб) – это метод рентгенологического обследования матки и маточных труб на наличие в них патологии. В ходе проведения рентгена маточных труб, матка и маточные трубы заполняются рентгеноконтрастным веществом и подвергаются небольшой дозе ионизирующего излучения.	Hysterosalpingo-graphy	Hysterosalpingography (HSG) is an x-ray exam of the uterus and fallopian tubes. It uses a special form of x-ray called fluoroscopy and a contrast material.
22	Лапароскопия	Лапароскопия — современный метод хирургии, в котором операции на внутренних органах проводят через небольшие отверстия. Лапароскопия обычно проводится на органах внутри брюшной или тазовой полостей.	Laparoscopy	Laparoscopy is an operation performed in the abdomen or pelvis using small incisions with the aid of a camera. The laparoscope aids diagnosis or therapeutic interventions with a few small cuts in the abdomen.
23	Петлевая электрохирургическая процедура иссечения (LEEP)	В процедуре электрохирургического иссечения (LEEP) используется проволочная петля, нагретая электрическим током. Используется для удаления клеток и тканей нижних половых путей женщины, используется как часть диагностики и лечения патологических или раковых состояний.	Loop electrosurgical excision procedure (LEEP)	Loop electrosurgical excision procedure (LEEP) uses a wire loop heated by an electric current to remove cells and tissue in a woman's lower genital tract, includes the cervix and vagina. It is used as part of the diagnosis and treatment for abnormal or cancerous conditions.
24	Маммография	Маммография — это рентгенография молочных желез для диагностики рака молочной железы на ранней стадии.	Mammography	A mammogram is an X-ray picture of the breast. Doctors use a mammogram to look for early signs of breast cancer.

25	Мазок Папаниколау (Пап)	Цитологическое исследование мазков из шейки матки по Папаниколау (ПАП-тест) — скрининговый метод, позволяющий оценить состояние слизистой оболочки шейки матки, выявить раковые, и другие изменения, которые могут стать фоновыми заболеваниями.	Papanicolaou (Pap) smear	The Papanicolaou test is a method of cervical screening used to detect potentially precancerous and cancerous processes in the cervix or colon. A procedure in which a small brush or spatula is used to gently remove cells from the cervix so they can be checked under a microscope.
26	Жидкостная цитология (ЖЖК)	Жидкостная цитология – это новый метод изготовления цитологического препарата. Она подразумевает особый способ забора биологического материала с шейки матки и с цервикального канала, а также приготовление готового цитологического препарата для изучения под микроскопом.	Liquid-based Pap (LBP)	Liquid-based cytology (LBC) is a new method of preparing cervical samples for cytological examination. Unlike the conventional 'smear' preparation, it involves making a suspension of cells from the sample and this is used to produce a thin layer of cells on a slide.
27	УЗИ органов малого таза	Трансабдоминальное УЗИ органов малого таза – осмотр внутренних органов через переднюю брюшную стенку. Процедура позволяет определить размеры половых органов, их структуру и наличие крупных патологических образований (опухоли, кисты).	Pelvic ultrasound	A pelvic ultrasound is a test that uses sound waves to make pictures of the organs inside the pelvis.

28	Пельвиметрия	Измерение размеров таза. Проводится чтобы определить потребуется ли кесарево сечение при родах. Это делается путем клинического обследования или с помощью рентгена, компьютерной томографии (КТ) или магнитно-резонансной томографии (МРТ).	Pelvimetry	The measurement of the dimensions of the pelvis, undertaken chiefly to help determine whether a woman can give birth normally or will require a Caesarean section. This can be done by clinical examination, or by conventional X-rays, computerized tomography (CT) scanning, or magnetic resonance imaging (MRI).
		Заболевания, передающиеся половым путем (ЗППП) Sexually transmitted diseases (STDs)		
1	Синдром приобретенного иммунодефицита (СПИД). Также называется: вирус иммунодефицита человека (ВИЧ)	Синдром приобретенного иммунодефицита (СПИД) - хроническое, потенциально опасное для жизни состояние, вызываемое вирусом иммунодефицита человека (ВИЧ). Повреждая иммунную систему, ВИЧ мешает организму бороться с инфекциями и болезнями.	Acquired immunodeficiency syndrome (AIDS). Also called: human immunodeficiency virus (HIV).	Acquired immunodeficiency syndrome (AIDS) is a chronic, potentially life-threatening condition caused by the human immunodeficiency virus (HIV). By damaging your immune system, HIV interferes with your body's ability to fight infection and disease.
2	Остроконечные кондиломы	Остроконечные кондиломы — это новообразования, которые по виду напоминают бородавки. Они локализуются преимущественно на коже и слизистой гениталий. Возбудителем является вирус папилломы человека (ВПЧ), который передается через незащищенные половые контакты с партнером-носителем.	Genital warts	Genital warts are a common sexually transmitted infection caused by the human papillomavirus (HPV). The characteristic symptom is a small bump on the genitals.

3	Гонорея	Гонорея (триппер) – одна из наиболее распространенных венерических инфекций, передаваемых половым путем. Её возбудителем становится бактерия гонококк, поражающая слизистые оболочки человеческого организма.	Gonorrhea	Gonorrhea is a sexually transmitted disease (STD). Gonorrhea is caused by the bacterium Neisseria gonorrhoeae. The gonorrhea bacteria are most often passed from one person to another during sexual contact, including oral, anal or vaginal intercourse.
4	Сифилис	Сифилис — хроническое системное венерическое инфекционное заболевание с поражением кожи, слизистых оболочек, внутренних органов, костей, нервной системы, вызываемое бактериями вида Treponema pallidum (бледная трепонема), порядка Спирохеты.	Syphilis	A bacterial infection usually spread by sexual contact that starts as a painless sore. Syphilis develops in stages, and symptoms vary with each stage. The final stage can result in damage to the brain, nerves, eyes, or heart. It caused by bacteria of the Treponema pallidum species (treponema pale), of the order of Spirochete.
5	Трихомониаз	Трихомониаз — инфекция, передающаяся половым путем, вызывается простейшим паразитом Trichomonas vaginalis. Инфекция передается от партнера к партнеру во время секса. Инкубационный период составляет 3–28 дней с момента инфицирования.	Trichomoniasis	Trichomoniasis (or "trich") is a very common sexually transmitted disease (STD). It is caused by infection with a protozoan parasite called Trichomonas vaginalis.
		**Планирование семьи (формы контрацепции)** **Family planning (forms of contraception)**		
1	Воздержание (сексуальная абстиненция)	Воздержание (или абстиненция, от лат. abstinere — воздерживаться) — подавление в себе каких-либо влечений. Этот метод на 100% эффективен в предотвращении беременности.	Abstinence	Abstinence is the choice not to have sex. This method is 100% effective in preventing pregnancy and infection as long as all sexual contact is avoided, including vaginal, oral, and anal sex.

2	Оральные контрацептивы	Комбинированные оральные контрацептивы (КОК) — группа гормональных контрацептивов для предупреждения нежелательной беременности. Они препятствуют процессу овуляции яйцеклетки и влияют на слизистую матки делая ее непроницаемой для сперматозоидов.	Oral contraceptives	Combination birth control pills are a daily medication that contains 2 hormones (estrogen and progestin) to prevent pregnancy.
3	Депо-Провера инъекция	Противозачаточный инъекционный препарат, содержащий гормон прогестин. Депо-Провера вводится каждые три месяца в виде инъекции. Депо-Провера обычно подавляет овуляцию.	Depo-Provera injection	Depo-Provera is a contraceptive injection that contains the hormone progestin. Depo-Provera is given as an injection every three months. Depo-Provera typically suppresses ovulation, keeping the ovaries from releasing an egg
4	Внутриматоч-ная спираль	Внутриматочная спираль – средство контрацепции, обладающее высокой эффективностью. Оплодотворенная яйцеклетка не закрепляется в полости матки, что приводит к прекращению развития эмбриона. Также благодаря меди, входящей в состав спирали, выделяется жидкость, которая обездвиживает сперматозоиды.	Intrauterine device	An intrauterine device (IUD), also known as an intrauterine contraceptive device (IUCD or ICD) or coil, is a small, often T-shaped birth control device that is inserted into the uterus to prevent pregnancy. IUDs are one form of long-acting reversible birth control (LARC).

5	Пластырь для контроля рождаемости	Гормональный пластырь — трансдермальное контрацептивное средство, работает аналогично комбинированным противозачаточным таблеткам, предотвращает беременность, выделяя гормоны непосредственно в кровоток. Применяется не ежедневно, а 1 раз в неделю.	Birth control patch	The patch is a thin, beige piece of plastic that looks like a square bandage. It's easy to use and works like the pill, but you only need to change your patch once a week. The birth control patch works similarly to combination birth control pills. The birth control patch prevents pregnancy by releasing hormones into your bloodstream that keep your ovaries from releasing an egg (ovulation). The birth control patch also thickens cervical mucus to keep sperm from reaching an egg.
6	Противозача- точное кольцо	Противозачаточное кольцо содержит вещества, которые блокируют овуляцию и делают беременность невозможной. Это небольшой гибкий кусочек пластика, который вставляется во влагалище, работает как таблетка, но вставлять его нужно только раз в месяц.	Contraceptive ring	The ring is a small, flexible piece of plastic that's inserted into the vagina to provide birth control. It works like the pill, but only needs to be inserted once a month.
7	Барьерные методы	Барьерные методы предотвращают беременность, блокируя сперматозоиды. Это цервикальный колпачок, мужской и женский презерватив, а также спермицидную пену, губки и пленку. В отличие от других методов контроля рождаемости, барьерные методы используются только при половом акте.	Barrier methods	Barrier methods of birth control prevent pregnancy by blocking sperm. Barrier methods include the diaphragm, cervical cap, male condom, and female condom and spermicidal foam, sponges, and film. Unlike other methods of birth control, barrier methods are used only when you have sexual intercourse.

8	Перевязка маточных труб	Перевязка фаллопиевых (маточных) труб — это хирургическая операция. Трубы перекрывают специальными приспособлениями (нитями, кольцами). В результате этой процедуры яйцеклетки не могут встретиться со сперматозоидами и зачатие становится невозможным.	Tubal ligation	Tubal ligation is surgical cutting and tying fallopian tubes to prevent pregnancy. It is called a female sterilization. An egg cannot move from the ovary through the Fallopian tubes to the uterus. Also, sperm cannot reach the egg in the Fallopian tube after ovulation.
		Осложнение беременности **Complication of pregnancy**		
9	Аборт	Аборт — искусственное прерывание беременности. По современным медицинским стандартам, аборт проводится, как правило, при сроке до 20 недель беременности или, если срок беременности неизвестен, при весе плода до 400 г.	Abortion	Abortion is the ending of a pregnancy by removal or expulsion of an embryo or fetus. An abortion that occurs without intervention is known as a miscarriage or "spontaneous abortion". When deliberate steps are taken to end a pregnancy, it is called an induced abortion, or less frequently "induced miscarriage".
10	Отслойка плаценты	Отслойка плаценты – преждевременное отделение нормально расположенной плаценты от стенки матки, обычно после 20 недель беременности.	Abruptio placenta	Placental abruption occurs when the placenta separates from the inner wall of the uterus before birth.
11	Внематочная беременность	Внематочная беременность (эктопическая беременность) — прикрепление оплодотворённой яйцеклетки происходит вне полости матки. Внематочная беременность опасна для здоровья матери из-за внутреннего кровотечения	Ectopic pregnancy	An ectopic pregnancy occurs when a fertilized egg implants and grows outside the main cavity of the uterus. An ectopic pregnancy most often occurs in a fallopian tube. This type of ectopic pregnancy is called a tubal pregnancy.

12	Гестационный диабет	Гестационный диабет (диабет беременных) - гормональная перестройка, происходящая во время беременности, повышение резистентности клеток к инсулину приводит к возрастанию уровня глюкозы в крови и развитию диабета.	Gestational diabetes	Gestational diabetes is a type of diabetes that occurs only during pregnancy. During pregnancy, a placenta makes hormones that cause glucose to build up in the blood. If a body can't make enough insulin or stops using insulin as it should, blood sugar levels rise and get gestational diabetes.
13	HELLP-синдром	HELLP-синдром — редкое тяжёлое осложнение в акушерстве, возникающее, как правило, в III триместре беременности. Название пошло от первых букв трёх составных симптомокомплекса: гемолиза (Hemolysis), повышения активности ферментов печени (Elevated Liver enzymes) и тромбоцитопении (Low Platelet count).	HELLP syndrome	H (hemolysis, which is the breaking down of red blood cells) · EL (elevated liver enzymes) · LP (low platelet count). HELLP syndrome is a pregnancy complication that affects the blood and liver.
14	Пузырный занос	Пузырный занос — это продукт зачатия, при котором не происходит нормального развития эмбриона, а ворсины хориона разрастаются в виде пузырей, наполненных жидкостью. Одно из проявлений трофобластической болезни, является её доброкачественным вариантом.	Hydatidiform mole	A hydatidiform mole is the growth of an abnormally fertilized egg or an overgrowth of tissue from the placenta. The uterus enlarges much more rapidly than in a normal pregnancy.

15	Гиперемезис беременных	Гиперемезис — это тяжелая форма токсикоза при беременности, которая характеризуется трудноизлечимой тошнотой/рвотой, признаками обезвоживания, электролитным дисбалансом, приводящим к нарушению функции почек и потери веса.	Hyperemesis gravidarum	Hyperemesis gravidarum is extreme, persistent nausea and vomiting during pregnancy.
16	Некомпетент-ная шейка матки	Это состояние, известное как «ослабленная шейка матки» или «некомпетентная шейка матки», может привести к выкидышу или преждевременным родам.	Incompetent cervix	Incompetent cervix occurs when the cervix opens too early during the pregnancy. Incompetent cervix is also known as cervical insufficiency. It can cause problems, including miscarriage and premature birth.
17	Предлежание плаценты	Предлежание плаценты (лат. placenta praevia) — аномалии расположения плаценты, при которых, прикрепляясь в нижнем сегменте матки, она закрывает частично или полностью внутренний зев шейки матки. При этом плацента находится ниже предлежащей части плода, то есть перекрывает плоду путь наружу.	Placenta previa	Placenta previa occurs when a baby's placenta partially or totally covers the mother's cervix. Placenta previa can cause severe bleeding during pregnancy and delivery.
18	Артериальная гипертензия, вызванная беремен-ностью	Артериальная гипертензия у беременных диагностируется как повышение систолического артериального давления> 140 мм рт. ст. и/или диастолического артериального давления> 90 мм рт. ст.	Pregnancy-induced hypertension	Pregnancy-Induced Hypertension (PIH) is a condition characterized by high blood pressure during pregnancy.

19	Несовместимость резус-фактора	Резус-несовместимость — это когда у беременной женщины резус-отрицательная кровь, а у плода резус-положительная кровь. Резус-несовместимость может привести к разрушению эритроцитов плода, иногда вызывая тяжелую анемию.	Rh incompatibility	Rh incompatibility is a condition that occurs during pregnancy if a woman has Rh-negative blood and her baby has Rh-positive blood. The body will create antibodies (proteins) against the baby's Rh-positive blood. These antibodies can cross the placenta and attack the baby's red blood cells. This can lead to hemolytic anemia in the baby.
		Диагностика и лечение **Diagnostic and treatment**		
20	Скрининг на Альфа-фетопротеин (АФП)	Альфа-фетопротеин (АФП) - гликопротеин, в норме вырабатывается клетками желточного мешка и печенью плода при беременности. Уровень АФП в крови беременной возрастает с 10-й недели. Отклонение АФП в крови матери может быть признаком патологии развития плода.	AFP screening	An alpha-fetoprotein (AFP) test is a blood test for pregnant women. AFP levels that are too high or too low may indicate a congenital disability in the fetus for risk of congenital disabilities and genetic disorders, such as neural tube defects or Down syndrome.
21	Амниоцентез	Амниоцентез — инвазивная процедура, с целью получения околоплодных вод для последующего лабораторного исследования. Данная процедура необходима для ранней диагностики хромосомных и генетических заболеваний у плода.	Amniocentesis	Amniocentesis is a prenatal test. During amniocentesis, an ultrasound transducer is used to show a baby's position in the uterus on a monitor. A sample of amniotic fluid, which contains fetal cells and chemicals produced by the baby, is then withdrawn for testing.

22	Кесарево сечение	Кесарево сечение (лат. caesarea) — одно из возможностей родовспоможения, применяющееся в современной акушерско-гинекологической практике. Эта операция назначается тем женщинам, у которых роды через естественные родовые пути могут привести к гибели плода и самой роженицы или к опасности для здоровья обоих.	Cesarean section	Cesarean delivery (C-section) is a surgical procedure used to deliver a baby through incisions in the abdomen and uterus. A C-section might be planned ahead of time if pregnancy develops complications or it had a previous C-section and isn't considering vaginal birth after cesarean (VBAC).
23	Биопсия хориона	Биопсия хориона — получение образца ткани хориона с целью выявления и профилактики хромосомных болезней. Получение ткани хориона осуществляют путём пункции матки биопсийными щипцами или аспирационным катетером.	Chorionic villus sampling	Chorionic villus sampling, sometimes called "chorionic villous sampling" is a prenatal diagnosis to determine chromosomal or genetic disorders in the fetus.
24	Стресс-тест на сокращение	Стресс-тест на сокращение — это тест, выполняемый во время беременности, чтобы проверить, достаточно ли сердце нерождённого ребенка, чтобы выдержать роды.	Contraction stress test	A contraction stress test checks to see if a baby will stay healthy during contractions in labor. This test includes external fetal heart monitoring. The test is done on 34 or more weeks pregnant. During a contraction, the blood and oxygen supply to a baby drops for a short time.

25	Мониторинг плода (электронный)	Электронный мониторинг плода — это инструментальная процедура, при которой производится непрерывная регистрация сердцебиения плода и сокращений матки женщины во время родов.	Fetal monitoring (electronic)	Electronic fetal monitoring is a procedure in which instruments are used to continuously record the heartbeat of the fetus and the contractions of the woman's uterus during labor.
26	Скрининг в первом триместре	Скрининг 1 триместра Скрининг первого триместра (скрининг 12 недель, 1 скрининг) – это комплексное исследование беременной женщины, проводимое в период 10-13 недель беременности, позволяющее определить наличие врожденной патологии плода.	First trimester screening	Typically, first-trimester screening is done between weeks 11 and 14 of pregnancy. First-trimester screening has two steps: a blood test to measure levels of two pregnancy-specific substances in the mother's blood — pregnancy-associated plasma protein-A (PAPP-A) and human chorionic gonadotropin (HCG), and an ultrasound exam to measure the size of the clear space in the tissue at the back of the baby's neck (nuchal translucency).
27	Акушерское УЗИ	Акушерское УЗИ, или пренатальное УЗИ, — это использование медицинского УЗИ во время беременности, при котором звуковые волны используются для создания в реальном времени визуальных образов развивающегося эмбриона или плода в матке.	Obstetrical ultrasound	Obstetric ultrasonography, or prenatal ultrasound, is the use of medical ultrasonography in pregnancy, in which sound waves are used to create real-time visual images of the developing embryo or fetus in the uterus.

28	УЗИ органов малого таза	Ультразвуковое исследование (УЗИ), сонография, органов малого таза — неинвазивное исследование с помощью ультразвуковых волн. Это позволяет быстро визуализировать женские тазовые органы и структуры, включая матку, шейку матки, влагалище, фаллопиевы трубы и яичники.	Pelvic ultrasound	A pelvic ultrasound is a noninvasive diagnostic exam that produces images that are used to assess organs and structures within the female pelvis. A pelvic ultrasound allows quick visualization of the female pelvic organs and structures including the uterus, cervix, vagina, fallopian tubes and ovaries.
29	Тест на беременность	Тесты на беременность проверяют мочу или кровь на наличие гормона, называемого человеческим хорионическим гонадотропином (хГЧ). Организм вырабатывает этот гормон после того, как оплодотворенная яйцеклетка прикрепляется к стенке матки.	Pregnancy testing	Pregnancy tests check urine or blood for a hormone called human chorionic gonadotropin (hCG). A body makes this hormone after a fertilized egg attaches to the wall of a uterus.

Ребенок, его развитие и здоровье
The child, its development and health

	Развитие ребенка после рождения		Child Health, growth and development principles	
1	Забота о здоровье ребенка	Педиатрия - раздел медицины, педиатр - специалист, неонатология - раздел медицины для новорожденных, неонатолог - врач для новорожденных.	Care of children	Pediatrics - field, pediatrician - specialist, neonatology - pediatric for newborn, neonatologist - the physician for newborn.
2	Цефалокауда-льное развитие	Цефалокаудальное развитие – рост и развитие поведения происходят в определенной последовательности, начинаясь от головы и по направлению к конечностям.	Cephalocaudal	The cephalocaudal principle refers to the general pattern of development from the head down seen in the earliest years of postnatal development specifically ranging from infancy into toddlerhood.

3	Проксимодис-тальное развитие	Проксимодистальное развитие — это развитие от центра к удаленным участкам тела. Сначала ребенок учится двигать головой, туловищем, а затем руками и ногами.	Proximodistal	The term typically is used in the context of maturation to refer to the tendency to acquire motor skills from the center outward, as when children learn to move their heads, trunks, arms, and legs before learning to move their hands and feet.
4	От общего к конкретному	Развитие идет от общего к частному. Во всех сферах развития общая деятельность всегда предшествует конкретной деятельности. Например, ребенок двигается всем телом, но не способен выполнять мелкие моторные движения.	General to specific	Development proceeds from general to specific. In all areas of development, general activity always precedes specific activity. For example, the child moves its whole body but is incapable of making specific responses.
5	От простого к сложному	Развитие идет от понимания и выполнения простых задач к более сложным, от конкретных к более абстрактным.	Simple to complex	The idea is to progress from simple tasks to more complex, from concrete to more abstract.
6	Скачки роста	Развитие ребенка не происходит равномерно, а скачками. Рост, вес, физические и умственные возможности – все это происходит скачкам. Но появлению каждого нового навыка у ребенка предшествует подготовительный период (кризис). Каждый кризис – это скачок развития нервной системы, скачок роста мозга, появление новых способностей у ребенка.	Growth spurts	A growth spurt is a time during which a baby has a more intense period of growth. The growth during the first year is not just about size, but also about development.

7	Иммунизация	Иммунизация – это процесс, благодаря которому ребенок приобретает иммунитет, или становится невосприимчивым к инфекционной болезни, обычно, путем введения вакцины.	Immunization	A process by which a child becomes protected against a disease through vaccination.
8	Вакцинация	Вакцинация— введение вакцины или анатоксина с целью создания активного специфического иммунного ответа иммунной системы организма против возбудителя инфекции.	Vaccine	A substance used to stimulate the production of antibodies and provide immunity against one or several diseases, prepared from the causative agent of a disease, its products, or a synthetic substitute, treated to act as an antigen without inducing the disease.
		Детские инфекционные болезни **Children's communicable diseases**		
9	Ветряная оспа	Ветрянка (ветряная оспа) — высоко заразное острое инфекционное заболевание, протекающее с характерной пузырьковой сыпью. Это вызывается первичным инфицированием вирусом ветряной оспы (ВВО).	Chickenpox (varicella)	Chickenpox (Varicella) is a highly contagious disease caused by the varicella-zoster virus (VZV). It can cause an itchy, blister-like rash.
10	Дифтерия	Дифтерия — инфекционное заболевание, вызываемое бактерией Corynebacterium diphtheriae (бацилла Лёффлера, дифтерийная палочка). Чаще всего поражает ротоглотку, но нередко затрагивает гортань, бронхи, кожу и другие органы.	Diphtheria	Diphtheria is a serious infection caused by strains of bacteria called Corynebacterium diphtheriae that make a toxin (poison). Diphtheria bacteria spread from person to person, usually through respiratory droplets, like from coughing or sneezing.

11	Инфекционная эритема	Инфекционная эритема — это вирусное заболевание инфекционного характера, которое вызывает вирус папилломы. Данное заболевание проявляется в виде пятнисто образной красной сыпи. Болезнь передается воздушно-капельным путем.	Erythema infectious	Erythema infectious is a contagious viral infection that causes a blotchy or raised red rash and a slapped-cheek red rash on the face. Symptoms include a mild fever, slapped-cheek red rash on the face, and a lacy rash on the arms, legs, and trunk.
12	Пверхностная пиодермия	Пиодермия — гнойное поражение кожи, возникающее в результате внедрения в неё гноеродных кокков. Одна из трёх наиболее распространённых кожных заболеваний у детей, наряду с чесоткой и грибком.	Impetigo	Impetigo is a skin infection caused by one or both of the following bacteria: group A Streptococcus and Staphylococcus aureus. Impetigo is a common and highly contagious skin infection that mainly affects infants and children. Impetigo usually appears as red sores on the face, especially around a child's nose and mouth, and on hands and feet.
13	Паротит	Паротит (свинка) – острое системное вирусное заболевание, которое обычно вызывает болезненное увеличение слюнных желез, как правило, околоушных. Возбудитель паротита (парамиксовирус) распространяется воздушно-капельным путем или со слюной.	Mumps (infectious parotitis)	Acute viral parotitis (mumps). Mumps resolves on its own in about ten days. A viral infection caused by Paramyxovirus, a single-stranded RNA virus. The condition primarily affects the salivary glands, also called the parotid glands. The hallmark symptom of mumps is swelling of the salivary glands.
14	Коклюш	Коклюш - высоко контагиозное заболевание, встречающееся в основном у детей и подростков и вызываемое грамотрицательной бактерией Bordetella pertussis.	Pertussis	Pertussis, also known as whooping cough, is a highly contagious respiratory disease. It is caused by the bacterium Bordetella pertussis. Pertussis is known for uncontrollable, violent coughing which often makes it hard to breathe.

15	Детская розеола	Детская розеола (внезапная экзантема, псевдокраснуха, трехдневная лихорадка) – это заболевание, которое вызвано инфекционным вирусом и встречается у детей в возрасте до 3-х лет.	Roseola infantum	Roseola infantum is a viral infection of infants or very young children. Roseola infantum is caused by human herpesvirus-6. Typical symptoms include high fever that begins suddenly and sometimes a rash that develops after the temperature returns to normal.
16	Краснуха	Краснуха – это острая инфекция вирусной природы, которая проявляется в виде характерных высыпаний по всему телу, а также общей интоксикацией организма умеренной степени. Вирус краснухи передается воздушно-капельным путем и попадает в организм через верхние дыхательные пути.	Rubella	Rubella, also known as German measles or three-day measles, is an infection caused by the rubella virus. This disease is often mild with half of people not realizing that they are infected. A rash may start around two weeks after exposure and last for three days.
17	Корь	Корь – это острое вирусное заболевание, которое характеризуется общей интоксикацией, высокой температурой, поражением слизистых оболочек глаз, дыхательных путей, и сопровождается сыпью. Возбудитель кори – РНК-вирус рода морбилливирусов, который передается воздушно-капельным путем.	Rubeola	Rubeola (measles) is an infection caused by a virus that grows in the cells lining the throat and lungs. It's a very contagious disease that spreads through the air. Measles symptoms include cough, runny nose, inflamed eyes, sore throat, fever, and a red, blotchy skin rash.

18	Скарлатина	Скарлатина — инфекционная болезнь, вызванная гемолитическим стрептококком группы А (Streptococcus pyogenes). Проявляется дерматитом с мелкоточечной, позже эритематозной сыпью, лихорадкой, острым тонзиллитом, общей интоксикацией.	Scarlet fever (scarlatina)	Scarlet fever is a bacterial illness that develops in some people who have strep throat. Also known as scarlatina, scarlet fever features a bright red rash that covers most of the body. Scarlet fever is almost always accompanied by a sore throat and a high fever.
Патологические состояния **Pathological conditions**					
19	Астма	Астма — приступы удушья различного происхождения. Дыхательные пути сужаются и набухают и это может затруднить дыхание и вызвать кашель, свистящий звук (хрипение) при выдохе и одышку.	Asthma	Asthma is a condition in which airways narrow and swell and may produce extra mucus. It can make breathing difficult and trigger coughing, a whistling sound (wheezing) when it breathes out, and shortness of breath.
20	Аутизм	Аутизм не заболевание, а состояние нарушения развития головного мозга и характеризующееся выраженным и всесторонним дефицитом социального взаимодействия и общения, а также ограниченными интересами и повторяющимися действиями.	Autism	A serious developmental disorder that impairs the ability to communicate and interact, obsessive interests, and repetitive behaviors. Autism spectrum disorder impacts the nervous system.
21	Врождённая расщелина губы и нёба (орофациальные расщелины).	Заячья губа и волчье небо — это врожденные дефекты, которые возникают, когда губа или рот ребенка не формируются должным образом во время беременности.	Cleft lip and palate	Cleft lip and cleft palate are birth defects that occur when a baby's lip or mouth do not form properly during pregnancy. Together, these birth defects commonly are called "orofacial clefts".

22	Косолапость	Косолапость — деформация стопы, при которой она отклоняется внутрь от продольной оси голени. Это врождённый дефект, который чаще встречается у мальчиков, чем у девочек, в 50 % случаев является двусторонним.	Clubfoot	Clubfoot refers to a condition in which a newborn's foot or feet appear to be rotated internally at the ankle. The foot points down and inwards, and the soles of the feet face each other. It is known as talipes equinovarus (TEV) or congenital talipes equinovarus (CTEV).
23	Стеноз перешейка аорты (Коарктация аорты)	Коарктация аорты - врожденное сужение или полное закрытие ее просвета на ограниченном участке. Чаще всего (95 %) это сужение располагается в области перешейка аорты. Коарктация аорты составляет до 30 % всех врожденных пороков сердца.	Coarctation of the aorta	A narrowing of the large blood vessel (aorta) that leads from the heart. Coarctation of the aorta is usually present at birth (congenital), and may occur with other heart defects.
24	Круп	Круп - инфекция верхних дыхательных путей, которая блокирует дыхание и имеет характерный лающий кашель. Просвет гортани перекрывается плотными пленками. Вирус парагриппа. - самая распространенная причина крупа. Но болезнь также может быть вызвана бактериями.	Croup	An upper airway infection that blocks breathing and has a distinctive barking cough. Croup generally occurs in children. A virus is the most common cause of croup. But the illness may also be caused by bacteria, allergies, or reflux from the stomach. Viruses that are known to cause croup are: Parainfluenza virus.
25	Крипторхизм	Крипторхизм у детей – сложное полиэтиологичное заболевание, клинически проявляющееся отсутствием яичка в мошонке. Причиной данной патологии является нарушение закладки гонады или нарушение процесса опускания яичка в мошонку в ходе эмбриогенеза.	Cryptorchidism	A condition in which one or both of the testes fail to descend from the abdomen into the scrotum.

26	Болезнь Дауна	Синдром Дауна – это генетическое нарушение, которое характеризуется аномалией хромосомного набора. В каждой клетке содержится 46 хромосом. В результате генетической мутации у детей с синдромом Дауна формируется не 46, а 47 хромосом.	Down syndrome	Down syndrome is a condition in which a child is born with an extra copy of their 21st chromosome — hence its other name, trisomy 21. This causes physical and mental developmental delays and disabilities.
27	Карликовость	Карликовость (также дварфи́зм) — аномально низкий рост взрослого человека: менее 147 см. Карликовость связана с недостатком гормона роста соматотропина или нарушением его конформации (строения), а также нарушениями формирования скелета (непропорциональный нанизм).	Dwarfism	Shortness in height that results from a genetic or medical condition. Growth hormone deficiency; Achondroplasia.
28	Эписпадия	Эписпадия — это редкий врожденный дефект расположения отверстия уретры. Уретра открывается на верхней стороне полового члена возле головки.	Epispadias	Epispadias is a rare birth defect located at the opening of the urethra. In girls with epispadias, the urethral opening is in the belly area instead of between the clitoris and labia. In boys with epispadias, the urethra generally opens on the top or side of the penis rather than the tip.
29	Гигантизм	Гигантизм — нейроэндокринное заболевание, вызванное хронической избыточной секрецией СТГ у пациентов с незаконченным физиологическим ростом. Характеризуется излишним ростом костей скелета в длину.	Gigantism	Gigantism is a rare condition that causes abnormal growth in children. It occurs when a pituitary gland makes too much growth hormone, which is also known as somatotropin.

30	Гидроцефалия	Гидроцефалия – это заболевание, характеризующееся скапливанием аномального количества цереброспинальной жидкости (ЦСЖ) в желудочках и подоболочечных пространствах в головном мозге, что вызывает их расширение, повышение внутричерепного давления.	Hydrocephalus	A build-up of fluid in the cavities deep within the brain. The extra fluid puts pressure on the brain and can cause brain damage. It's most common in infants and older adults.
31	Гипоспадия	Гипоспадия — это врожденный дефект у мальчиков, при котором отверстие уретры не находится на кончике полового члена. Аномальное отверстие может образоваться где угодно от конца полового члена до мошонки.	Hypospadias	Hypospadias is a birth defect in boys in which the opening of the urethra is not located at the tip of the penis. The abnormal opening can form anywhere from just below the end of the penis to the scrotum.
32	Незаращение артериального протока	Незаращение артериального протока представляет собой врожденный порок сердца, который возникает, когда имеющийся в норме у плода канал между легочной артерией и аортой не закрывается при рождении.	Patent ductus arteriosus	Patent ductus arteriosus (PDA) is a medical condition in which the ductus arteriosus fails to close after birth: this allows a portion of oxygenated blood from the left heart to flow back to the lungs by flowing from the aorta, which has a higher pressure, to the pulmonary artery.
33	Фимоз	Фимоз - врожденная патология полового члена у мужчин. Это сужение отверстия эпителиальной ткани крайней плоти, которое препятствует свободному выходу головки (недостаточное количество эластичных клеток, формирующих структуру крайней плоти).	Phimosis	Phimosis is defined as the inability to retract the skin (foreskin or prepuce) covering the head (glans) of the penis. Phimosis may appear as a tight ring or "rubber band" of foreskin around the tip of the penis, preventing full retraction.

34	Синдром Рея	Синдром Рея (острая печёночная недостаточность и энцефалопатия) — острое состояние, возникающее у детей и подростков на фоне лечения лихорадки вирусного происхождения (грипп, корь, ветряная оспа) препаратами, содержащими ацетилсалициловую кислоту. Возникает быстро прогрессирующая энцефалопатия (вследствие отёка головного мозга) и жировая инфильтрация печени.	Reye's syndrome	Reye's syndrome is a rare disorder that causes brain and liver damage. Although it can happen at any age, it is most often seen in children. Reye's syndrome usually occurs in children who have had a recent viral infection, such as chickenpox or the flu.
35	Незаращение дужки позвонка	Расщепление позвоночника, незаращение дужки позвонка (лат. Spina bifida) — порок развития позвоночника. Порок представляет собой неполное закрытие нервной трубки в не полностью сформированном спинном мозге.	Spina bifida occulta	Spina bifida occulta is when a baby's backbone (spine) does not fully form during pregnancy. The baby is born with a small gap in the bones of the spine.
36	Синдром внезапной детской смерти	Синдром внезапной детской смерти, СВДС — внезапная смерть от остановки дыхания внешне здорового младенца или ребёнка до 1 года, при которой вскрытие не позволяет установить причину летального исхода.	Sudden infant death syndrome (SIDS)	SIDS is sometimes known as crib death. Although the cause is unknown, it appears that SIDS might be associated with defects in the portion of an infant's brain that controls breathing and arousal from sleep.
37	Болезнь Тея - Сакса	Болезнь Тея-Сакса — наследственное заболевание, вызывающее деградацию и гибель нервных клеток.	Tay-Sachs disease	A rare, inherited disorder that destroys nerve cells in the brain and spinal cord.

| 38 | Пупочная грыжа | Пупочная грыжа представляет собой выпячивание органов внутренней полости через переднюю стенку живота вследствие слабости мышц зоны пупочного кольца. Оставшееся отверстие на месте пупочного кольца называется грыжевыми воротами, а само выпячивание – грыжевым мешком. | Umbilical hernia | A condition in which the intestine protrudes through the abdominal muscles at the belly button. A common sign of an umbilical hernia is a protruding bellybutton, which in infants may be most noticeable when they cry. |

Диагностика и лечение
Diagnostic and treatment

| 39 | Обрезание крайней плоти | Обрезание — это хирургическое удаление крайней плоти, представляющей собой кожную складку вокруг головки полового члена. | Circumcision | Circumcision is the surgical removal of the foreskin, the tissue covering the head (glans) of the penis. |

Section 13:		Психическое здоровье		
		Mental health		
1	Психическое здоровье	Психическое здоровье – это состояние психологического и социального благополучия, при котором человек реализует свои возможности, эффективно противостоит жизненным трудностям и стрессу, осуществляет продуктивную осознанную деятельность и вносит свой вклад в развитие социума.	Mental Health	Mental health includes emotional, psychological, and social well-being. It affects how we think, feel, and act as we cope with life. It also helps determine how we handle stress, relate to others, and make choices.
2	Психические расстройства	Психические расстройства включают депрессию, биполярное расстройство, шизофрению и другие психозы, слабоумие и нарушения развития, включая аутизм.	Mental disorders	Mental disorders include depression, bipolar disorder, schizophrenia, and other psychoses, dementia, and developmental disorders, including autism.

3	Защитный механизм	Защитный механизм (психологическая защита) — понятие глубинной психологии, обозначающее неосознаваемый психический процесс, направленный на минимизацию отрицательных переживаний. Защитные механизмы лежат в основе процессов сопротивления.	Defense mechanism	In psychoanalytic theory, a defense mechanism is an unconscious psychological mechanism that reduces anxiety arising from unacceptable or potentially harmful stimuli. Defense mechanisms may result in healthy or unhealthy consequences depending on the circumstances and frequency with which the mechanism is used.
4	Психология	Психология — научная дисциплина, изучающая закономерности возникновения, развития и функционирования психики и психической деятельности человека и групп людей.	Psychology	Psychology is the science of mind and behavior. Psychology includes the study of conscious and unconscious phenomena, as well as feeling and thought. It is an academic discipline of immense scope.
5	Психолог	Психолог собирает специальную информацию о психологических механизмах поведения человека в многообразной и сложной системе организационных отношений. Главным является изучение группы и отдельного человека как субъектов труда. Исследуется, как правило, не теоретическая проблема, а конкретная ситуация.	Psychologist	A psychologist is a person who studies normal and abnormal mental states, perceptual, cognitive, emotional, and social processes and behavior by experimenting with, and observing, interpreting, and recording how individuals relate to one another and to their environments.
6	Психиатрия	Психиатрия – отрасль клинической медицины, занимающаяся всесторонним изучением психических заболеваний.	Psychiatry	Psychiatry is the medical specialty devoted to the diagnosis, prevention, and treatment of mental disorders.

7	Психиатр	Целью врача-психиатра является определить психическое расстройство при его наличии. Правильно подобрать медикаментозную терапию и психологическую коррекцию. Медикаментозная терапия, в данном случае, выполняет роль симптоматической поддержки.	Psychiatrist	A psychiatrist is a medical doctor (an M.D. or D.O.) who specializes in mental health, including substance use disorders. Psychiatrists are qualified to assess both the mental and physical aspects of psychological problems.
8	Психоанализ	Психоанализ — это область психологии и метод психотерапии, занимающийся исследованием бессознательного и направленный на разрешение внутренних конфликтов личности через понимание своего внутреннего мира.	Psychoanalysis	A psychological theory and therapy system aims to treat mental disorders by investigating conscious and unconscious elements in the mind and bringing repressed fears and conflicts into the conscious mind through dream interpretation and free association.
9	Психоаналитик	Психоаналитики помогают клиентам восстановить подавленные эмоции и глубоко укоренившиеся, иногда забытые переживания в своем подсознании. Это помогает понять внутреннюю мотивацию тех или иных мыслей и поступков.	Psychoanalyst	Psychoanalysts help clients tap into their unconscious minds to recover repressed emotions and deep-seated, sometimes forgotten experiences. By understanding their subconscious mind, patients acquire insight into the internal motivators that drive their thoughts and behaviors.
10	Сублимация	Сублимация — защитный механизм психики, представляющий собой снятие внутреннего напряжения с помощью перенаправления энергии на достижение социально приемлемых целей, творчество.	Sublimation	In psychology, sublimation is a mature type of defense mechanism, in which socially unacceptable impulses or idealizations are transformed into socially acceptable actions or behavior, possibly resulting in a long-term conversion of the initial impulse.

11	Тревожное расстройство	Тревожно-паническое расстройство — это панические атаки; это связано с тревогой, сильной робостью и волнениями; генерализованное тревожное расстройство сопровождается излишней суетливостью, тревогой без определенных опасностей и угроз.	Anxiety	Anxiety can be normal in stressful situations such as public speaking or taking a test. Anxiety is only an indicator of underlying disease when feelings become excessive, all-consuming, and interfere with daily living.
12	Расстройство познавательных способностей	К когнитивным (познавательным) функциям относится восприятие информации, ее обработка и анализ; запоминание и хранение; обмен информацией, построение и осуществление программы действий. Когнитивными нарушениями является снижение памяти, умственной работоспособности и других когнитивных функций.	Cognitive disorder	Cognitive disorders are defined as any disorder that significantly impairs an individual's cognitive function to the point where normal functioning in society is impossible without treatment.
13	Амнезия	Амнезия – частичная или полная неспособность вспомнить прошлый опыт. Это может быть результатом черепно-мозговой травмы, дегенерации, метаболических расстройств, приступов или психологических расстройств.	Amnesia disorders	Amnesia is defined as a temporary or permanent state of decreased memory.
14	Слабоумие	Слабоумие — это невозможность адекватно оценивать временные промежутки, потеря в пространстве; неспособность к логическому мышлению.	Dementia	Dementia is a collective term used to describe various symptoms of cognitive declines, such as forgetfulness. It is a symptom of several underlying diseases and brain disorders.

		Выделяют отдельную разновидность деменции – старческое слабоумие, которое развивается в результате естественного старения головного мозга (атрофии).		Dementia is not a single disease but a general term to describe symptoms of impairment in memory, communication, and thinking.
15	Расстройство, связанное с употреблением психоактивных веществ	Нарушения, связанные с употреблением психоактивных веществ, обычно алкоголя или другого вещества (наркотика) приводит к проблемам со здоровьем или проблемам на работе, в школе или дома. Это расстройство также называется токсикоманией.	Substance-Related Disorders	Substance use disorder occurs when a person's use of alcohol or another substance (drug) leads to health issues or problems at work, school, or home. This disorder is also called substance abuse.
16	Шизофрения	Шизофрения является психическим расстройством. Это потеря контакта с реальностью (психоз), галлюцинации (обычно слуховыми), аномальным мышлением и поведением, сниженным выражением эмоций, сниженной мотивацией, и проблемами в ежедневном функционировании, включая работу, социальные отношения и уход за собой.	Schizophrenia	Schizophrenia is a serious mental illness that affects how a person thinks, feels, and behaves. People with schizophrenia may seem like they have lost touch with reality, which causes significant distress for the individual, their family members, and friends.
17	Биполярное расстройство	При биполярном расстройстве (которое ранее называлось маниакально-депрессивным заболеванием) эпизоды депрессии перемежаются с эпизодами мании или гипоманией.	Bipolar and Related Disorders	Bipolar disorder, formerly called manic depression, is a mental health condition that causes extreme mood swings that include emotional highs (mania or hypomania) and lows (depression).

18	Депрессивное расстройство	Депрессивное расстройство — это чувство печали, которая является настолько интенсивной, что мешает функционированию, и/или сниженный интерес к деятельности. Развивается после печального события, но непропорционально тяжести этого события и длится необычайно долго.	Depressive disorders	Depression is a mood disorder that causes a persistent feeling of sadness and loss of interest, trouble doing normal day-to-day activities, and sometimes may feel as if life isn't worth living.
19	Тревожный невроз	Тревожный невроз (невроз страха) — психическое расстройство, обусловленное длительным психическим перенапряжением или коротким по частоте, но сильным по интенсивности стрессом.	Anxiety disorders	A mental health disorder characterized by feelings of worry, anxiety, or fear that are strong enough to interfere with one's daily activities
20	Паническое расстройство	Паническое расстройство характеризуется приступами паники. Приступ паники представляет собой краткий приступ сильного страха, обычно сопровождающийся такими физическими симптомами, как учащенное сердцебиение, потоотделение, боль в груди и тошнота.	Panic disorder	Panic disorder occurs when you experience recurring unexpected panic attacks— abrupt surges of intense fear or discomfort that peak within minutes. People with the disorder live in fear of having a panic attack.
21	Фобические расстройства	Специфические фобические расстройства связаны с постоянной нереальной сильной тревогой и страхом перед специфическими ситуациями, обстоятельствами или объектами.	Phobia	A phobia is an irrational fear of something unlikely to cause harm. Hydrophobia, for example, literally translates to fear of water. When someone has a phobia, they experience intense fear of a certain object or situation.

22	Клаустрофобия	Клаустрофобия — это психопатологический синдром, психическое расстройство, которое проявляется в том, что человек боится замкнутых пространств.	Claustrophobia	Claustrophobia is a situational phobia triggered by an irrational and intense fear of tight or crowded spaces. Claustrophobia is classified as an anxiety disorder.
23	Расстройство, проявляющееся соматическими симптомами	Соматизация — психическое, невротическое заболевание, проявляющееся навязчивыми и катастрофическими жалобами пациента на соматические симптомы, которые не подтверждаются клиническими обследованиями.	Somatic Symptom Disorders	Somatization is the expression of mental phenomena as physical (somatic) symptoms. Somatic symptom disorders are distressing and often impair social, occupational, academic, or other functioning aspects.
24	Симулятивное расстройство	При симулятивном расстройстве подразумевается, что люди симулируют или создают физические или психологические симптомы без какой-либо очевидной внешней причины.	Factitious Disorders	Factitious disorder is a mental disorder in which a person acts as if they have a physical or psychological illness when they themselves have created the symptoms. People with this disorder are willing to undergo painful or risky tests to get sympathy and special attention.
25	Нарколепсия	Нарколепсия — это расстройство сна, при котором отмечается чрезмерная сонливость в течение дня, обычно с внезапными эпизодами мышечной слабости (катаплексия).	Narcolepsy (sleep disorders)	A chronic sleep disorder that causes overwhelming daytime drowsiness.
26	Диссоциативное расстройство личности	Это психическое расстройство, при котором личность человека разделяется, и складывается впечатление, что в теле одного человека существует несколько разных личностей.	Dissociative Identity Disorders	Dissociative identity disorder is characterized by the presence of two or more distinct personality identities. Each may have a unique name, personal history, and characteristics.

27	Парафилии	Парафилии — это частые сексуально возбуждающие фантазии или типы поведения, которые включают педофилию (сексуальная ориентация на детей), эксгибиционизм (обнажение гениталий незнакомым людям), вуайеризм (наблюдение за частной деятельностью неосознанных жертв) и фроттеризм (прикосновение или трение о несогласного человека).	Paraphilic Disorders	Paraphilic disorders are recurrent, intense, sexually arousing fantasies, urges, or behaviors that are distressing or disabling and involve inanimate objects, children, or nonconsenting adults. The most common are pedophilia (sexual focus on children), exhibitionism (exposure of genitals to strangers), voyeurism (observing private activities of unaware victims), and frotteurism (touching or rubbing against a nonconsenting person).
28	Расстройство пищевого поведения	Расстройство пищевого поведения - психогенно обусловленный поведенческий синдром, связанный с нарушениями в приёме пищи. Это нервная анорексия, атипичная нервная анорексия, нервная булимия, атипичная нервная булимия, переедание, рвота и другие.	Eating Disorder	Eating disorders are a range of psychological conditions that cause unhealthy eating habits to develop. They might start with an obsession with food, body weight, or body shape.
29	Нейрогенная анорексия	Нейрогенная анорексия — это нарушение пищевого поведения, которое характеризуется постоянным стремлением к похудению, искаженным представлением о своем теле, чрезмерной боязнью ожирения, ограничением употребления пищи, приводящему к существенно низкой массе тела.	Anorexia nervosa	Anorexia nervosa is a serious mental health condition. Dietary restrictions can lead to nutritional deficiencies, which can severely affect overall health and result in potentially life-threatening complications. The main sign is significant weight loss or low body weight.

30	Нейрогенная булимия	Нейрогенная булимия — это нарушение пищевого поведения, которое характеризуется повторяющимся быстрым потреблением большого количества пищи (перееданием), после чего следуют попытки компенсировать употребление излишнего количества пищи (например, очистка организма, голодание или физические упражнения).	Bulimia nervosa	A serious eating disorder marked by binding in which a large quantity of food is consumed in a short period of time, often followed by feelings of guilt or shame. Bulimia can cause low blood pressure, a weak pulse, and anemia.
31	Изменение личности	Расстройство личности - серьезное нарушение психической деятельности, с одновременным изменением поведенческих тенденций. Стойкие нарушения в чувствах, мышлении, действиях, значительно обостряется выраженность внутренних переживаний.	Personality disorders	Personality disorders are a group of mental illnesses. People with personality disorders have trouble dealing with everyday stresses and problems. The behaviors cause serious problems with relationships and work.
32	Страдающий нарциссизмом	Нарциссическое расстройство личности характеризуется постоянной моделью чувства превосходства (идеи величия), потребностью в восхищении и отсутствием эмпатии.	Narcissistic personality disorder	Narcissistic personality disorder is a mental condition in which people have an inflated sense of their own importance, a deep need for excessive attention and admiration, troubled relationships, and a lack of empathy for others.
33	Параноидаль-ное расстройство	Параноидальное расстройство личности характеризуется первазивной моделью необоснованного недоверия и подозрительности к другим, что включает в себя интерпретацию их мотивов как вредоносных.	Paranoid personality disorder	Paranoid personality disorder (PPD) is a mental condition in which a person has a long-term pattern of distrust and suspicion of others.

34	Неврологические расстройства	Неврологические расстройства — это нарушения роста и развития головного мозга и/или центральной нервной системы. Расстройство функций мозга влияет на эмоции, способность к обучению, самоконтроль и память. Эти расстройства развиваются по мере развития и роста индивида.	Neurodevelopment Disorder	Neurodevelopmental disorders are impairments of the growth and development of the brain and/or central nervous system. A narrower use of the term refers to a brain function disorder that affects emotion, learning ability, self-control, and memory which unfolds as an individual develops and grows.
		Диагностика и лечение **Diagnostic and treatment**		
1	Поведенческая терапия	Поведенческая терапия или поведенческая психотерапия — это широкий термин, относящийся к клинической психотерапии, которая использует методы, полученные из бихевиоризма и/или когнитивной психологии.	Behavior therapy	Behavior therapy or behavioral psychotherapy is a broad term referring to clinical psychotherapy that uses techniques derived from behaviorism and/or cognitive psychology.
2	Медикаментозная терапия	Медикаментозная терапия, или психофармакотерапия, направлена на лечение психических расстройств с помощью лекарств. Основными категориями препаратов, используемых для лечения психических расстройств, являются антидепрессанты и т.п. препараты.	Drug therapy	Drug therapy, or psychopharmacotherapy, aims to treat psychological disorders with medications. The main categories of drugs used to treat psychological disorders are antianxiety drugs, antidepressants, and antipsychotics.

#				
3	Электросудорожная терапия (ЭСТ), или электроконвульсивная терапия (ЭКТ)	Это метод психиатрического и неврологического лечения, при котором эпилептиформный судорожный припадок вызывается пропусканием электрического тока через головной мозг пациента с целью достижения лечебного эффекта.	Electroconvulsive therapy (ECT)	Electroconvulsive therapy, formerly known as electroshock therapy, is a psychiatric treatment in which seizures in the brain are electrically induced in patients to provide relief from mental disorders.
4	Семейная психотерапия	Семейная психотерапия — это терапия, сосредоточенная на отношениях между членами семьи, качестве этих отношений, а также различных аспектах их развития. Семья рассматривается как маленькая модель большой системы — общества или культуры, к которой она принадлежит.	Family therapy	Family therapy is a type of psychological counseling (psychotherapy) that can help family members improve communication and resolve conflicts.
5	Групповая психотерапия	Групповая психотерапия — форма психотерапии, при которой специально созданная группа людей регулярно встречается под руководством психотерапевта, для достижения следующих целей: разрешения внутренних конфликтов, снятия напряжения, коррекции отклонений в поведении, и иной психотерапевтической работы.	Group therapy	Group therapy involves one or more psychologists who lead a group of roughly five to 15 patients. Typically, groups meet for an hour or two each week.

6	Гипнотерапия	Гипнотерапия — это один из видов психофизических методов лечения. Человек вводится в состояние глубокого расслабления и усиленного внимания. Гипнотерапия может помочь человеку изменить свое поведение и благодаря этому улучшить состояние здоровья.	Hypnosis	Hypnosis is a human condition involving focused attention, reduced peripheral awareness, and an enhanced capacity to respond to suggestions.
7	Психотерапия посредством сюжетно-ролевых игр	Ролевая игра — способ обогащения чувств и накопления опыта, развития воображения, преодоления страхов и развития коммуникативных навыков.	Play therapy	Play therapy is a form of treatment that helps children and families to express their emotions, improve their communication, and solve problems. Play therapy capitalizes on children's natural ability to express their feelings and resolve conflicts through play.
8	Психообразование	Психообразование — это психосоциальная реабилитация, направленная на стимуляцию активной позиции пациента в преодолении психического заболевания и его последствий.	Psychoeducation	Psychoeducation is an evidence-based therapeutic intervention for patients and their loved ones that provide information and support to better understand and cope with illness.
9	Личностный и интеллектуальный тест	Психологическое тестирование (психодиагностическое обследование) — термин психологии, обозначающий процедуру установления и измерения индивидуально-психологических отличий.	Personality and Intelligence test	A personality test designed to measure psychological preferences for how people perceive the world and make decisions. An IQ test is an assessment that measures a range of cognitive abilities and provides a score that is intended to serve as a measure of an individual's intellectual abilities and potential.

Section 14:		Геронтология Gerontology		
1	Геронтология	Геронтология - раздел биологии, предметом которого является процесс старения организма и происходящие при этом его изменения.	Gerontology	Gerontology is the study of the social, cultural, psychological, cognitive, and biological aspects of aging.
2	Гериатрия	Гериатрия - область медицины, посвященная лечению людей пожилого и старческого возраста	Geriatrics	Geriatrics, or geriatric medicine, is the branch of medicine or social science dealing with older adults' health and care. It aims to promote health by preventing and treating diseases and disabilities in older adults.
3	Врач-гериатр, геронтолог	Гериатр (Геронтолог) – медицинский специалист, основное направление деятельности которого – оказание помощи пациентам старшего возраста.	Geriatrician	A geriatrician is an expert in the branch of medicine or social science dealing with the health and care of older adults.
4	Геронтолог	Геронтологи занимаются изучением физических, психических, эмоциональных и социальных проблем, с которыми могут столкнуться пожилые люди. И наряду с врачами гериатрами оказывают медицинские услуги этой группе населения.	Gerontologist	Gerontologists typically study and find ways to treat physical, mental, emotional, and social problems that elderly individuals might encounter.
5	Возрастное деление пожилого населения	Пожилое взрослое население можно разделить на три подгруппы жизненного этапа: молодое-старое (приблизительно 65-74 года), среднее-старое (75-84 года) и старое-старое (старше 85 лет).	Aging	The older adult population can be divided into three life-stage subgroups: the young-old (approximately 65–74), the middle-old (ages 75–84), and the old-old (over age 85).

		Патологические состояния и изменения		Pathological conditions and changes
		Кожный покров		**Integumentary System**
6	Мягкая бородавка	Мягкие бородавки - небольшие, мягкие на ощупь новообразования кожи телесного цвета (или чуть темнее), которые развиваются преимущественно на шее, в подмышечных ямках или в области паха.	Acrochordon	A skin tag or acrochordon is a small benign tumor that forms primarily in areas where the skin forms creases, such as the neck, armpit, and groin. They may also occur on the face, usually on the eyelids.
7	Актинический кератоз	Актинический кератоз – это кожное заболевание, проявляющееся образованием чешуйчатых пятен на открытых частях тела, которые в течение многих лет подвергаются воздействию солнечного облучения.	Actinic keratosis	Actinic keratosis is a rough, scaly patch on the skin that develops from years of sun exposure. It's often found on the face, lips, ears, forearms, scalp, neck, or back of the hands. Because it can become cancerous, it's usually removed as a precaution.
8	Себорейный кератоз	Себорейный (старческий) кератоз – доброкачественная опухоль, состоящая из ороговевших клеток кожи. Первыми проявлениями обычно бывают небольшие бесцветные, светлые розовые или желтоватые пятна, не раздражающие кожу.	Seborrheic keratosis	Seborrheic keratoses are noncancerous (benign) skin growths that some people develop as they age. A noncancerous skin condition that appears as a waxy brown, black, or tan growth. They often appear on the back or chest but can occur on any part of the body.
		Скелетная система		**Skeletal System**
9	Перелом шейки бедренной кости	Перелом шейки бедра — патологическое состояние, возникающее в ходе нарушения анатомической целостности бедренной кости в области шейки бедра	Fracture of the hip	A break in the upper quarter of the thighbone, near the hip joint. A hip fracture can cause life-threatening complications. People over age 65 are most at risk because bones weaken.

10	Деформирую-щий остоз	Деформирующий остоз – это воспалительное заболевание одной или нескольких костей скелета. Сопровождается образованием увеличенной в объеме, легко деформируемой, склонной к переломам кости.	Paget's disease	Paget's disease of bone is a disease that disrupts the replacement of old bone tissue with new bone tissue. Over time, affected bones may become fragile and misshapen.
	Мышцы и суставы		Muscles and Joints	
11	Ревматоидный спондилит	Ревматоидный спондилит - хроническое системное воспалительное заболевание, поражающее крестцово-подвздошные суставы, позвоночник и нередко - периферические суставы	Ankylosing spondylitis	Ankylosing spondylitis (AS) is a type of arthritis in which there is long-term inflammation of the joints of the spine. This makes the spine less flexible and can result in a hunched-forward posture. If ribs are affected, it can be difficult to breathe deeply.
12	Бурсит большого пальца стопы	Бурсит большого пальца стопы (hallux valgus) — это костная шишка на боковой стороне стопы, которая развивается у основания большого пальца. Эта область стопы может воспаляться и опухать, вызывая боль в ноге.	Bunion (hallux valgus)	A bunion (hallux valgus) is a bony bump on the side of the foot that develops at the base of the big toe. This area of the foot can become inflamed and swollen, causing foot pain. Bunions most often develop in women and older adults.
13	Подагра	Подагра — заболевание, при котором отложения кристаллов мочевой кислоты скапливаются в суставах вследствие высокого уровня мочевой кислоты в крови (гиперурикемия).	Gout	Gout is a kind of arthritis caused by a buildup of uric acid crystals in the joints. Gout most classically affects the joint in the base of the big toe.
	Нервная Система	См. патологическое состояние нервной системы.	Nervous System	See pathological condition of the nervous system.

	Кровеносная и лимфатическая системы		Blood and Lymphatic system	
14	Пурпура	Пурпура - мелкопятнистые капиллярные кровоизлияния в кожу, под кожу или в слизистые оболочки. Единичные кровоизлияния могут быть точечными (петехии), реже полосовидными (вибекс), мелко- (экхимозы) или крупнопятнистыми (кровоподтёки).	Purpura	Occurs when small blood vessels burst, causing blood to pool under the skin.
	Сердечно-Сосудистая Система		Cardiovascular System	
15	Артериоскле-роз	Атеросклероз — хроническое заболевание артерий эластического и мышечно-эластического типа, возникающее вследствие нарушения липидного и белкового обмена и сопровождающееся отложением холестерина и некоторых фракций липопротеидов в просвете сосудов.	Arteriosclerosis	Atherosclerosis is thickening or hardening of the arteries caused by a buildup of plaque in the inner lining of an artery.
16	Сердечная недостаточность с застойными явлениями	Застойная сердечная недостаточность – снижение сокращений сердечной мышцы. Данное патологическое состояние не является самостоятельной болезнью, это следствие различных нарушений сердечно-сосудистой системы.	Congestive heart failure (CHF)	Heart failure can occur if the heart cannot pump (systolic) or fill (diastolic) adequately. Symptoms include shortness of breath, fatigue, swollen legs, and rapid heartbeat.

	Дыхательная система		Respiratory System	
17	Отёк лёгких	Отек легких – это патологическое, очень серьезное состояние, которое характеризуется выходом транссудата в легочную ткань. В результате нарушается газообмен, что приводит к серьезнейшим последствиям вплоть до летального исхода. Отек легких является осложнением, например, сердечно-сосудистой системы и т.д.	Pulmonary edema	Pulmonary edema is a condition caused by excess fluid in the lungs. This fluid collects in the numerous air sacs in the lungs, making it difficult to breathe. In most cases, heart problems cause pulmonary edema.
	Пищеварительная Система		Digestive System	
18	Ахалазия	Ахалазия является нарушением, при котором отсутствуют или нарушены ритмические сокращения пищевода (называется перистальтикой), нижний пищеводный сфинктер нормально не расслабляется, а давление в состоянии покоя в нижнем пищеводном сфинктере повышено.	Achalasia	Achalasia is a serious condition. Achalasia occurs when nerves in the esophagus become damaged. The lower esophageal sphincter (LES) fails to open up during swallowing. Food then collects in the esophagus, sometimes fermenting and washing back up into the mouth.
	Эндокринная система	См. патологическое состояние Эндокринной системы	Endocrine System	See pathological condition of the Endocrine System
	Особые органы чувств (Глаз и ухо)	См. патологическое состояние Особых органов чувств (глаза и уши)	Special Senses (Eye and Ear)	See pathological condition of the Special Senses (Eye and Ear)
	Репродуктивная система		Reproductive System	
20	Атрофический вагинит	Атрофический вагинит обычно возникает в климактерический период в связи со снижением	Atrophic vaginitis	Vaginal atrophy (atrophic vaginitis) is thinning, drying and inflammation of the vaginal walls that may occur

		эндокринной функции яичников (уменьшением продукции эстрогенов)		when your body has less estrogen. Vaginal atrophy occurs most often after menopause.
	Психическое здоровье	См. патологическое состояние Психического здоровья	**Mental Health**	See pathological condition of the Mental Health
		**Диагностика и лечение** **Diagnostic and treatment**		
21	Аортокоронарное шунтирование (АКШ)	АКШ — это хирургическое вмешательство, в результате которого восстанавливается кровоток сердца ниже места сужения сосуда. При этой хирургической манипуляции вокруг места сужения создают другой путь для кровотока к той части сердца, которая не снабжалась кровью.	Coronary artery bypass graft (CABG) surgery	Coronary artery bypass grafting (CABG) is a procedure to improve poor blood flow to the heart. It may be needed when the arteries supplying blood to heart tissue, called coronary arteries, are narrowed or blocked.
22	Прицельная коронарная атерэктомия	Атерэктомия – это общее название группы операций по восстановлению просвета артерий. При направленной (прицельной) атерэктомии используется катетер с воздушным баллоном и лезвием, срезающим бляшку, которая попадает в специальный отсек и затем извлекается наружу в особом отсеке катетера.	Directional coronary atherectomy	Directional coronary atherectomy is a minimally invasive procedure to remove the coronary arteries' blockage to improve blood flow to the heart muscle and ease the pain.
23	Двухэнергетическая рентгеновская абсорбцио-метрия	Денситометрия (двухэнергетическая рентгеновская абсорбциометрия, ДРА) позволяет определить минеральную плотность костной ткани с помощью рентгеновского излучения и предсказать риск развития переломов.	Dual energy X-ray absorptiometry (DEXA)	DEXA works by sending two low-dose X-rays which are absorbed differently by bones and soft tissues. The density profiles from these X-rays are used to calculate bone mineral density. The lower the density, the greater the risk of fracture.

24	Интрамедул-лярный фиксатор	Интрамедуллярный фиксатор для хирургического лечения околосуставных переломов трубчатой кости, выполненный в виде спицы, изогнутой в форме витой цилиндрической пружины,	Internal fixation devices	An internal fixation device may be used to keep fractured bones stabilized and in alignment. The device is inserted surgically to ensure the bones remain in an optimal position during and after the healing process.
25	Чрескожная Транслюмина-льная Баллон-ная Коронарная Ангиопластика (ТБКА)	Чрескожная Транслюминальная Баллонная Коронарная Ангиопластика (ТБКА) – ангиопластика коронарных артерий и имплантация интракоронарного стента, операция по расширению суженных атеросклеротическим процессом и бляшками артерий сердца, которая выполняется катетерным способом.	Percutaneous transluminal coronary angioplasty (PTCA)	Percutaneous transluminal angioplasty (PTCA) is a procedure that can open up a blocked blood vessel using a small, flexible plastic tube, or catheter, with a "balloon" at the end of it. When the tube is in place, it inflates to open the blood vessel, or artery, so that normal blood flow is restored.
26	Анализ крови на глюкозу	Анализ крови на глюкозу – рутинное биохимическое исследование, которое используют для диагностики и контроля сахарного диабета (I и II типов, гестационного диабета (диабета беременных)) и других заболеваний, связанных с нарушением обмена углеводов.	Serum glucose test	The glucose serum is the simplest and most direct single test available to test for diabetes. The test measures the amount of glucose in the fluid portion of the blood.

Section 15:		Онкология (рак) Oncology (Cancer medicine)		
1	Онкология	Онкология - раздел медицины, изучающий доброкачественные и злокачественные опухоли, механизмы и закономерности их возникновения и развития, методы их профилактики, диагностики и лечения.	Oncology	Oncology is a branch of medicine that deals with the prevention, diagnosis, and treatment of cancer.
2	Онколог	Онколог - врач, специализирующий в области онкологии.	Oncologist	A medical professional who practices oncology is an oncologist.
3	Неоплазия	Неоплазия — патологический процесс, представленный новообразованной тканью, в которой изменения генетического аппарата клеток приводят к нарушению регуляции их роста и дифференцировки.	Neoplasia	Neoplasia is the new, uncontrolled growth of cells that is not under physiologic control. Neoplasms can be subclassified as either benign or malignant.
4	Доброкачестве-нная опухоль	Доброкачественная опухоль – это патологическое новообразование, возникающее при нарушении механизмов деления и роста клетки. Доброкачественна опухоль медленно растет, не проникая в близлежащие органы и ткани, не метастазируя.	Benign tumor	A benign tumor is a mass of cells (tumor) that lacks the ability to invade neighboring tissue or metastasize (spread throughout the body). When removed, benign tumors usually do not grow back, whereas malignant tumors sometimes do.
5	Злокачествен-ная опухоль	Злокачественные опухоли — неконтролируемый рост клеток живого организма, нарушение их функционирования.	Malignant tumor	Malignant means that the tumor is made of cancer cells, and it can invade nearby tissues. Some cancer cells can move into the

		Злокачественные опухоли инфильтрируют окружающие ткани, прорастая в них, а также расположенные рядом нервы и сосуды. Метастазирование.		bloodstream or lymph nodes, where they can spread to other tissues within the body—this is called metastasis.
6	Дезоксирибонуклеиновая кислота	Дезоксирибонуклеиновая кислотá (ДНК) — макромолекула (одна из трёх основных, две другие — РНК и белки), обеспечивающая хранение, передачу из поколения в поколение и реализацию генетической программы развития и функционирования живых организмов.	Deoxyribonucleic acid (DNA)	Deoxyribonucleic acid (DNA) is a molecule that encodes an organism's genetic blueprint. In other words, DNA contains all of the information required to build and maintain an organism.
7	Дифференциация	Дифференциация (от лат. differentia — «различие») — клеток — процесс специализации первоначально однородных клеток.	Differentiation	Cellular differentiation is the process in which a cell changes from one cell type to another. Usually, the cell changes to a more specialized type.
8	Анаплазия	Анаплазия - переход живых клеток и тканей в недифференцированное состояние, вплоть до полной невозможности определения происхождения клетки.	Anaplasia	Anaplasia is a condition of cells with poor cellular differentiation, losing the morphological characteristics of mature cells and their orientation with respect to each other and to endothelial cells. Anaplasia is not reversible and considered as malignant.
9	Метастаз	Метастазы – это вторичные источники появления раковых опухолей. Появление очагов метастаз зависит от того, заболевание какого органа был изначально.	Metastasis	Metastasis are the development of secondary malignant growths at a distance from a primary site of cancer.

10	Карцинома	Карцинома (рак) – злокачественное новообразование, развивающееся из клеток эпителиальной ткани различных внутренних органов, слизистых оболочек, кожи.	Carcinoma	Carcinoma is the most common type of cancer. It begins in the epithelial tissue of the skin, or in the tissue that lines internal organs, such as the liver or kidneys. Carcinomas may spread to other parts of the body, or be confined to the primary location.
11	Саркома	Саркомы — это редкие злокачественные опухоли, которые появляются в мягких тканях (напр. в соединительной, мышечной, жировой ткани) или в костях.	Sarcoma	Sarcoma is an uncommon group of cancers which arise in the bones, and connective tissue such as fat and muscle. In most cases, it's not clear what causes sarcoma.
12	Опухоль лимфатической ткани	Опухоль лимфатической ткани — это рак, который появляется в клетках лимфатической системы. Основной симптом - увеличенные лимфатические узлы (лимфома).	Lymphoma	Lymphoma is cancer that begins in infection-fighting cells of the immune system, called lymphocytes. These cells are in the lymph nodes, spleen, thymus, bone marrow, and other parts of the body. When you have lymphoma, lymphocytes change and grow out of control.
13	Лейкемия	Лейкемия (лейкоз) – это злокачественное заболевание кроветворной системы. Лейкоз начинается в клетке костного мозга. Клетка изменяется и становится разновидностью лейкозной клетки.	Leukemia	Leukemia is a type of cancer that affects the blood and bone marrow. Leukemia begins in a cell in the bone marrow. The cell changes and becomes a type of leukemia cell. Once the marrow cell undergoes a leukemic change, the leukemia cells may grow and survive better than normal cells.
		**Специфические виды рака** **Specific types of cancers**		
14	Базально-клеточная карцинома	Базальноклеточная карцинома, рак кожи, представляет собой	Basal cell carcinoma	Basal cell carcinoma is a type of skin cancer. Basal cell carcinoma begins in the basal

		злокачественное новообразование, которое возникает в определенных клетках наружного слоя кожи (эпидермисе).		cells — a type of cell within the skin that produces new skin cells as old ones die off.
15	Рак молочной железы	Рак молочной железы - клетки молочной железы становятся аномальными и делятся неконтролируемым образом. Рак молочной железы обычно начинается в железах, которые вырабатывают молоко (дольки), или в трубочках (протоки), по которым молоко проходит из желез к соску.	Breast cancer (carcinoma of the breast)	Breast cancer can occur in women and rarely in men. Breast cancer most often begins with cells in the milk-producing ducts (invasive ductal carcinoma). Breast cancer may also begin in the glandular tissue called lobules (invasive lobular carcinoma) or in other cells or tissue within the breast.
16	Бронхогенная карцинома	Рак лёгкого (бронхогенный рак, бронхогенная карцинома, разг. рак лёгких) — злокачественное новообразование лёгкого, происходящее из эпителиальной ткани бронхов различного калибра.	Bronchogenic carcinoma	Bronchogenic carcinoma is a malignant neoplasm of the lung arising from the epithelium of the bronchus or bronchiole.
17	Злокачественная эпителиома	Эпителиома – заболевание, характеризующееся появлением опухоли на коже и слизистых оболочках, которая развивается из клеток их поверхностного слоя — эпидермиса.	Carcinoma, squamous cell	Squamous cell carcinoma (SCC) is a form of skin cancer characterized by abnormal, accelerated growth of squamous cells.
18	Карцинома шейки матки	Рак шейки матки — злокачественное новообразование, возникающее в области шейки матки. Различают две его основные	Cervical carcinoma	Cervical cancer is a type of cancer that occurs in the cells of the cervix. Cervical cancer is caused by a virus called HPV. The virus spreads through sexual contact.

		разновидности: аденокарцинома и плоскоклеточный рак. Есть связь заболеваемости вирусом папилломы человека и риском развития рака шейки матки.		
19	Злокачественная опухоль толстой кишки	Колоректальный рак (КРР) — медицинское определение злокачественной опухоли слизистой оболочки толстой кишки (колон) или прямой кишки (ректум).	Colorectal cancer	Colorectal cancer, also known as bowel cancer, colon cancer, or rectal cancer, is any cancer that affects the colon and the rectum.
20	Карцинома эндометрия	Карцинома эндометрия — онкологическое заболевание, развивающееся в эпителиальном слое тела матки	Endometrial carcinoma	Endometrial cancer (also called endometrial carcinoma) starts in the cells of the inner lining of the uterus (the endometrium).
21	Злокачественная меланома	Меланома — это рак кожи, который развивается из клеток кожи, образующих пигмент (меланоцитов).	Malignant melanoma	Malignant melanoma, is a type of skin cancer that develops from the pigment-producing cells known as melanocytes.
22	Нейробластома	Нейробластома — распространенная форма рака, появляющаяся в отделах нервной системы или надпочечниках.	Neuroblastoma	Neuroblastoma is a cancer that develops from immature nerve cells found in several areas of the body. Neuroblastoma most commonly arises in and around the adrenal glands, which have similar origins to nerve cells and sit atop the kidneys.
23	Лейкоплакия полости рта	Лейкоплакия полости рта — это заболевание слизистой оболочки, при котором образуются белые утолщения на деснах, внутренней поверхности щек, на дне рта и иногда на языке.	Oral leukoplakia	Oral leukoplakia is a potentially malignant disorder affecting the oral mucosa. Oral leukoplakia is a white patch or plaque that develops in the oral cavity and is strongly associated with smoking.

#				
24	Карцинома яичника	Карцинома яичника — злокачественная опухоль, поражающая яичники. Ее первичный характер, когда основной очаг расположен в тканях яичника, и вторичный (метастатический), с первичным очагом практически в любой части тела.	Ovarian carcinoma	Ovarian cancer is a type of cancer that begins in the ovaries.
25	Рак поджелудочной железы	Рак поджелудочной железы — злокачественное новообразование, исходящее из эпителия железистой ткани или протоков поджелудочной железы.	Pancreatic cancer	Pancreatic cancer begins when abnormal cells in the pancreas grow and divide out of control and form a tumor.
26	Аденокарцинома предстательной железы	Рак предстательной железы (простаты) — это злокачественная опухоль, возникающая из клеток эпителиальной ткани железистых структур органа.	Prostatic cancer	Prostate cancer is marked by an uncontrolled (malignant) growth of cells in the prostate gland. Prostate cancer is the most common cancer among men.
27	Рак почки	Рак почки — злокачественная опухоль почки, которая развивается либо из эпителия проксимальных канальцев и собирательных трубочек (Почечно-клеточный рак, ПКР), либо из эпителия чашечно-лоханочной системы (переходноклеточный рак).	Renal cell carcinoma	Renal cell carcinoma (RCC) is also called hypernephroma, renal adeno carcinoma, or renal or kidney cancer. It's the most common kind of kidney cancer found in adults.
28	Тестикулярный рак	Злокачественные новообразования яичка — злокачественные опухоли, берущие начало из тканей мужской половой железы — яичка.	Testicular cancer	Testicular cancer is when unusual cells grow out of control in the tissue of one or both of testicles.

№				
29	Рак щитовидной железы	Рак щитовидной железы — это злокачественная опухоль, которая возникает в клетках щитовидной железы.	Thyroid cancer	Thyroid cancer occurs when cells in the thyroid undergo genetic changes (mutations). The mutations allow the cells to grow and multiply rapidly. The cells also lose the ability to die, as normal cells would. The accumulating abnormal thyroid cells form a tumor.
30	Внутричерепная опухоль	Опухоль головного мозга — это любая внутричерепная опухоль, которую можно обнаружить в самих тканях мозга, в тканях черепных нервов, в оболочках головного мозга, костях черепа, гипофизе или метастатические опухоли.	Tumors, intracranial	A cancerous or noncancerous mass or growth of abnormal cells in the brain.
Диагностика и лечение **Diagnostic and treatment**				
1	Химиотерапия	Химиотерапия — лечение злокачественной опухоли (рака) с помощью химических препаратов, губительно воздействующих на клетки злокачественных опухолей. Эти вещества называются химиопрепаратом, или химиотерапевтическим агентом.	Chemotherapy	Chemotherapy is a drug treatment that uses powerful chemicals to kill fast-growing cells in the body. Chemotherapy is most often used to treat cancer, since cancer cells grow and multiply much more quickly than most cells in the body. Many different chemotherapy drugs are available.
2	Иммунотерапия	Иммунотерапия – это новое слово в лечении онкологических заболеваний. Препараты иммунотерапии вводят внутривенно или непосредственно в область опухоли.	Immunotherapy	Immunotherapy or biological therapy is the treatment of disease by activating or suppressing the immune system. Immunotherapies designed to elicit or amplify an immune response are classified as activation immunotherapies, while

				immunotherapies that reduce or suppress are classified as suppression immunotherapies.
3	Микрохирур-гическая операция по Моху	Операция по методу Моха — это вид хирургической операции, применяемый для лечения рака кожи. Она выполняется по определенной методике, позволяющей удалить все раковые клетки кожи, но при этом сохранить здоровые ткани.	Mohs surgery	Mohs surgery is considered the most effective technique for treating many basal cell carcinomas (BCCs) and squamous cell carcinomas (SCCs), the two most common skin cancer types. Sometimes called Mohs micrographic surgery, the procedure is done in stages, including lab work, while the patient waits. This allows removing all cancerous cells for the highest cure rate while sparing healthy tissue and leaving the smallest possible scar.
4	Лучевая терапия	Лучевая терапия — это направленное использование радиации для лечения новообразований и ряда неопухолевых заболеваний. Это излучение создается с помощью специальных аппаратов или возникает в результате распада радиоактивных веществ. При облучении происходит гибель больных клеток, что останавливает развитие болезни.	Radiation therapy	Radiation therapy is a type of cancer treatment that uses beams of intense energy to kill cancer cells. Radiation therapy most often uses X-rays, but protons or other types of energy also can be used. The term "radiation therapy" most often refers to external beam radiation therapy.
5	Хирургическая операция	В онкологии в качестве радикального средства часто используется хирургическая операция. Удаление опухоли может сопровождаться удалением	Surgery	Cancer surgery removes the tumor and nearby tissue during an operation. Surgery is the oldest type of cancer treatment. And it is still

		пораженного органа или его части, тем самым добиваются минимизации последствий развития рака.		effective for many types of cancer today.
6	Инцизионная биопсия	Инцизионная биопсия — взятие для исследования части патологического образования либо диффузно измененного органа.	Incisional biopsies	A biopsy in which only a sample of the suspicious tissue is cut from a mass (incised) and removed for purposes of diagnosis.
7	Эксцизионная биопсия	Эксцизионная биопсия — взятие для исследования патологического образования целиком.	Excisional biopsy	An excisional biopsy is biopsy in which an entire lesion, usually a tumor, is removed.
8	Фульгурация	Фульгурация (от лат. fulgur, также электрофульгурация) — метод лечения доброкачественных разрастаний эпителия прижиганием плазмой, генерируемой токами высокой частоты (без непосредственного контакта активного электрода с тканью).	Fulguration	A procedure that uses heat from an electric current to destroy abnormal tissue, such as a tumor or other lesion. ... The tip of the electrode is heated by the electric current to burn or destroy the tissue. Electrocautery is a type of electrosurgery. Also called electrocoagulation, electrofulguration, and fulguration.
9	Криохирургия	Криохирургия — вид хирургического лечения посредством низкотемпературного воздействия на аномальные или поражённые заболеванием биологические ткани с целью разрушения, уменьшения, удаления того или иного участка ткани или органа.	Cryosurgery	Cryosurgery (also called cryotherapy) is the use of extreme cold produced by liquid nitrogen (or argon gas) to destroy abnormal tissue. Cryosurgery is used to treat external tumors, such as those on the skin.
10	Экзентерация	Экзентерация-это полное хирургическое удаление пораженного органа и окружающих его тканей.	Exenteration	Exenteration is the complete surgical removal of a body organ and surrounding tissue.

Section 16: Радиология / Radiology

1	Радиология	Радиология — это отрасль медицины, которая использует рентгеновские лучи, компьютерную томографию (КТ), магнитно-резонансную томографию (МРТ), ядерную медицину, позитронно-эмиссионную томографию (ПЭТ) и ультразвук для диагностики и лечения заболеваний в организме.	Radiology	Radiology is the medical discipline that uses X-rays, computed tomography (CT), magnetic resonance imaging (MRI), nuclear medicine, positron emission tomography (PET), and ultrasound to diagnose and treat diseases within the body.
2	Радиолог	Радиолог - врач, который занимается диагностированием при помощи радиологических методов, производит инструментальную диагностику, занимается расшифровкой полученных результатов.	Radiologist	Radiologists are medical doctors that specialize using medical imaging (radiology) procedures (exams/tests).
3	Рентгенотехник	Рентгенотехник — это специалист по обслуживанию рентгеновского аппарата.	Radiographer	Radiographers, also known as radiologic technologists, diagnostic radiographers and medical radiation technologists. They are trained to use X-ray machines and other imaging equipment.
4	Кардиоангиография	Суть исследования заключается в возможности визуального наблюдения на экране компьютера за тем, как рентгенконтрастное вещество заполняет коронарный кровоток, с фиксацией этого процесса на рентгеновской пленке.	Angiocardiography	Angiocardiography is the radiographic visualization of the heart and its blood vessels after injection of a radiopaque substance. A catheter is inserted into an artery in a groin or arm and threaded through blood vessels to a heart.

5	Ангиография (рентгенография) кровеносных сосудов	Ангиография является рентгеновским исследованием кровеносных сосудов. Метод позволяет изучить функциональное состояние кровеносных сосудов, кровотока и распространенность патологического процесса.	Angiography	Angiography or arteriography is an examination by X-ray of blood or lymph vessels, carried out after introducing a radiopaque substance used to visualize the inside, or lumen, of blood vessels and organs of the body.
6	Ангиография головного мозга	Ангиография артерий головного мозга (церебральная ангиография) — это исследование, при котором специальное содержащее йод вещество (контраст) вводится в просвет артерий головного мозга, и при помощи рентгеновских лучей получается изображение сосудов головного мозга.	Cerebral angiography	Cerebral angiography is a form of angiography which provides images of blood vessels in and around the brain, thereby allowing detection of abnormalities such as arteriovenous malformations and aneurysms.
7	Ангиография почки	Ангиография почек — метод исследования почечных сосудов и артерий с использованием контрастного вещества и рентгена.	Renal angiography	Renal angiography is an imaging test used to study the blood vessels with the injection of a contrast dye into a catheter, which is placed into the kidney's blood vessels, to detect any signs of blockage or abnormalities affecting the blood supply to the kidneys.
8	Артрография, рентгенологическое исследование сустава	Артрография — рентгенологическое исследование суставов с предварительным введением контрастирующего средства. Его результатом является рентгенограмма, на основании которой врач ставит диагноз и подбирает лечение.	Arthrography	Arthrography is a type of imaging test used to look at a joint, such as the shoulder, knee, or hip. It may be done if standard X-rays do not show the needed details of the joint structure and function.

9	Бариевая клизма	Бариевая клизма – это рентгеновский анализ, который позволяет своевременно обнаружить патологические изменения и нарушения толстой (ободочной) кишки. В прямую кишку впрыскивается жидкость, в которой содержится барий. Благодаря бариевому покрытию получается четкий силуэт толстой кишки.	Barium enema (BE). Lower GI	A barium enema is an X-ray exam that can detect changes or abnormalities in the large intestine (colon). The procedure is also called a colon X-ray. An enema is the injection of a liquid into your rectum through a small tube.
10	Бариевая взвесь	Рентгенография верхних отделов желудочно-кишечного тракта использует форму рентгенографии в реальном времени, называемую флюороскопией, и контрастный материал на основе бария для получения изображений пищевода, желудка и тонкой кишки.	Barium swallow. Upper GI	Upper gastrointestinal tract radiography uses a form of real-time x-ray called fluoroscopy and a barium-based contrast material to produce images of the esophagus, stomach and small intestine.
11	Бронхография	Бронхография - рентгенографическое исследование бронхиального дерева после введения в него рентгеноконтрастного вещества.	Bronchography	Bronchography is a radiological technique, which involves x-raying the respiratory tree after coating the airways with contrast. Bronchography is rarely performed, as it has been made obsolete with improvements in computed tomography and bronchoscopy.
12	Холангиогра-фия	Холангиография — это неинвазивное диагностическое исследование, которое позволяет получить подробные снимки желчных протоков.	Cholangiography	Cholangiography is the imaging of the bile duct by x-rays and an injection of contrast medium.

13	Чрескожная транспеченочная холангиография	Чрескожная транспеченочная холангиография (ЧТХ) производится под контролем флюороскопии или УЗ-гида, печень пунктируется иглой, периферическая внутрипеченочная желчная система канюлируется выше общего желчного протока, затем вводится контрастное вещество.	Cholangiography (percutaneous transhepatic) (PTC, PTHC)	Percutaneous transhepatic cholangiography (PTC) is a procedure performed for diagnostic and/or therapeutic purposes by first accessing the biliary tree with a needle and then usually shortly after that with a catheter (percutaneous biliary drainage or PBD).
14	Панкреатохолангиография	Эндоскопическая ретроградная панкреатохолангиогра́фия (ЭРПХГ) — метод исследования жёлчных протоков и протоков поджелудочной железы, основанный на их наполнении через эндоскоп рентгеноконтрастным веществом и наблюдении через рентгеновскую установку.	Cholangiopancreatography (endoscopic retrograde) (ERCP)	Endoscopic retrograde cholangiopancreatography, or ERCP, is a procedure to diagnose and treat problems in the liver, gallbladder, bile ducts, and pancreas. It combines X-ray and the use of an endoscope—a long, flexible, lighted tube.
15	Холецистография	Пероральная холецистография — это рентгенологическая процедура, используемая для диагностики камней в желчном пузыре.	Cholecystography (oral)	Oral cholecystography is a radiological procedure used for diagnosing gallstones.
16	Рентгенокинематография	Рентгенокинематография — метод быстрого выполнения ряда рентгенограмм для отображения скоротечных изменений в организме; при дальнейшем их просмотре врач может наблюдать работу различных органов человеческого тела в динамике.	Cineradiography	Cineradiography is the method of adding a video camera to the fluoroscope equipment and making a photographic record of the procedure so the results can be viewed and examined in more detail.

№				
17	Аксиальная компьютерная томография	Компьютерная томография (КТ) (аксиальная томография (КАТ)) - фиксирует рентгеновские лучи, проходящие через тело. Данные отправляются на компьютер. Компьютер создает трехмерные изображения из полученных снимков.	Computed axial tomography (CT, CAT)	A CT scan or computed tomography scan is a medical imaging technique that uses computer-processed combinations of multiple X-ray measurements taken from different angles to produce tomographic images of a body, allowing the user to see inside the body without cutting.
18	Цистоуретро-графия во время мочеиспуска-ния	Микционная цистография или микционная цистоуретрография — метод рентгенологического исследования мочевого пузыря и прилежащих органов мочевыделительной системы в процессе акта мочеиспускания.	Voiding cystourethro-gramphy	In urology, voiding cystourethrography is a frequently performed technique for visualizing a person's urethra and urinary bladder while the person urinates. It is used in the diagnosis of vesicoureteral reflux, among other disorders.
19	Эхокардио-графия	Эхокардиография (УЗИ сердца) — это исследование сердца с помощью ультразвука, позволяющее оценить структуру, размеры и состояние сердечной мышцы, клапанов и крупных сосудов.	Echocardio-graphy	An echocardiography, echocardiogram, cardiac echo or simply an echo, is an ultrasound of the heart. It is a type of medical imaging of the heart, using standard ultrasound or Doppler ultrasound.
20	Рентгеноскопия	Рентгеноскопия (рентгеновское просвечивание) — метод рентгенологического исследования, при котором изображение объекта получают на светящемся (флюоресцентном) экране.	Fluoroscopy	Fluoroscopy is a type of medical imaging that shows a continuous X-ray image on a monitor, much like an X-ray movie. During a fluoroscopy procedure, an X-ray beam is passed through the body.

21	Гистеросаль-пингография	Гистеросальпингографией (ГСГ) называют метод рентгенодиагностики состояния фаллопиевых труб и внутренней полости матки, их проходимости и строения при помощи введения контрастного вещества в полость матки и труб.	Hysterosalpingography	A hysterosalpingography is a type of X-ray that looks at a woman's uterus and fallopian tubes. This type of X-ray uses a contrast material so that the uterus and fallopian tubes show up clearly on the X-ray images.
22	Ангиолимфо-графия	Ангиолимфография — это рентгенологическое исследование структур лимфатической системы, включая лимфатические узлы, лимфатические протоки, лимфатические ткани, лимфатические капилляры и лимфатические сосуды с помощью введения радиоконтрастного вещества.	Lymphangiography	Lymphography is a medical imaging technique in which a radiocontrast agent is injected, and then an X-ray picture is taken to visualize structures of the lymphatic system, including lymph nodes, lymph ducts, lymphatic tissues, lymph capillaries, and lymph vessels.
23	Магнитно-резонансная томография	При проведении магнитно-резонансной томографии (МРТ) используется сильное магнитное поле и радиоволны очень высокой частоты для получения изображений с высоким разрешением.	Magnetic resonance imaging (MRI)	Magnetic resonance imaging is a medical imaging technique used in radiology to form pictures of the anatomy and the physiological processes of the body. MRI scanners use strong magnetic fields, magnetic field gradients, and radio waves to generate images of the organs in the body.
24	Маммография	Это рентгенография молочных желез без применения контрастных веществ. Это эффективный метод диагностики заболеваний молочных желез и играет ключевую роль в диагностике рака молочной железы на ранней стадии	Mammography	Mammography is the process of using low-energy X-rays to examine the human breast for diagnosis and screening. The goal of mammography is the early detection of breast cancer, typically through detection of characteristic masses or microcalcifications.

25	Миелография	Миелография — рентгеноконтрастное исследование ликво- проводящих путей спинного мозга.	Myelography	Myelography is a type of radiographic examination that uses a contrast medium to detect pathology of the spinal cord, including the location of a spinal cord injury, cysts, and tumors.
26	Позитронная эмиссионная томография	Позитронно-эмиссионная томография (позитронная эмиссионная томография, сокращ. ПЭТ, она же двухфотонная эмиссионная томография) — радионуклидный томографический метод исследования внутренних органов человека.	Positron emission tomography (PET)	Positron emission tomography is a functional imaging technique that uses radioactive substances known as radiotracers to visualize and measure changes in metabolic processes, and in other physiological activities including blood flow, regional chemical composition, and absorption.
27	Пиелография	Пиелография — рентгенологическое исследование почки после заполнения чашечно-лоханочной системы контрастным веществом.	Pyelography (intravenous) (IVP)	Intravenous Pyelogram (IVP) Intravenous pyelogram (IVP) is an x-ray exam that uses an injection of contrast material to evaluate your kidneys, ureters and bladder and help diagnose blood in the urine or pain in your side or lower back.
28	Лучевая терапия	Лучевая терапия — это направленное использование радиации для лечения новообразований и ряда неопухолевых заболеваний. При облучении происходит гибель больных клеток, что останавливает развитие болезни.	Radiation therapy	Radiation therapy is a type of cancer treatment that uses beams of intense energy to kill cancer cells. The term "radiation therapy" most often refers to external beam radiation therapy.

29	Радиоактивный йод	Терапия радиоактивным йодом показана для абляции (уничтожения, разрушения) остатков ткани щитовидной железы после хирургического этапа, для выявления скрытых очагов опухоли и для лечения регионарных и отдалённых метастазов дифференцированного рака щитовидной железы.	Radioactive iodine uptake (RAIU)	The radioactive iodine uptake test is a type of scan used to diagnose thyroid problems, particularly hyperthyroidism.
30	Сцинтиграфия	Сцинтиграфия — метод функциональной визуализации, заключающийся во введении в организм радиоактивных изотопов и получении двумерного изображения путём определения испускаемого ими излучения с помощью гамма-камеры (сканера).	Scanning (bone, brain, liver, lungs)	Scanning is the process of recording the emission of radioactive waves using a gamma camera (scanner) after intravenous injection of radionuclide material (tracer).
31	Однофотонная эмиссионная компьютерная томография	Однофотонная эмиссионная компьютерная томография (ОФЭКТ или ОЭКТ) — разновидность эмиссионной томографии; диагностический метод создания томографических изображений распределения радионуклидов.	Single-photon emission computed tomography (SPECT)	A single photon emission computed tomography (SPECT) scan is an imaging test that shows how blood flows to tissues and organs. It may be used to help diagnose seizures, stroke, stress fractures, infections, and tumors in the spine.
32	Пассаж бария по тонкой кишке	Методика предполагает пероральное (через рот) применение контрастного вещества (бария) и выполнение снимков через 1, 3, 6, 9, 12 и 24 часа. Определяется: сужение просвета желудочно-кишечного тракта, его непроходимость и свищи.	Small bowel follow-through	Small bowel follow-through is a fluoroscopic procedure used to evaluate the small intestine, also known as the small bowel. Prior to the procedure, the patient drinks a liquid that contains barium or an iodine-based contrast, a contrast material that enhances x-ray images.

33	Ультразвуковая эхография	Ультразвуковое исследование использует высокочастотные звуковые (ультразвуковые) волны для получения изображений внутренних органов и других тканей. Устройство, называемое преобразователем, преобразует электрический ток в звуковые волны, которые передаются в ткани организма.	Ultrasonography	Ultrasonography uses high-frequency sound (ultrasound) waves to produce images of internal organs and other tissues. A device called a transducer converts electrical current into sound waves, which are sent into the body's tissues.
34	Венография	Венография (или флебография) - метод рентгенологического исследования вен; вид ангиографии.	Venography	Venography is a procedure in which an x-ray of the veins, a venogram, is taken after a special dye is injected into the bone marrow or veins. The dye has to be injected constantly via a catheter, making it an invasive procedure.
35	Рентгеновские лучи	Рентгеновские лучи - невидимые пучки электромагнитной энергии, используемые для получения изображений внутренних тканей, костей и органов на пленке или цифровом носителе.	X-rays	X-rays use invisible electromagnetic energy beams to produce images of internal tissues, bones, and organs on film or digital media.

Section 17: Фармакология / Pharmacology

| 1 | Фармакология | Фармакология — медико-биологическая наука о лекарственных веществах и их действии на организм. | Pharmacology | Pharmacology is a branch of medicine and pharmaceutical sciences concerned with drug or medication action, where a drug may be defined as any artificial, natural, or endogenous molecule which exerts a biochemical or physiological effect on the cell, tissue, organ, or organism. |

№	Термин	Определение	Term	Definition
2	Лекарственный препарат	Лекарственное средство, лекарственный препарат, медикамент, лекарство — вещество или смесь веществ синтетического или природного происхождения в виде лекарственной формы (таблетки, капсулы, раствора, мази, вакцины и т.п.)	Drug	A medication is a drug used to diagnose, cure, treat, or prevent disease.
3	Фармакодинамика	Фармакодинамика - раздел фармакологии, изучающий совокупность эффектов, вызываемых лекарственным веществом, и механизмы его действия.	Pharmacodynamics	Pharmacodynamics is the branch of pharmacology concerned with the effects of drugs and the mechanism of their action.
4	Фармацевт	Фармацевт – это специалист, который знает все о составе лекарств и показаниях к их применению.	Pharmacist	Pharmacists are medication experts and play a critical role in helping people get the best results from their medications.
5	Аптека	Аптека — особая специализированная организация системы здравоохранения, занимающаяся изготовлением, фасовкой, анализом и продажей лекарственных средств.	Pharmacy	Pharmacy is a place where medicines are compounded or dispensed.
6	Токсикология	Токсикология – это наука о ядовитых веществах, их влияния на организм человека, методах обследования и лечения.	Toxicology	Toxicology is a scientific discipline, that involves the study of the adverse effects of chemical substances on living organisms and the practice of diagnosing and treating exposures to toxins and toxicants.

7	Федеральный закон США о продуктах питания, лекарствах и косметике (FDCA)	Федеральный закон США о продуктах питания, лекарствах и косметике — это свод законов, наделяющих Управление по контролю за продуктами питания и лекарствами США полномочиями по надзору за безопасностью продуктов питания, лекарств, медицинских изделий и косметики.	FDCA	The United States Federal Food, Drug, and Cosmetic Act is a set of laws giving authority to the U.S. Food and Drug Administration to oversee the safety of food, drugs, medical devices, and cosmetics.
8	Управление по контролю за продуктами и лекарствами Соединенных Штатов (FDA)	Управление по контролю за продуктами и лекарствами Соединенных Штатов является федеральным агентством Министерства здравоохранения и социальных служб.	FDA	The United States Food and Drug Administration is a federal agency of the Department of Health and Human Services
9	Управление по борьбе с наркотиками (DEA)	Управление по борьбе с наркотиками является федеральным правоохранительным органом Соединенных Штатов при Министерстве юстиции США, которому поручено бороться с незаконным оборотом и распространением наркотиков на территории США.	DEA	The Drug Enforcement Administration is a United States federal law enforcement agency under the U.S. Department of Justice tasked with combating drug trafficking and distribution within the U.S.
10	Классификация наркотических средств, субстанций и некоторых химических веществ	Наркотики, субстанции и некоторые химические вещества, используемые для изготовления наркотиков, классифицируются на пять (5) различных категорий в зависимости от приемлемого применения препарата, злоупотребления им и степени зависимости.	Schedule drug	Drugs, substances, and certain chemicals used to make drugs are classified into five (5) distinct categories or schedules depending upon the drug's acceptable medical use and the drug's abuse or dependency potential.

11	Фармакопея Соединенных Штатов (USP) и Национальный формуляр (NF).	Монографии по лекарственным веществам, лекарственным формам и композиционным препаратам представлены в двух каталогах: в Фармакопеи Соединенных Штатов (USP) и Национальном формуляре (NF).	USP-NF	USP–NF is a combination of two compendia, the United States Pharmacopeia (USP) and the National Formulary (NF). Monographs for drug substances, dosage forms, and compounded preparations are featured in the USP. Monographs for dietary supplements and ingredients appear in a separate section of the USP.
12	Лекарственный формуляр	Формуляр — это постоянно обновляемый список лекарств и сопутствующей информации, представляющий собой клиническое суждение фармацевтов, врачей и других экспертов в области диагностики и/или лечения заболеваний и укрепления здоровья.	Hospital Formulary	A formulary is a continually updated list of medications and related information, representing the clinical judgment of pharmacists, physicians, and other experts in the diagnosis and/or treatment of disease and promotion of health.
13	Каталог с детальной информацией о лекарствах	Каталог с детальной информацией о лекарствах, охватывающий более 20 000 рецептурных лекарств и более 6000 безрецептурных лекарств.	Drag Facts and Comparisons	Drug Facts and Comparisons is a comprehensive drug information compendium covering more than 20,000 prescription drugs and over 6,000 over-the-counter drugs. Users can perform a search on generic or trade name drugs and conditions.
14	Химическое название препарата	Химическое название препарата — это научное название, основанное на химической структуре соединения, и почти никогда не используется для идентификации препарата в клинической или маркетинговой ситуации.	Chemical drug name	The chemical name is a scientific name based on the compound's chemical structure and is almost never used to identify the drug in a clinical or marketing situation.

15	Торговое наименование лекарственного средства	Торговое наименование лекарства — это название, данное компанией, которая производит лекарство. Название принадлежит определенной фармацевтической компании, и никакая другая компания не может использовать это название.	Brand (trade) drug name	The brand name of a medication is the name given by the company that makes the drug. A drug company owns the name, and no other company may use that name.
16	Генерический препарат	Генерический препарат имеет то же самое действующее вещество (основной эффект препарата), что и у оригинального препарата. Генерические препараты, выпущенные различными производителями, отличаются составом вспомогательных веществ в них.	Generic drug	A generic drug refers to a drug produced after the active ingredient of the brand name drug. However, generic drugs will be sold under different brand names but will contain the same active ingredients as the brand-name drug.
17	Побочный эффект	Неблагоприятный эффект — это нежелательный вредный эффект, возникающий в результате приема лекарств или другого вмешательства, такого как хирургическое вмешательство.	Adverse reaction	An adverse effect is an undesired harmful effect resulting from a medication or other intervention, such as surgery. An adverse effect may be termed a "side effect", when judged to be secondary to a main or therapeutic effect.
18	Противопоказания	Противопоказания — это особенности характера, локализации, течения патологического процесса и вызванных им расстройств, препятствующие применению определенного метода лечения или исследования больного.	Contraindication	A contraindication is a specific situation in which a drug, procedure, or surgery should not be used because it may be harmful to the person.

19	Системный эффект	Системный эффект включает в себя лечение, которое воздействует на организм в целом или действует конкретно на системы, включающие весь организм, такие как сердечно-сосудистая, дыхательная, желудочно-кишечная или нервная системы. Психические расстройства также лечат системно.	Systemic effect	The systemic effect involves treatment that affects the body as a whole or acts specifically on systems that involve the entire body, such as the cardiovascular, respiratory, gastrointestinal, or nervous systems. Mental disorders also are treated systemically.
20	Пути введения лекарственных средств	Пероральный, сублингвальный (под языком), буккальный (рядом со щекой), ингаляционный, ректальный, вагинальный, местный (непосредственно на кожу или слизистые), трансдермальный (адгезивный пластырь), парентеральный (без вовлечения желудочно-кишечного тракта).	Routes of administration for medications	Oral, sublingual (under the tongue), buccal (next to the cheek), inhalation, rectal, vaginal, topical (directly to the skin or mucous), transdermal (adhesive patch), parenteral (not involving gastrointestinal tract).
21	Номенклатура лекарственных средств	Номенклатура лекарственных средств — это набор лекарств и других соединений со сходной химической структурой, одинаковым механизмом действия, родственным способом действия и/или используемых для лечения одного и того же заболевания.	Drug's classification	A drug class is a set of medications and other compounds with similar chemical structures, the same mechanism of action, a related mode of action, and/or are used to treat the same disease.

Printed in Great Britain
by Amazon